中文社会科学引文索引（CSSCI）来源集刊

珞珈管理评论

LUOJIA MANAGEMENT REVIEW

2017年卷 第2辑（总第21辑）

武汉大学经济与管理学院主办

WUHAN UNIVERSITY PRESS

武汉大学出版社

图书在版编目(CIP)数据

珞珈管理评论.2017年卷.第2辑:总第21辑/武汉大学经济与管理学院主办.—武汉:武汉大学出版社,2017.6
ISBN 978-7-307-19389-5

Ⅰ.珞…　Ⅱ.武…　Ⅲ.企业管理—文集　Ⅳ.F272-53

中国版本图书馆 CIP 数据核字(2017)第 133377 号

责任编辑:范绪泉　　　责任校对:李孟潇　　　版式设计:韩闻锦

出版发行:**武汉大学出版社**　　(430072　武昌　珞珈山)
　　　　　　(电子邮件:cbs22@whu.edu.cn 网址:www.wdp.com.cn)
印刷:武汉中科兴业印务有限公司
开本:787×1092　1/16　印张:12.5　字数:289 千字
版次:2017 年 6 月第 1 版　　2017 年 6 月第 1 次印刷
ISBN 978-7-307-19389-5　　　定价:28.00 元

目　　录

CONTENTS

1

社会创业导向与企业绩效[*]

● 张书军¹　张　芳²

（1，2　中山大学管理学院　广州　510275）

【摘　要】本文研究了社会创业导向对企业社会绩效和经济绩效的影响，并且考察了行业动态性、服务型领导对上述关系的调节效应。研究发现：（1）社会创业导向对企业社会绩效有显著的正向影响，社会创业导向的互惠协同、社会引领和资源拓展三个维度与企业社会绩效成正向相关；（2）社会创业导向对企业经济绩效具有显著的正向影响，社会创业导向的互惠协同维度和社会引领维度分别与企业经济绩效成正向相关；（3）服务型领导在社会创业导向与企业经济绩效的关系中起负向调节作用。

【关键词】社会创业导向　行业动态性　服务型领导　企业绩效

中图分类号：C93　　　　文献标识码：A

1. 引言

创业的主流研究多以商业创业为对象，讨论创业机会的识别、开发、创造及创业成长等议题（Shane & Venkataraman, 2000；Murphy, 2010）。近期的创业发展实践显示，越来越多的创业行为开始关注商业活动之外的社会问题，如企业社会责任（Bai & Chang, 2015）、社会创业等（Short et al. , 2009），社会创业尤因其兼具"社会性"、"商业性"双重属性而成为值得深入探讨的课题。一方面，社会创业企业要如商业企业那样，参与市场竞争并自负盈亏，以谋求自身的生存和发展；另一方面，社会创业企业还要关注创造社会价值、解决社会问题等。社会创业的双重属性因能较好应对政府与市场失灵并存的困境，而在社会与经济发展中扮演着重要动力角色。

正如创业导向较好回应了创业过程的核心关切，社会创业导向亦体现了社会创业过程的关键要素和特质（Morris et al. , 2011；盛南, 2009）。社会创业导向被认为是组织或个体为持续创造社会价值而致力于创造性地整合和利用资源来满足多方利益相关者诉求、识别

---

* 本研究受到国家自然科学基金项目"社会创业动机与决策行为研究"（71572202）、"国际化背景下我国创业企业的社会网络与创业成长"（71232009）的资助。

通讯作者：张芳，E-mail：zhangf43@ mail2. sysu. edu. cn

新进入机会、引领社会活动的一种努力和姿态，既具有创新性、行动领先和冒险性等传统创业行为特征，也体现出如互惠协作、社会担当等特性（Lumpkin et al.，2013；胡杨成、郭晓虹，2014），它反映了企业社会活动的核心内涵以及社会利益与经济利益的融合，体现了企业社会创业的关键要素与特征。

创业导向的传统维度（如创新、风险承担、前瞻性、自主性和竞侵性）置于社会创业活动中仍基本适用（Lumpkin & Dess，1996，2001），但需要作适应性的调整。首先，在解决社会问题时，社会企业通常面临着更大的资源与融资约束，因而需要更高水平的创新和前瞻性（Weerawardena & Mort，2006），尤其在对社会议题解决的前瞻性引领和资源拓展方面要有敏锐认识。其次，风险承担维度面临两难处境：一方面，社会问题的解决与缓解需要更高水平的风险承担（Phillips，2005；Spear & Bidet，2005）；另一方面，社会企业为了生存需要更多和更有效的资源以应对种种不确定和风险（Weerawardena & Mort，2006），同时社会创业的风险并非仅来自于财务风险，还在于被社会的认知和信誉风险。再者，自主性和竞侵性在社会企业中亦面临调适平衡，竞侵性主张变革以应对外界复杂多变的环境和激烈的市场竞争（Barman，2002），自主性让社会创业者们有勇气打破传统，独立解决社会难题，但在社会创业领域，创业者们不仅要与各利益相关者建立商业联系（Perrini & Vurro，2006），而且还往往需要响应可能存在的彼此竞争性的诉求（Lumpkin et al.，2013），与其建立更为紧密的联盟和互惠合作关系（Alvord & Brown，2004）。借鉴前人研究成果，基于社会创业活动的内在属性，本文将社会创业导向定义为在面临外界环境不确定性时，企业表现出的风险承担、互惠协同、社会引领和资源拓展等倾向性。

正如创业导向与企业绩效一直备受创业领域学者的关注（Tang et al.，2008；Wiklund & Shepherd，2005），创业导向与绩效在社会创业情境下的关系也是当下研究的热门话题。如 Pearce 等人（2010）在以教会为对象的研究中探讨了创业导向和社会绩效之间的关系，他们发现创业导向以及创新、自主性两个维度与社会绩效呈显著正相关，而前瞻性、竞侵性和风险承担三个维度与社会绩效不存在显著关系。也有学者发现前瞻性对于社会价值创造具有正向影响，而竞侵性对于社会价值创造具有负向影响，对于其他利益相关者，前瞻性和自主性都具有显著的正向影响（Lumpkin & Dess，2001）。部分国内学者沿用了传统的创业导向维度进行了实证检验，发现创业导向中的前瞻性和风险承担分别与财务绩效成正相关关系，创新性与社会绩效成正相关关系（胡杨成、徐敏辉，2014）；也有学者引入资源拓展、互惠协同、社会引领等社会创业导向维度，研究其与利益相关者影响力（关系承诺、合作意愿和善意归因）之间的关系，发现社会创业导向显著提升了社会绩效，其中资源拓展、互惠协同维度主要影响合作意愿，社会引领维度主要影响善意归因（盛南，2009）。

尽管作为社会创业的核心概念，社会创业导向引起了学术界的日益关注，但现有研究仍急需进一步丰富与拓展。一方面，现有研究成果多以定性分析为主，还需要更多量化研究来予以响应；另一方面，虽然前人对社会创业导向的绩效蕴含有了较为深刻的认识，但研究仍多集中于二者的直接关系，对情景变量（如行业动态性）的考虑还不够丰富，此外，多数研究仍基于欧洲等西方国家数据，对中国社会创业活动的研究相对较少。本文借助中国数据，着眼于研究社会创业导向（风险承担、互惠协同、社会引领和资源拓展）与绩效间的关系，并探讨行业动态性和服务型领导等组织内外部因素对二者关系的调节效应，以期加深对两者间关系的理解。

2. 理论与假设

组织领域的研究往往聚焦于企业的经济目标，而较少将社会绩效纳入到企业绩效的考考察范围。事实上，任何组织要实现长久经营，不仅要在财务上有着良好表现以解决生存问题，而且还要有更长远的眼光关注其社会价值以解决发展问题。从某种意义上讲，社会绩效与经济绩效平衡发展是实现企业基业长青的重要保障。良好的社会绩效大大降低了企业于不确定环境下的经济风险，更有助于企业化解黑天鹅事件等负面冲击，且更容易获得投资者和客户的资源支持，从而有利于其持续生存。

2.1 社会创业导向与企业社会绩效

社会创业导向所具有的社会性——解决社会问题、创造社会价值（Zahra et al.，2009）——促使企业要注重社会价值的创造与社会福利的增加，要求企业在创造利润、为股东利益负责的同时还要关注员工、顾客、公众等利益相关者的利益，从这个意义上讲，社会创业导向与组织的社会绩效之间存在一种与生俱来的联系，更高的社会创业导向使企业不再仅仅关注个人财富所得，更需要在社会价值创造上有所成效（Stevens，Moray & Bruneel，2014），从而促进社会企业绩效的提高。企业通过创造性地开发利用资源、构建与拓展社会价值网络、主动谋求与利益相关者的合作共赢等，对企业社会绩效的提高有着积极作用。

具体而言，在社会创业中，企业不仅要与各利益相关者建立一般性的合作关系，而且还要与它们建立联盟以增强合作关系，即实现互惠协同。基于合作共赢、利益共享的互惠协同，企业能有效解决市场竞争中的零和博弈问题，增加合作双方的信任，减少社会运行的成本，从而促进企业社会绩效的提高。动态来看，社会创业企业需要通过不断丰富与发展社会价值网络来实现社会引领。社会引领强调洞察社会需求，借助关注社会问题与经济社会需要，不仅直接对社会需求作出积极响应，而且更要前瞻性地开发与利用市场机会，通过参与未来需求的竞争以改变和塑造商业环境推进社会的持续发展，提升组织的社会价值。社会创业活动由于多处于市场失灵或市场失灵的边缘地带，天生在资源支持方面处于不利地位，因而需要企业创造性地利用资源，不断实现资源拓展。资源拓展强调对边缘资源和被忽视资源的挖掘和利用，通过对这类资源的整合与开发，使企业从激烈的资源竞争中摆脱出来，缓解资源在社会中的稀缺性，对非常规资源（如老年社会劳动力等人力资源）的重视也有助于提升社会资源的使用效率，这均将有助于提高社会效益、引领社会进步。需要指出的是，社会创业活动终究还是创业活动，其内生的商业属性不容忽视，对风险和不确定的承担是任何商业活动必须面对的问题，由于社会创业活动多着眼于解决社会问题，其不可避免地比一般商业活动要面临更多的不确定性，因而需要企业要有相应的风险承担意识，那些被市场所低估和忽视的社会创业机会中蕴涵的社会价值往往因为风险与不确定性的承担而被挖掘出来，较高的风险承担意识亦有助于提升企业的社会绩效。综上，我们提出以下假设：

H 1：社会创业导向与企业社会绩效存在正相关关系

2.2 社会创业导向与企业经济绩效

从本源上讲，社会创业导向是企业战略选择的表现，而有效的战略选择是与企业经济绩效密切相关的。既有研究显示，社会创业导向所强调的创业性透过市场机制的发挥能为企业带来更高的运营效率，不仅有助于提升组织竞争力（Wallace，1999），而且也有助于提升企业的财务绩效（Wiklund & Shepherd，2005）。低创业导向的社会企业往往缺乏市场洞察能力，易于作出不适宜的投资决策，因而难以在竞争日益激烈的环境中持续成长（Weerawardena & Mort，2006）；而高创业导向的社会组织（如教会）往往对应着更高水平的经济绩效（Pearce et al.，2009）。

具体而言，社会创业导向所强调的互惠协同有助于激励其他利益相关者在专用性资产上的投资，有利于异质性资源的创造，并最终体现在共同提升的财务绩效上。社会创业导向中社会引领由于强调对社会需求的敏锐洞察，在机会开发与创造、规则建立等方面将占据先动者优势，有助于建立包括品牌忠诚度、社会声誉在内的竞争壁垒，并因转换成本和先动优势的存在而保持较好的市场占有率。从这个意义上讲，社会引领通过领先的技术、产品与服务使企业更有可能具有竞争优势位势，并享有较好经济绩效。此外，创新作为常被关注的一种企业行为，在社会创业导向中更多地体现为创新性地控制成本而非过多地关注增加收入（Morris，Webb & Franklin，2011）。资源基础理论认为，企业在资源方面的异质性是导致企业经济绩效差异的重要原因，资源拓展强调对边缘资源的整合利用和对不被重视资源的挖掘，通过对此类资源的开发，有可能使企业能以低于要素市场平均成本取得资源，而资源拓展过程的社会性使此类资源难以为市场企业竞争者所仿效，因而对企业竞争优势的获得与维持有着重要作用。风险承担是包括社会创业在内的创业活动成功的重要因素。在面临不确定时，若企业选择保守、谨慎的经营策略，则很有可能因错失良机而导致业绩欠佳，甚至会受大环境影响导致经营业绩下滑。更高的风险承担倾向使从事社会创业的企业更有可能为企业搭建一个未来扩张的平台，这个平台的商业价值在不确定性和风险逐渐消散的情况下的会更为明显。基于上述分析，我们提出以下假设：

H 2：社会创业导向与企业经济绩效存在正相关关系

2.3 行业动态性的调节效应

商业活动因其开放性特点，在不同程度上均受到组织所处环境的影响（Covin & Slevin，1989）。研究显示，环境因素会影响企业的使命以及相应的战略选择，从而对创业导向与企业绩效间的关系有着显著影响（Lumpkin & Dess，1996），在竞争激烈的环境中，高创业导向型企业较之于低创业导向型企业有着更好的绩效表现，而这种绩效差别在竞争平稳的环境中则表现得不够显著（Lumpkin & Dess，2001）。

在诸多环境因素中，行业动态性是一个重要变量。越高的行业动态性意味着越动荡、越不稳定的行业环境。行业动态性是多种力量共同作用的结果，包括政府的产业政策、技术创新、企业间竞争和市场需求的变化等，其代表了环境的变化频率以及环境不可预见的程度，对企业行为与绩效有着重要影响(Luo & Tung, 200)。社会创业导向所强调的互惠协同、社会引领、资源拓展和风险承担等行为在行业处于动态性情况下，能更有利于激发创业与企业家精神，更有助于企业捕捉稍纵即逝的商业机会，并通过社会价值网络和互惠联盟等实现对机会的挖掘，在这一过程中，还可以透过关系专用性资产的培育来实现组织与组织以及组织与个体间的共赢，提升共同的竞争优势。同时，高的行业动态性亦为企业风险承担行为向价值创造的转化提供了有力土壤，因为变数和不确定性被视为价值创造的最关键来源。概而言之，行业动态性越高，企业所面临的外部不确定性越高，企业积极主动的战略行为的潜在价值则越大，社会创业导向透过互惠合作、社会引领、资源拓展和风险承担等所产生的社会绩效与经济绩效也越有可能更好。基于此，提出以下假设：

H 3：行业动态性正向调节社会创业导向与企业社会绩效的关系

H 4：行业动态性正向调节社会创业导向与企业经济绩效的关系

2.4 服务型领导的调节效应

社会创业导向能否有效转化为提升的组织绩效还受到组织内部因素的影响，服务型领导是其中的关键因素之一。服务型领导由于重视员工发展、社区建设、对被领导者利益的关注以及强调对权力与组织目标的共享，因而有助于提升企业的经济绩效和社会绩效(Sendjaya, Sarros & Santora, 2008)。作为一种将被领导者的利益置于领导者自身利益之上的领导认知和实践活动，服务型领导由于因应客户、员工、社区等利益相关者的诉求而乐于分享权力和地位，有助于在更大程度上激发组织间与组织内的合作，促进长期战略性伙伴关系的建立，其利他型的领导行为亦有助于促进社会价值网络的构建，使企业更好发挥社会引领效应，促使资源在更大范围内和更深层次的整合与拓展。

对受服务型领导思想影响较深企业而言，商业上的成就并非企业活动的单一目标，能否与诸多利益相关者建立良好的人际关系，满足他们的诉求，给企业长久发展创造友善、健康的社会经济环境，是企业的重要战略目标之一。服务型领导所强调的道德之爱、服务精神对激发社会创业导向潜能，并将其有效转化为企业的社会绩效和经济绩效有着重要影响。自然，如信任作为一种双刃剑一样，服务型领导在激发组织积极向上的潜能同时，或可被其他组织行为的机会主义行为滥用，导致在组织层面缺少强有力的控制和方向感，不利于组织收获创业导向潜在的利益。但一旦正向的组织文化得以建立，这种领导行为就可能成为组织活力和竞争优势的来源之一。据此，提出以下假设：

H 5：服务型领导正向调节社会创业导向与企业社会绩效关系

H 6：服务型领导正向调节社会创业导向与企业经济绩效关系

3. 研究方法

3.1 数据收集

本研究在数据获取方面采取了线下和线上相结合的方式。一方面，在线下借助到广州、杭州、上海、贵州的创业孵化器和高新区的调查实地发放问卷；另一方面，在线上通过问卷星网站对领航微圈等社区用户进行问卷发放。其中，实地派发问卷 112 份，回收 92 份，有效问卷 65 份，有效率为 70.65%；网上回收问卷 81 份，有效问卷 61 份，有效率为 75.31%。共计有效问卷 126 份。

3.2 变量测量

3.2.1 自变量

关于社会创业导向的测量，部分学者（如 Peredo & McLean，2006）认为社会创业导向基本可借鉴创业导向的传统三维度（创新、风险承担和先动性）或五维度（创新、风险承担、先动性、自主性和竞争侵略性）；其他学者（如盛南，2008；胡杨成、徐敏辉，2014）则认为社会创业导向与创业导向不同，他们借助跨案例分析将社会创业导向细分为互惠协同、社会引领和资源拓展三个维度，并通过情境模拟实验进行定量分析，验证了此三维度划分的可行性和合理性。本研究将社会创业导向定义为企业所表现出的风险承担、互惠协同、社会引领和资源拓展等倾向性。其中，风险承担维度题项借鉴自 Naldi 等人（2007）。互惠协同、社会引领、风险承担三个维度的题项借鉴自盛南（2009）。本研究采用主观评价法来测量行业动态性程度，题项主要来自 Achrol 和 Stern（1988），服务型领导的测量主要借鉴了 Ehrhat（2004）的研究，控制变量主要包括企业规模和企业年龄等。

3.2.2 因变量

本研究的因变量为企业绩效，包括企业社会绩效和企业经济绩效。既有研究对企业社会绩效的考察方法包括多米尼社会指数、财富信誉调查、行为评估法和声誉评级等。基于中国商业发展的实践，我们将企业社会绩效的考察重点放在企业对其关键利益相关者的利益诉求响应程度上，本研究从员工、顾客度和公众三个主体出发，测量了企业对此三类利益相关者所承担的社会责任，作为企业的社会绩效。在经济绩效方面，尽管客观绩效指标（如 ROI、ROE 等财务指标）比主观评价的绩效更为可靠，但鉴于研究对象为非上市新创企业，客观数据较难获取，且财务指标并非衡量本研究对象绩效的理想工具，因此本研究中采用了请受测人主观评价的方法。

4. 研究结果

4.1 相关分析

本研究利用 SPSS 16.0 对社会创业导向及其四个维度、企业社会绩效和企业经济绩效、等变量进行了相关分析（见表 1-1）。结果显示，社会绩效和经济绩效与社会创业导向存在正相关关系；社会绩效与社会导向的四个维度（互惠协同、社会引领、资源拓展以及风险承担）也存在正向相关关系。经济绩效与社会创业导向及其互惠协同、社会引领和资源拓展三个维度存在正相关关系。相关分析初步对假设 1 和假设 2 提供了支持。

表 1-1				变量的相关分析（$N=126$）								
变量	均值	方差	1	2	3	4	5	6	7	8	9
1. 企业规模	2.020	0.862	1								
2. 企业年龄	2.010	0.775	0.215*	1							
3. 互惠协同	3.859	0.782	0.076	-0.007	1						
4. 社会引领	4.030	0.848	0.130	0.067	0.480**	1					
5. 资源拓展	3.564	0.832	-0.052	0.105	0.407**	0.293**	1				
6. 风险承担	3.460	0.852	0.132	-0.060	0.182*	0.055	0.461**	1			
7. 社会创业导向	3.743	0.616	0.097	0.030	0.767**	0.690**	0.751**	0.508**	1		
8. 经济绩效	3.790	0.770	-0.107	-0.041	0.519**	0.391**	0.295**	0.127	0.488**	1	
9. 社会绩效	3.731	0.719	0.189*	0.110	0.566**	0.439**	0.518**	0.200*	0.620**	0.563**	1

4.2 回归分析

4.2.1 社会创业导向与企业社会绩效

我们在基准模型中先放入控制变量和因变量（企业社会绩效），在此基础上模型 1 加入社会创业导向（见表 1-2），模型 1-1 加入互惠协同维度，模型 1-2 加入社会引领维度，模型 1-3 加入资源拓展维度，模型 1-4 加入风险承担维度，模型 1-5 同时加入互惠协同、社会引领、资源拓展和风险承担四个维度，VIF 值在 1.02～1.621，说明不存在严重的共线性问题。

表 1-2	社会创业导向与企业社会绩效	
研究变量	因变量（企业社会绩效）	
	基准模型	模型 1
（常量）	3.322***	0.587*
企业规模	0.143*	0.082
企业年龄	0.062	0.056
社会创业导向		0.798***

注：采用双尾检验，***表示 $p<0.01$，**表示 $p<0.05$，*表示 $p<0.1$。

模型 1 在基准模型的基础上，放入自变量社会创业导向，R 方有显著改变（0.456），说明整体模型存在显著意义，社会创业导向对于企业社会绩效具有重要的解释作用，标准回归系数为 0.798（$p<0.01$），说明社会创业导向对企业社会绩效有着显著的正向作用，假设 1 得到支持。

模型 1-1、模型 1-2、模型 1-3、模型 1-4 显示，互惠协同、社会引领、资源拓展和风险承担分别独立地对企业社会绩效有着显著的正向影响。模型 1-5 显示，互惠协同、社会引领、资源拓展共同对企业社会绩效的提升发挥着积极作用，按照能够解释因变量的程度从高到低依次为互惠协同、资源拓展、社会引领，而风险承担维度对社会绩效的影响则不再显著(见表1-3)。

表 1-3 社会创业导向各维度与企业社会绩效的回归分析结果

研究变量	因变量(企业社会绩效)					
	基准模型	模型 1-1	模型 1-2	模型 1-3	模型 1-4	模型 1-5
(常量)	3.322***	1.352***	1.757***	1.828***	2.853***	0.607***
企业规模	0.143*	0.093	0.095	0.172***	0.080	0.095
企业年龄	0.062	0.069	0.042	0.003	0.140	0.041
互惠协同		0.557***				0.327***
社会引领			0.413***			0.154**
资源拓展				0.469***		0.301***
风险承担					0.140*	0.053

注：采用双尾检验，***表示 $p<0.01$，**表示 $p<0.05$，* 表示 $p<0.1$。

4.2.2 社会创业导向与企业经济绩效

同样，考察社会创业导向和企业经济绩效关系时，我们在基准模型基础上加入社会创业导向变量(模型2，见表1-4)，模型2-1、模型2-2、模型2-3和模型2-4则在基准模型基础上分别加入互惠协同、社会引领、资源拓展和风险承担变量，模型1-5同时加入互惠协同、社会引领、资源拓展和风险承担四个变量，模型的 VIF 值在 1.02～1.621，说明不存在共线性问题。模型2显示，社会创业导向与企业经济绩效间的标准回归系数为 0.679($p<0.01$)，说明二者间存在显著的正向相关关系4，假设2得到支持。

表 1-4 社会创业导向与企业经济绩效的回归分析结果

研究变量	因变量(企业经济绩效)	
	基准模型	模型 2
(常量)	4.016***	1.689***
企业规模	-0.090	-0.142**
企业年龄	-0.009	-0.013
社会创业导向		0.679***

注：采用双尾检验，***表示 $p<0.01$，**表示 $p<0.05$，* 表示 $p<0.1$。

模型2-1、模型2-2、模型2-3、模型2-4显示，互惠协同、社会引领、资源拓展和风险承担对企业经济绩效的回归系数分别为 0.557（$p<0.01$）、0.349（$p<0.01$）和 0.092（$p>0.1$）。模型 2-5 显示，互惠协同维的回归系数为 0.475（$p<0.01$），社会引领维度的标准回归系数为 0.213（$p<0.1$），两者均与企业经济绩效存在正向相关关系，而资源拓展和风险承担则与企业经济绩效间不存在显著相关关系（见表 1-5）。

表 1-5　　　　　　社会创业导向各维度与企业经济绩效的回归分析结果

研究变量	因变量（企业经济绩效）					
	基准模型	模型 2-1	模型 2-2	模型 2-3	模型 2-4	模型 2-5
（常量）	4.016 ***	2.049 ***	2.694 ***	3.096 ***	3.096 ***	1.753 ***
企业规模	−0.090	−0.139 **	−0.130 *	−0.072	−0.136 *	−0.145 **
企业年龄	−0.009	−0.002	−0.026	−0.045	0.027	−0.012
互惠协同		0.557 ***				0.475 ***
社会引领			0.349 ***			0.213 *
资源拓展				0.289 ***		0.041
风险承担					0.092	0.009

注：采用双尾检验，***表示 $p<0.01$，**表示 $p<0.05$，*表示 $p<0.1$。

4.2.3　调节变量的分层回归分析

（1）行业动态性对社会创业导向和企业社会绩效关系的调节效应分析。

把企业的社会绩效作为因变量，社会创业导向为自变量，企业类型、规模和年龄为控制变量，进行多元线性回归建立基准模型，在此基础上分别加入自变量"社会创业导向"及调节变量"行业动态性"形成模型 3-1，加入自变量"社会创业导向"和调节变量"行业动态性"的交互项，得到模型 3-2，各模型回归分析结果如表 1-6 所示。

表 1-6　　　行业动态性对社会创业导向和社会绩效关系的调节效应分析

研究变量	因变量（社会绩效）		
	基准模型	模型 3-1	模型 3-2
（常数项）	3.322 ***	3.315 ***	3.341 ***
企业规模	0.143 *	0.107 **	0.109 **
企业年龄	0.062	0.054	0.047
社会创业导向		0.596 ***	0.576 ***
行业动态性		0.268 ***	0.284 ***
社会创业导向×行业动态性			−0.044

注：采用双尾检验，***表示 $p<0.01$，**表示 $p<0.05$，*表示 $p<0.1$。

从分析结果看，模型 3-1 和模型 3-2 的 F 值分别为 26.358 和 22.523，分别在 0.01 的水平上达到显著，说明这个模型用来解释因变量"社会绩效"的变异是合理的。"社会创业导向"和"行业动态性"的交互项的回归系数为 -0.044，呈现负向的影响倾向，但在统计上没有显著性，即行业动态性对社会创业导向和企业社会绩效的关系的调节作用不显著。统计结果拒绝假设 H 3：社会创业导向和企业社会绩效关系中，行业动态性起正向调节作用。

（2）行业动态性对社会创业导向和企业经济绩效关系的调节效应分析。

把企业的经济绩效作为因变量，社会创业导向为自变量，企业类型、规模和年龄为控制变量，进行多元线性回归建立基准模型，在此基础上分别加入自变量社会创业导向及调节变量行业动态性，形成模型 4-1，加入自变量社会创业导向和调节变量行业动态性的交互项得到模型 4-2，各模型回归分析结果如表 1-7 所示。

表 1-7　　　　行业动态性对社会创业导向和经济绩效关系的调节效应分析

研究变量	因变量（经济绩效）		
	基准模型	模型 4-1	模型 4-2
（常数项）	4.016 ***	3.998 ***	3.993 ***
企业规模	-0.090	-0.112 *	-0.112 *
企业年龄	-0.009	-0.016	-0.015
社会创业导向		0.440 ***	0.444 ***
行业动态性		0.317 ***	0.314 ***
社会创业导向×行业动态性			0.009

注：采用双尾检验，***表示 $p<0.01$，**表示 $p<0.05$，* 表示 $p<0.1$。

从分析结果看，模型 4-1 和模型 4-2 的 F 值分别为 12.879 和 10.948，分别在 0.01 的水平上达到显著，说明这个模型用来解释因变量经济绩效的变异是合理的。社会创业导向和行业动态性的交互项的回归系数为 0.09，呈现正向的影响倾向，但在统计上没有显著性，即行业动态性对社会创业导向和企业经济绩效的关系的调节作用不显著，未对假设 H 4 提供统计意义上的支持。

（3）服务型领导对社会创业导向和企业社会绩效关系的调节效应分析。

把企业的社会绩效作为因变量，社会创业导向为自变量，企业类型、规模和年龄为控制变量，进行多元线性回归建立基准模型，在此基础上分别加入自变量社会创业导向及调节变量服务型领导形成模型 5-1，加入自变量社会创业导向和调节变量服务型领导的交互项得到模型 5-2，各模型回归分析结果如表 1-8 所示。

表 1-8 　　　　　　　服务型领导对社会创业导向和社会绩效关系的调节效应分析

研究变量	因变量(社会绩效)		
	基准模型	模型 5-1	模型 5-2
(常数项)	3.322 ***	3.238 ***	3.271 ***
企业规模	0.143 *	0.137 **	0.136 *
企业年龄	0.062	0.037	0.031
社会创业导向		0.702 ***	0.694 ***
服务型领导		0.253 ***	0.282 ***
社会创业导向×服务型领导			−0.083

注：采用双尾检验，***表示 $p<0.01$，**表示 $p<0.05$，*表示 $p<0.1$。

从分析结果看，模型 5-1 和模型 5-2 的 F 值分别为 27.734 和 23.947，分别在 0.01 的水平上达到显著，说明这个模型用来解释因变量社会绩效的变异是合理的。社会创业导向和服务型领导的交互项的回归系数为−0.083，呈现负向的影响倾向，但在统计上没有显著性，即行业动态性对社会创业导向和企业经济绩效的关系的调节作用不显著，统计结果拒绝假设 H 5。

(4)服务型领导对社会创业导向和企业经济绩效关系的调节效应分析。

把企业的经济绩效作为因变量，社会创业导向为自变量，企业类型、规模和年龄为控制变量，进行多元线性回归建立基准模型，在此基础上分别加入自变量"社会创业导向"及调节变量"服务型领导"形成模型 6-1，加入自变量"社会创业导向"和调节变量"服务型领导"的交互项得到模型 6-2，各模型回归分析结果如表 1-9 所示。

表 1-9 　　　　　　　服务型领导对社会创业导向和经济绩效关系的调节效应分析

研究变量	因变量(经济绩效)		
	基准模型	模型 6-1	模型 6-2
(常数项)	4.016 ***	3.849 ***	3.947 ***
企业规模	−0.090	−0.047	−0.049
企业年龄	−0.009	−0.047	−0.062
社会创业导向		0.516 ***	0.491 ***
服务型领导		0.432 ***	0.517 ***
社会创业导向×服务型领导			−0.244 ***

注：采用双尾检验，***表示 $p<0.01$，**表示 $p<0.05$，*表示 $p<0.1$。

从分析结果看，模型 6-1 和模型 6-2 的 F 值分别为 21.537 和 20.576，分别在 0.01 的水平上达到显著。社会创业导向和服务型领导的交互项的回归系数为−0.244，呈现负向的影响倾向，并且在统计上具有显著性，即服务型领导对社会创业导向和企业经济绩效的关系的调节作用显著，但是与假设相左的是，此调节效应为负向影响。

研究发现，社会创业导向显著促进企业的经济绩效与社会绩效。就具体维度来看，互惠协同和社会引领显著促进企业绩效（社会绩效和经济绩效）的提高；资源拓展企业社会绩效的提高，对于促进企业经济绩效的作用不明显；风险承担对于促进企业绩效（社会绩效和经济绩效）提升的作用均不明显。本研究结果并没有验证行业动态性对于社会创业导向和企业绩效之间存在调节效应，研究发现服务型领导在社会创业导向和企业经济绩效之间存在调节效应，并且是负向调节作用。

5. 讨论与结论

本文尝试结合创业导向的既有研究，将其引申到社会创业导向的概念中，探究社会创业导向与企业社会绩效以及经济绩效的关系，并讨论影响二者关系的情景变量。研究发现，社会创业导向对企业社会绩效、企业经济绩效均有显著的正向促进作用。本文还解析了社会创业导向各个维度对企业社会绩效和经济绩效的影响。发现互惠协同、社会引领、资源拓展对企业社会绩效、企业经济绩效均有正向促进作用，而风险承担虽有利于促进企业社会绩效，但对企业的经济绩效影响却无显著影响。

互惠协同着眼于提升企业间竞合中的伙伴关系质量和战略性关系资源，重视与利益相关者透过合作实现共赢与利益互惠，日益深化的合作关系有助于激发彼此在专用性资产上的投入，从而在更长的周期内获得竞争优势。企业与外部主体间高效的合作模式，而且也弱化了企业之间资源的竞争，有助于促进产业生态的平衡和进化，改善企业的生存环境，促进企业经济与社会绩效不断提高。互惠协同对利益相关者的需求也给予高估关切，企业更倾向于与上下游客户合作解决问题，以不断改善产品与服务质量，同业也有动力为包括员工在内的利益相关者提供更好的组织资源支持，如提供好的福利，增加培训投入等，这些都有助于企业社会绩效与经济绩效的提升。

企业不仅需要调适自己以适应外部环境，而且也需要通过主动行为来塑造更为健康、友善的外部环境，而这恰是社会引领所倡导的。社会引领要求企业对于社会问题和社会需求具有高度的敏感性，并致力于通过创新性的市场机制解决问题、满足需求，其行为对于推动社会变革和进步具有重要的作用，因而有较高的社会绩效。社会引领还表现为积极响应政府政策和市场未被满足的潜在需求，在这种效率驱使下，企业的资源能力需要不断地以新的方式进行再整合与优化，以更有效、更经济的方式响应市场与制度需求，在这一过程中，企业租金被不断创造出来，并且由于受先动者效应的影响，这种优势地位将可能在很长时间内得以维持，有助于企业经济绩效的持续提升。

资源拓展体现了企业在打破资源约束方面的探索与创新精神，重视新资源的创造和边缘资源的利用，挖掘资源的潜在价值。企业或者借助拼凑的方式将那些被忽视的资源以崭新的方式加以整合，或者通过创新的方式开发全新的资源，这均减轻了因资源竞争而对利益相关者造成的威胁，从而有助于提升与利益相关者之间的合作关系，此类活动自身及其正向外部性无疑会促进企业社会绩效。受新生弱性的影响，包括社会企业在内的新创组织在初期均不同程度地面临资源约束，尤其在财务资源、市场资源和给提供合法性的其他资源方面。资源缺乏虽导致企业难以突破成长瓶颈，资源拓展性活动的开展却有助于企业在更大范围内用杠杆撬动市场要素，缓解资源约束，有助于企业积累和开发面向未来的战略要素。

对处于初创期的企业而言，风险承担与绩效间的关系存在很大变数。虽然风险承担行为对企业把握与开发市场机会提供了一个通道，但如果企业缺乏相适配的资源来组织风险性活动，则承担风险对企业而言有可能使成长期权无法得到有效挖掘，同时又无力承担负向后果的一个冒险行为。此外，企业积极大胆的行动有可能导致公众对其形成投机、冒险的印象，从而间接影响企业社会绩效的提升。在不确定的环境中，风险承担的正向效果可能并不明显，尤其在不断变化的动态环境中，由于无法有足够的资源储备来因应各种潜在变数，风险承担很可能会影响企业的生存，导致风险承担并不能显著促进企业经济绩效的提升。

本文引入行业动态性和服务型领导作为影响社会创业导向与企业绩效关系的外部因素与内部因素，发现服务型领导会负向调节社会创业导向与企业经济绩效的关系，对社会绩效无显著影响，且并未发现行业动态性对两者关系有显著调节效应。虽然在不稳定的环境里公司创业导向会对经济绩效产生积极影响，但这是因为在此环境里，企业根据动态的环境变化不断调整既有的经营活动或战略导向，以便更好地应对来自需求波动和技术创新的挑战，而在社会创业导向下，企业不仅需要顾及经济绩效的提高，而且也要考虑长远的社会使命的实现以及利益相关者的利益，因而企业在动态性较强的环境下难以获得高绩效。

本研究未支持行业动态性的调节效应，主要原因可能在于研究对象的不同，商业性企业由于在决策过程中较少受社会效益等非经济因素的影响，对于外部动态环境较之于强调社会创业导向的企业而言有着正灵活的适应性，因而面对外部环境的变数能够积极应对。服务型领导风格通常会产生较好的个体反应，如满意度和忠诚度等，但是个体层面上的绩效如何影响企业绩效，这通常是未知的。较高的社会创业导向更加强调利益相关者的利益，兼顾多方利益，不断创造社会价值，这对于企业社会绩效的提高具有非常显著的促进作用，在此情景下，不管领导者是服务型领导风格还是其他领导风格，对于社会创业导向和企业社会绩效之间的关系已经不会有显著的影响。面临复杂多变的环境和激烈的市场竞争，服务型领导强调重视员工的利益和感受，注重社区建设和员工生活质量的提高，没有将投资收益放在首位，这可能对企业的经济绩效增长产生不利影响；此外，从资源角度来看，服务型领导风格下企业资源的关注点没有完全聚焦于新业务拓展，资源重心偏向于员工，这很可能在短期内对企业的经济绩效产生不利影响，不利于企业财务绩效的提高。

本研究存在一些局限和不足。首先，样本的质量和数量有待提高。受资源投入限制，样本中除去透过现场调查所得，有一部分是通过网络调查获得，因而问卷的质量方面有待提高；另外，本研究有效问卷仅为 126 份，这对于科学严谨的实证研究来说在样本规模上尚存在不足。其次，研究变量的测量均为主观评价，缺乏客观数据的支撑。最后，论文虽然尝试在社会创业导向和企业绩效间建立起一种分析逻辑，但对两者间的联系通道在理论上的讨论还显薄弱，对影响二者关系的情景变量的选择在论述上也欠完善。

◎ 参考文献

［1］胡杨成，郭晓虹. 社会创业导向、知识管理能力与 NPO 绩效的关系［J］. 技术经济，2014（10）.

［2］胡杨成，徐敏辉. 社会创业导向对非营利组织绩效的影响研究——兼论环境不确定性的调节效应［J］. 江西社会科学，2014（1）.

［3］盛男. 社会创业导向及其形成机制研究：组织变革的视角［D］，浙江大学博士论文，2009.

［4］Achrol，R. S.，Stern，L. W. Environmental determinants of decision-making uncertainty in marketing channels［J］. *Journal of Marketing Research*，1988，25（1）.

［5］Alvord，S. H.，Brown，L. D.，Letts，C. W. Social entrepreneurship and societal transformation：An exploratory study［J］. *The Journal of Applied Behavioral Science*，2004，40（3）.

［6］Bai，X.，Chang，J. Corporate social responsibility and firm performance：The mediating role of marketing competence and the moderating role of market environment［J］. *Asia Pacific Journal of Management*，2015，32（2）.

［7］Barman，E.，Asserting difference：The strategic response of nonprofit organisations to competition［J］. *Social Forces*，2002，80（4）.

［8］Covin，J. G.，Slevin，D. P. Strategic management of small firms in hostile and benign environments［J］. *Strategic Management Journal*，1989，10（1）.

［9］Ehrhart，M. Leadership and procedural justice climate as antecedents of unit-level organizational citizenship behavior［J］. *Personnel Psychology*，2004，57（1）.

［10］Lumpkin，G.，Dess，G. Clarifying the entrepreneurial orientation construct and linking it to performance［J］. *Academy of Management Review*，1996，21（1）.

［11］Lumpkin，G.，Dess，G. Linking two dimensions of entrepreneurial orientation to firm performance：The moderating role of environment and industry life cycle［J］. *Journal of Business Venturing*，2001（16）.

［12］Lumpkin，G.，Moss，T.，Gras，D.，et al. Entrepreneurial processes in social contexts：How are they different，if at all？［J］. *Small Business Economics*，2013，40（3）.

［13］Luo，Y.，Tung，R. International expansion of emerging market enterprises：A springboard perspective［J］. *Journal of International Business Studies*，2007，38（4）.

［14］Morris，M.，Webb，J.，Franklin，R. Understanding the manifestation of entrepreneurial orientation in the nonprofit context［J］. *Entrepreneurship Theory and Practice*，2011，35（5）.

［15］Naldi，L.，Nordqvist，M.，Sjöberg，K.，ct al. Entrepreneurial orientation，risk taking and performance in family firms［J］. *Family Business Review*，2007，10（1）.

［16］Murphy P. A conceptual foundation for entrepreneurial discovery theory ［J］.

Entrepreneurship Theory and Practice, 2010, 35(2).

[17] Pearce II, J., A., Fritz, D. A., Davis, P. S. Entrepreneurial orientation and the performance of religious congregations as predicted by rational choice theory [J]. *Entrepreneurship Theory and Practice*, 2010, 34(1).

[18] Perrini, F., Vurro, C. Social entrepreneurship: Innovation and social change across theory and practice. // J. Mair, Hockerts, K. (Eds.) *Social Entrepreneurship*[M]. 2006.

[19] Phillips, S. D. Will the market set them free? Women, NGOs, and social enterprise inUkraine [J]. *Human Organization*, 2005, 64(3).

[20] Sendjaya, S., Sarros, J. C., Santora, J. C. Defining and measuring servant leadership behaviour in organizations [J]. *Journal of Management Studies*, 2008, 45(2).

[21] Shane, S., Venkataraman, S. The promise of entrepreneurship as a field of research. Academy of Management [J]. *The Academy of Management Review*, 2000, 25(1).

[22] Short, J., Moss, T., Lumpkin, G., Research in social entrepreneurship: Past contributions and future opportunities [J]. *Strategic Entrepreneurship Journal*, 2009, 3(2).

[23] Spear, R., Bidet, E. Social enterprise for work integration in 12 European countries: A descriptive analysis [J]. *Annals of Public & Cooperative Economics*, 2005, 76(2).

[24] Stevens, R., Moray, N., Bruneel, J. The social and economic mission of social enterprises: Dimensions, measurement, validation and relation [J]. *Entrepreneurship Theory and Practice*, 2014, 39(5).

[25] Tang. J., Tang. Z., Marino. D., et al. Exploring an inverted U-shape relationship between entrepreneurial orientation and performance in Chinese ventures [J]. *Entrepreneurship Theory and Practice*. 2008, 24(1).

[26] Wallace, S. Social entrepreneurship: The role of social purpose enterprises in facilitating community economic development [J]. *Journal of Developmental Entrepreneurship*, 1999, 4(2).

[27] Weerawardena, J., Gillian, S. Investigating social entrepreneurship: A multidimensional model [J]. *Journal of World Business*, 2006, 41(1).

[28] Zahra, S., Gedajlovic, E., Neubaum, D., et al. A typology of social entrepreneurs: Motives, search processes and ethical challenges [J]. *Journal of Business Venturing*, 2009, 24 (5).

Social Entrepreneurial Orientation and Firm Performance

Zhang Shujun[1]   Zhang Fang[2]

(1, 2 Sun Yat-sen Business School, Guangzhou, 510275)

Abstract: This paper focused on the influence of social entrepreneurial orientation on firm's social and economic performance, and examined the moderating effects of industry dynamics and servant leadership. Using a database of 126 entrepreneurial firms in China, we demonstrated that social entrepreneurial orientation（reciprocal synergy，social anticipating and resource expansion） has a positive effect on corporate social performance and economic performance，and servant leadership has a negative moderating effect on the relationship between social entrepreneurial orientation and firm economic performance.

Key words：Social entrepreneurial orientation；Firm performance；Industry dynamics；Servant leadership

专业主编：陈立敏

多一事不如少一事？组织地位感知对建言和创新行为的作用机制研究*

● 骆元静[1]　李燕萍[2]　穆慧娜[3]

（1. 武汉大学哲学学院　武汉　430072；2. 武汉大学经济与管理学院　武汉　430072；

3. 小米科技有限责任公司　北京　100000）

【摘　要】"君子思不出其位"反映了员工在组织中的地位会影响员工的行为，其中员工建言和创新行为是当前学者关注的焦点。基于期望理论，本文假设员工对"位"的感知影响其建言效用进而对建言行为产生作用，这个感知还影响环境掌控感进而对创新行为产生作用。研究数据来源于 38 个团队的 298 名员工，一系列分析结果显示：高地位感知通过提升环境掌控感促进员工创新行为；尽管高地位感知会提升员工建言效用，但只有在高公正氛围情形下，建言效用才会促进建言行为。研究结果丰富了员工地位感知的相关研究成果，对如何促进员工建言和创新行为提供了有益指导。

【关键词】组织地位感知　建言效用　环境掌控感　建言行为　创新行为

中图分类号：C93　　　　　　文献标志码：A

1. 引言

"君子思不出其位"，员工在组织内的生存发展需要有所为有所不为，而判断"该做"和"不该做"的标准，"可做"与"可不做"的权衡，往往与员工对自身地位的判断和感知密切相关(Terry & Hogg, 1996)，即个体会以一种符合他们自身定位的方式来思考和行动(Stoner, Perrewé & Munyon, 2011)。员工组织地位感知是指个体在组织或团队中对拥有的"相对社会职位或等级"的感知，它描述了员工对自身地位的判断和感知(Perretti & Negro, 2006)。员工组织地位研究最初集中于员工的聘任制度，如合同制、临时工等多种聘任制

＊ 基金项目：国家自然科学基金面上项目"高承诺人力资源管理对新生代员工产出的作用机制：基于工作要求-资源视角"(71372125)，"组织变革前非正式信息的作用机制：多层次纵向研究"(71572135)，"本土文化情境下领导行为对员工变革反应的影响：基于图式理论的动态研究"(71172202)。

通讯作者：李燕萍，E-mail：ypli@ whu. edu. cn

度的研究，发现全职员工比兼职员工具有更高的组织承诺（Van Dyne & Ang，1998）。进一步的研究发现员工在组织内的地位变化将引起角色内和角色外绩效的改变（Bendersky & Shah，2012；Van Dyne & Ang，1998）。在上述员工身份研究基础上，学者们进一步探索了员工组织地位感知的影响，发现员工感知到的组织内地位能有效提高其利他行为和创新行为，并降低反生产行为（刘智强，邓传军，廖建桥，龙立荣，2015）。总的来说，学者们围绕地位特征对员工组织承诺、工作满意度、工作绩效以及角色外行为的作用进行了大量研究，验证了员工地位对其行为的重要影响（Bendersky & Shah，2012；Horng，Tsai，Hu & Liu，2016；刘智强等人，2015）。但遗憾的是目前我们还不清楚组织地位感知影响员工行为的内在机制。

在组织情境中，建言行为和创新行为均为员工自身具有高度自主选择权的行为。作为旨在改进组织绩效和竞争力、对现状提出挑战的员工建言行为，是组织持续改进和发展的关键（陈晓萍，徐淑英，樊景立，2008；Morrison，2011）。员工创新对于组织的发展同样有着不可替代的积极影响（杜旌，冉曼曼，曹平，2014）。本研究探索员工组织地位感知对员工建言行为和创新行为的作用，并考察建言效用在组织地位感知与建言行为、环境掌控感在组织地位感知与创新行为之间关系的中介作用机制。

建言效用是指个体认为自己能够胜任建言角色，在建言中获得良好建言效果的信念（Kish-Gephart，Detert，Treviño & Edmondson，2009；段锦云，魏秋江，2012）。员工在组织中的地位代表了个体在组织和团队中的威望、影响力以及受重视程度大小，同时也是个体在团队中价值高低的直接体现（Chen，Phillips & Ridgeway，2012）。地位感知较高的员工在组织内的权威性和影响力相应较高，员工通过自主行为改进组织绩效的效用预期也处于较高水平，即地位感知越高的员工，越有信心自己的建言能够取得效果。与此同时，越是受到组织内成员尊敬和肯定的员工，其影响和改进组织的使命感也相应升高，即使感受到了来自他人或组织的压力，个体仍能保持较高的内部动机来通过建言行为向组织提出问题，并寻求解决方案，以致帮助组织改进绩效（周建涛，廖建桥，2012）。换言之，员工地位感知提高了员工的建言效用，进而促进了员工的建言行为。

环境掌控感是指个体具有控制和处理自身所处环境的能力，这种能力使得个体能够有效选择有利于个体目标和需求的环境资源（Ryff & Keyes，1995）。自身地位感知水平越高的员工，其发挥自身权威和能力、调动和影响环境因素的能力越强，即具有更高的环境掌控感，从而更有可能使自己的行为向着积极结果发展（Galinsky，Gruenfeld & Liljenquist，2008）。随着自我地位感知的降低，个体行动的自主性也会相应降低，越是底层的员工，其个体的创新行为越受到他人行为的影响和干涉（Amo，2006），对环境因素越难以施加影响和控制，进而对组织和团队缺乏安全感，因此地位越低的员工越会尽可能地避免冒险、排斥创新（Bunderson & Reagans，2011）。也就是说员工地位感知会提升员工对环境的控制，进而促进员工的创新行为。

总体来说，员工对自身地位的判断和感知可能对其行为选择产生重要影响。建言行为和创新行为作为员工主动对组织现状和组织绩效进行改进的有益尝试，对组织发展具有重要作用（陈晓萍等，2008；Grant，2013；Miron-Spektor & Beenen，2015）。本研究基于期望理论，引入建言效用和环境掌控感，尝试揭示员工地位感知对其建言行为和创新行为的影响作用及其作用机制。为深入探索以上问题，本研究选取企业工作团队作为研究对象开展实证研究。

2. 理论框架与假设提出

2.1 组织地位感知、建言行为和创新行为

组织地位感知是指员工在组织或团队中对其所处社会职位或等级的感知（Perretti & Negro，2006）。员工在组织中的地位是镶嵌在组织情境下的个人标记，它既非单纯个人特质（如人格、动机），又明显区别于组织特征（如组织公平、创新氛围）。员工对自身在组织中地位的感知来自于：组织对个体贡献的积极评价和对其福祉的热切关心、个体在重大组织决策中的影响力、个体在履行工作职责时所具有的自主性和权威性（Eisenberger，Vandenberghe & Rhoades，2002）。员工对于自身在组织中的地位感知不仅源自其客观所处的岗位序列和层级关系，而且更体现于个体对自己在组织中的权威性、影响力及是否受组织支持的主观判断（Eisenberger et al.，2002）。

员工组织地位感知会对其建言行为和创新行为有显著积极作用。建言是指员工针对工作相关问题，为提高或改进组织绩效而自发提出想法、意见或建议的沟通行为（Morrison，2011），创新行为是指提出新的方法、流程来改进工作的行为（杜旌，汤雪莲，2013）。建言行为和创新行为并不是工作本身要求，而是员工为了组织发展所主动展示的角色外行为。员工建言和创新都有可能对个人产生负面影响作用，甚至会破坏自己的资本和人际关系，受到组织、领导或同事的惩罚。考虑到建言行为和创新行为给个体带来的潜在风险，员工不会贸然进行建言和创新。只有当员工内心感知到足够的安全时，员工才有可能投入这些角色外行为中。组织地位感知反映了组织对员工价值的认可，高地位感知的员工会感受到领导和同事对其的信任，因此即使其建言和创新行为冒犯了他人，大家也更有可能从积极的角度来解释员工行为，正确看待员工是为了集体利益才进行建言和创新（Ambile，1988）。组织中任何举措的实施都需要有足够的资源，建言行为和创新行为同样是这样，只有具备一定的资源才可能使建言和创新转变为切实的生产力（Detert & Burris，2007）。组织地位感知体现了员工在组织中的威权和影响力，高地位感知的员工会认识到自己的建言会有更大影响力，自己的新想法也可以通过更多的资源来实现，从而切实服务于组织的发展（Gong，Huang & Farh，2009）。在以往研究中，学者们也确认了员工对自己地位的认知会影响其行为，例如，Amabile（1988）认为如果员工个体感知到自己的高组织地位，则会激发其内在动机去展示一些创新行为。基于以上讨论，我们提出如下假设：

H1：员工在组织中的地位感知对其建言行为有显著积极影响

H2：员工在组织中的地位感知对其创新行为有显著积极影响

2.2 建言效用的中介作用

基于期望理论，我们假设建言效用中介组织地位感知对建言的促进作用。期望理论认为个体行为动机受到个体对可行性、结果价值等预期的影响，这些预期不仅包括个体对于

自己能力的评估，而且也包含了个体对于情境因素控制程度的衡量（Vroom，1964）。期望理论认为个体采取行动时，既要考虑行为可能带来的益处，又要考虑行动失败所产生的风险。

组织地位感知会对员工建言效用产生影响，进而这种对建言有效性的预期会提升员工的建言行为，预期影响行为是期望理论的直观体现。当员工感知到其组织地位较高，在组织中有更强的"存在感"时，他们会对建言行为有更积极的态度，主动投入这种积极行为中的意愿也会更强（Chung Du & Choi，2014）。与此观点类似，Choi 和 Price（2005）也指出当员工有更高程度地地位感知时，员工会对自己的个人能力更加自信，更相信自己能够克服不利因素满足组织需求，为组织作出更多贡献。因此，高组织地位感知的员工对自己的建言行为有更积极的效用预期。

依据期望理论，员工产生某项行为的动力等于对该行为的期望值乘以相应行为的效价（Vroom，1964）。其中，期望值是指根据个人在组织中经验及地位感受，判断其达成目标的把握大小，效价则指的是特定行为所能实现的目标，对于能够满足个人需求的价值大小。当员工具有高组织地位感知时，会对建言的结果有更多的积极预期，如建言更有可能被重视和采纳，建言被采纳会为组织带来积极作用，在这种积极期望促使下，员工更有可能对组织有建言行为。基于以上分析，本研究提出如下假设：

H3：建言效用在员工地位感知与其建言行为之间起中介作用

2.3 环境掌控感的中介作用

基于期望理论，我们假设环境掌控感中介组织地位感知对创新行为的促进作用。当员工在自主性、关系和能力三种需要得到更高程度的满足时，员工会对其环境有更强的选择或改造能力（Ryff，1989）。而员工在组织中地位的提升，正是给予员工在组织中的存在感和身份识别，同时为其对自主性、关系和能力的需求提供了平台。因此，随着员工组织地位感知的提升，他们对待关系需要、自主需要和能力需要满足程度也会更高，对生存环境的选择或改造能力也得到加强，环境掌控感也会随之提升。

基于期望理论的视角，当员工具备高环境掌控感时，更有可能从事创新行为。创新行为是对当前状态具有一定破坏性的，且创新的实施需要一定资源和能力才可以完成（Gong，Cheung，Wang & Huang，2012）。高组织地位感知的员工，在心理上会更有可能感觉到自己对环境的掌控，如获取资源、取得同事信任等，这些都可以帮助解决创新实施过程中的困难和阻力，确保创新切实改善工作，促进组织的发展（Detert & Burris，2007）。基于此，本研究提出下面假设：

H4：环境掌控在员工地位感知与其创新行为之间起中介作用

3. 研究方法

3.1 研究样本与程序

研究被试来自于我国北方科技企业的 38 个管理和研发工作团队，作者与这些团队的管理者建立联系，向团队管理者和团队成员说明了研究目的，并确保问卷调查的保密性。问卷由作者直接发放给工作团队的每一位员工，员工完成问卷并密封后直接由作者回收。员工汇报个人统计变量、地位感知、建言效用、环境掌控感。团队管理者报告员工的建言行为和创新行为。共发放员工问卷 303 份，收回个人有效问卷 298 份，回收率为 98.3%。男性员工占 36%，员工平均年龄 27.18 岁，平均本单位工作年限为 4.11 年，受教育程度均为本科或本科以上，工作性质为人力资源管理、财务管理、行政、商务运营、研发。

3.2 测量方法

除员工个人统计变量外，其余所有变量均采用李克特 5 点计分法(1＝非常不同意，5＝非常同意)。

地位感知。员工地位感知的测量改编自 Eisenberger 等人(2002)的研究，本研究中选取 4 个项目进行测量(α＝0.86)，具体包括，"我们单位认为我的工作很有价值"、"我在工作中有一定的自主权"等。

建言效用。在 Kish-Gephart 等人(2009)建言积极效用研究基础上，本研究构建出 4 个条目来度量员工对建言积极效用预期程度(α＝0.89)。具体包括，"领导有可能采纳我提出的建议"、"如果我指出工作中的问题或提出建议，会有一定作用"等。

环境掌控感。结合 Ryff 和 Keyes (1995)的研究，采用 4 个条目来度量员工在工作中对环境的掌控感(α＝0.84)。具体条目如，"我能够有效处理各种事情"、"我可以利用机会适度改善周围环境"。

建言行为。根据 Van Dyne，Lepine(1998)的研究，选取了 3 条目来测量员工建言(α＝0.87)，具体条目如，"总的来说，该员工会对工作中出现的问题提出建议"、"总的来说，对影响工作的问题，该员工会表达自己的意见"。

创新行为。基于 Madjar，Greenberg 和 Chen(2011)的研究，本研究选取 3 个条目来度量员工创新(α＝0.87)，具体条目如，"总的来说，该员工会有适当的想法或方法，对目前工作进行改进"、"总的来说，为适应新的需要，该员工会修正现有的工作流程或提出修正想法"

个人统计变量。研究选取性别、年龄、在目前工作单位的工作年限、受教育程度作为个人统计变量进行观察，以便于了解样本情况。在性别测量中，0 为女性、1 为男性，年龄、目前单位工作年限则分别采用实际年龄和实际工作年限数值来度量，受教育程度中 1 为本科，2 为硕士、3 为博士。

3.3 数据分析及结果

为检验员工汇报和领导评价的数据是否有同源偏差，研究首先对这两种数据进行了验证性因子分析(Comfirmatory Factor Analysis)。结果如表 1 所示，员工报告数据的三因子模型符合要求，并显著优于其他因子模型，表明在员工汇报的数据中，同源偏差的影响并不严重。领导评价员工建言行为和创新行为的二因子模型显著优于单因子模型。研究中各变量的均值、标准差以及相关性如表 2 所示。

表1   验证性因子分析模型比较结果

Model	χ^2/df	P	CFI	NFI	TLI	RMSEA	AIC
单因子模型	10. 66	0. 000	0. 71	0. 69	0. 57	0. 191	647. 38
双因子模型(合并建言效用和环境掌控)	7. 75	0. 000	0. 79	0. 78	0. 70	0. 162	484. 61
三因子模型(地位感知、建言效用、环境掌控)	2. 12	0. 000	0. 97	0. 94	0. 95	0. 065	186. 18
单因子模型	12. 29	0. 000	0. 89	0. 88	0. 82	0. 206	146. 59
双因子模型(建言行为、创新行为)	2. 94	0. 003	0. 98	0. 98	0. 97	0. 086	61. 56

表2   各变量均值、标准差和相关系数($N = 298$)

变量	M	SD	1	2	3	4	5	6	7	8	9
1. 年龄	27. 18	4. 56	—								
2. 性别	0. 36	0. 47	0. 11	—							
3. 目前单位工作年限	4. 11	5. 02	-0. 26**	0. 26**	—						
4. 受教育程度	1. 71	0. 88	0. 78**	-0. 14*	-0. 43**	—					
5. 地位感知	3. 59	0. 65	-0. 07	0. 12	0. 14*	-0. 10					
6. 建言效用	3. 59	0. 63	-0. 17**	-0. 11	0. 13*	-0. 18**	0. 64**				
7. 环境掌控感	3. 56	0. 61	0. 03	0. 01	-0. 04	0. 05	0. 47**	0. 41**	—		
8. 创新行为	3. 84	0. 72	0. 16	-0. 13*	-0. 12	0. 13*	0. 04	0. 04	0. 12*	—	
9. 建言行为	3. 87	0. 73	0. 09	-0. 04	-0. 20**	0. 13*	-0. 08	-0. 01	0. 06	0. 69**	—

注：* 表示 $p < 0.05$，** 表示 $p < 0.01$。

研究假设采用结构方程模型进行检验。基于本研究假设，我们构建了假设模型，即员工地位感知通过提升建言效用对建言行为有积极作用、地位感知通过提高环境掌控感促进创新行为。结构方程模型分析该模型与数据有满意的拟合度（$\chi^2(df = 131) = 382.22$，$p < 0.001$；CFI $= 0.907$，IFI $= 0.91$，TLI $= 0.90$，RMSEA $= 0.085$）。尽管该模型具有较好的拟合度，但有可能存在其他理论解释，如地位感知可能会对员工建言和创新行为有直接作用，建言效用和环境掌控也会存在多重中介作用，因此还应该尝试其他理论上变量关系合理的假设模型（Aziz，2008）。

我们首先加入组织地位感知对建言行为和创新行为的直接效应，构建了竞争模型1，该模型也检验建言效用和环境掌控感是不是部分中介作用。数据分析显示该模型具有较好的拟合度（$\chi^2(df = 129) = 379.76$，$p < 0.001$；CFI $= 0.91$，IFI $= 0.90$，TLI $= 0.87$，RMSEA $= 0.086$），但并没有显著改进基础假设模型（$\Delta\chi^2(df = 2) = 2.46$，ns.），加入的地位感知感对建言行为和创新行为的直接效应也不显著。竞争模型2是为检验建言效用和环境掌控感是否存在多重中介效应，即地位感知是否还通过建言效用影响创新行为、是否通过环境掌

控感影响建言行为。结果分析显示竞争模型 2 同样具有可接受的拟合度(X^2(df = 129) = 380.15，p<0.001；CFI = 0.90，RMSEA = 0.086，IFI = 0.90，TLI = 0.87)，但该模型也没有显著改进基础假设模型(ΔX^2(df = 2) = 2.07，ns.)。

基于以上分析，假设模型是最优模型。图 1 展示了拟合度最优的假设模型，以及相关变量之间的相关系数和显著性。如图 1 所示，地位感知显著促进建言效用(β = 0.62，p<0.001)、但建言效用对建言行为作用不显著，假设 1 和假设 3 都不成立。地位感知显著提升环境掌控感(β = 0.52，p<0.001)，环境掌控感与创新行为显著正相关(β = 0.17，p<0.05)，假设 2 和假设 4 得到验证。

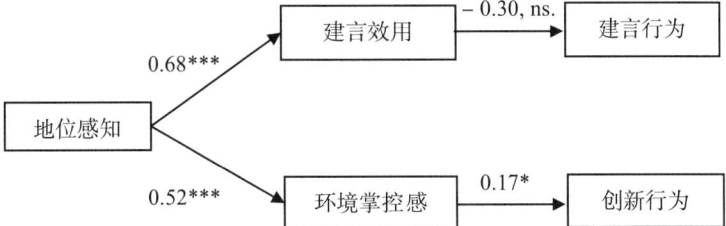

图 1　最优假设模型

注：＊表示 p<0.1，＊＊＊表示 p<0.01。

4. 后研究

以上分析显示建言效用与建言行为的关系并不显著，建言效用的中介作用并未得到验证。分析原因可能是建言行为作为一种角色外行为，会产生对领导者的威胁或者为组织带来不安定的因素。前人在研究中指出，建言行为有可能会导致负面的公众形象，破坏在组织中的人际关系，社会资本受损等(Adler & Kwon, 2002)。因此，虽然员工感觉到自己建言会被领导重视采纳从而能对组织有帮助，但若建言有可能损害员工利益，则员工对于建言行为仍持谨慎态度，进而选择"多一事不如少一事"的心态，不愿意为组织建言。

员工感知到建言对自己有收益的前提之一是组织公平，即当组织中有公正公平的氛围，能够认可员工的各种付出时，员工才有可能愿意展示建言行为(Brockner et al., 2001)。员工在组织中的公正感知将影响其对组织的整体判断，并依据其判断来选择行动方案。当组织有较强的公正氛围时，员工获得较强的组织公正感，将降低对建言行为的风险预期，减少对人际关系、社会资本、个人公众形象等因素的担忧，进而提升对建言行为的效价评估，提升采取建言行为的可能性。相反地，若员工感知不到组织的公正，则更担忧个人形象受损，被同事排挤等，因而不愿意为组织"多一事"，采取沉默的方式而选择"少一事"。以上讨论可以陈述为如下假设：

H5：组织公正感正向调节员工建言效用对其建言行为的影响：相对于低组织公正感，在高组织公正感的情形下，员工建言效用对其建言行为有更强促进作用

在主研究数据收集时，还有另一项研究采用了相同样本进行数据收集。我们借用另一项研究中的公正感变量，来完成假设 5 的检验。基于 Ambrose 和 Schminke（2009）的研究，采用 5 个李克特条目来度量员工在组织中的公正感知（$\alpha = 0.92$），具体条目如，"整体而言，组织能够公正地对待我"、"我受到的待遇大多数是公正的"。为了检验数据的结构效度，我们进行了验证性因子分析。结果显示建言效用、组织公正感、建言行为三因子模型拟合度优于其他模型（$\chi^2/df = 1.88$，CFI $= 0.98$，NFI $= 0.95$，TLI $= 0.97$，RMSEA $= 0.058$）。数据分析采用多层次现线性模型（HLM，Raudenbush & Bryk，2002）来分析组织公正感的调节作用，原因是数据来源于 38 个工作团队，为尽量避免将团队间差异作为个体之间的差异，减小分析结果的误差。例如，组织公正感的组内一致性为 $r_{wg} = 0.92$，组内相关系数为 ICC（1）$= 0.16$ 和 ICC（2）$= 0.70$，显示采用多层次线性模型分析的必要性。

在控制个人统计变量后，建言效用与员工建言行为并没有显著关系（$\beta = -0.07$，ns.）。加入组织公正感、建言效用与组织公正感的交互项，以考察组织公正感对建言效用与员工建言行为关系的调节作用。结果显示，组织公正感与员工建言行为显著正相关（$\beta = 0.13$，$p < 0.05$），建言效用与组织公正感的交互项与建言行为也显著相关（$\beta = 0.67$，$p < 0.01$）。根据 Aiken 和 West（1991）的分析程序，将组织公正感的均值分别加减一个标准差，所得的两个值作为标准，把个体层面的组织公正感分为低公正感和高公正感两个组，将组织公正感的调节作用表示如图 2 所示。由图 2 可以看出，当员工在组织中有高公正感时，建言效用对建言行为有显著积极作用（$b = 0.15$，$p < 0.05$）。当员工在组织中感受不到公正待遇时，建言效用对建言行为作用不显著（$b = -0.14$，ns），假设 5 成立。这表明如果员工没有感受到所处环境是公平公正的氛围，那么，即使员工有高的建言效用，也不愿意为组织建言，会有"多一事不如少一事"的规避建言心态。

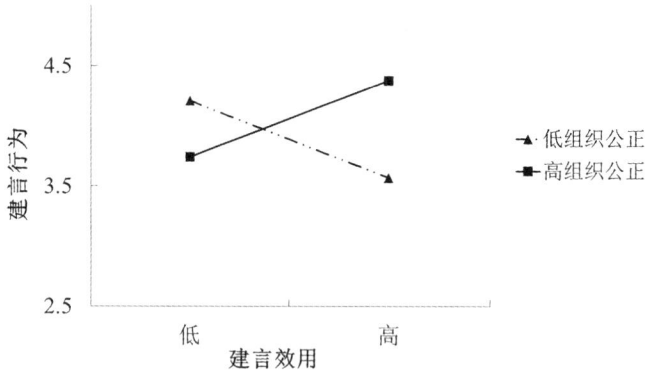

图 2　组织公正感的调节作用示意图

5. 讨论

员工组织地位感知是学者们关注的重要构念，影响员工在组织中的言行（Stoner, Perrewé, & Munyon, 2011）。本研究探索员工地位感知对建言行为和创新行为的影响机理。基于 38 个团队的 298 名员工分析显示，组织地位感知是通过提升员工对环境的掌控感，进而促进员工的创新行为。组织地位感知虽然也提升了员工的建言效用，但只有在高公正感情形下，员工建言效用才对建言行为有显著促进作用。研究对利用组织地位感知提高员工主动性、创造性参与组织工作、发挥员工智慧为组织献策献计，具有一定的理论和现实意义。

当员工在组织中有较高的地位感知，或较好的身份识别时，将对自己的建言行为有更积极的预期，感知到自身的建言行为更有利于改善组织现状、更能提高组织运行效率或者整体竞争力。但我们数据分析显示，建言效用与建言行为的关系并不显著，组织地位感知不能通过建言效用间接影响员工的建言行为。基于期望理论的分析，对一件事的激励程度等于期望值与效价的乘积。虽然组织地位感知对员工建言效用预期有显著正向积极作用，形成对建言被采纳的高期望值，但这并不代表期望值与效价的乘积也高。周浩等人（2012）在研究中指出，员工在对组织采取建言行为会面临一定的风险，很可能出现"出力不讨好"的结果，担心建言行为会损害个人利益。通过在企业访谈得知，员工的建言行为可能被组织或者上级视为一种"抱怨"行为，甚至是造成组织不稳定因素或者对领导权威的冒犯。在这样的情形中，员工对建言行为的态度往往十分谨慎。正因为如此，员工即使在组织中的地位感知较高，或者说其在组织中的存在感较强，也不愿意得罪领导和同事，破坏个人在组织中的人际关系。基于上述分析，除了员工对于效用预期会影响建言行为的发生，其带来的效价对于建言行为同样有重要影响。后研究的分析结果验证了我们的推测，只有在高组织公正感情形下，建言效用才可以促进员工的建言行为。高组织公正感能有效提高对于员工建言行为的效价值，在一定程度上降低对于建言行为的恐惧心理，减少对组织破坏或者得罪领导的担心程度，增强员工对自身建言的信心，提升对建言行为的期望值与效价的乘积，因而有更多的建言行为。当员工感觉不到组织的公平时，对建言行为会更加谨慎，对建言过程中有可能面临的困难、挫折以及结果的不确定性和风险性会有更消极的预期，更加没有为组织建言的动力，会认为"多一事不如少一事"，不给自己找麻烦，降低为组织建言的可能性。

研究结果表明，组织地位感知透过环境掌控感对创新行为有显著促进作用。高地位感知使员工感觉到能够处理复杂的工作环境，并能及时利用环境中蕴藏的机会。这种对环境的掌控感使得员工能够调动周围的资源来进行创新，并确保这个过程对自己和环境都有积极作用，而不会像建言是指向他人，存在给他人造成麻烦的潜在危险（Ryff, 1989）。因此，员工不会担心自己是在"多一事"。

研究结论对管理实践具有一定启示作用。中国有句老话"兼听则明，偏信则暗"，建言行为的重要性自古以来对于组织的发展都是十分关键的。本研究结果证实，员工在组织中的地位感知越高，其感觉到自己建言会越有效，就更容易向上级和同事建言。因此，企业管理者应充分关注员工的心理感受，通过充分互动、倾听来建立员工组织存在感，提升员工建言效能，进而有可能促进员工建言。提升员工在组织中的地位感知，也有助于提高员工环境掌控感，进而促进创新行为。在提升组织地位感知时，还应当关注员工的组织公正感。面对复杂或存在威胁的组织环境，多数人会选择"多一事不如少一事"的处世态度，不愿意做出有可能会对个人带来麻烦的角色外行为。公正的组织氛围有助于消除人际上的顾虑，减少建言可能产生的敌意和误会，增强员工与领导或者同事的相互信任，让更多员工除了专注自身工作外，愿意为了组织的发展"多一事"（De Dreu & West, 2001）。组织公正感的树立需要管理层从每个细节做起，特别是在程序规范化、结果分配公平上多努力。

　　本研究主要存在两个方面的局限性：首先，研究样本来源于我国北方，使得研究结论在我国的普遍适用性存在局限。在未来研究中，应当有更多地域的数据来源，从而减小研究结论适用性的局限。其次，研究数据来源于横截面数据，不能有效验证因果关系的推断。研究所考察的构念，组织地位感知、建言效用、环境掌控感、组织公正等都是在长期互动的过程中不断变化发展。例如，有可能建言被采纳而提升了员工的建言效用，进而使员工有更好的组织地位感知。因此，未来研究有必要采用纵向多时点测量，来探索上述构念的因果关系。考虑到组织地位感知、建言效用等随时间的变化，未来研究可以在个体内层次（Within individual；Du, Shin & Choi, 2015）探索个体在这些维度上的感知变化，并研究个体、团队层次领导行为、组织策略对这些感知变化的影响作用，从而揭示员工有关组织感知的变化规律，更好提升员工的建言和创新行为。

◎ 参考文献

[1] 陈晓萍，徐淑英，樊景立. 组织与管理研究的实证方法[M]. 北京：北京大学出版社，2008.

[2] 杜旌，汤雪莲. 集体主义对个人创新影响的理论探索[J]. 科技进步与对策，2013, 30(2).

[3] 杜旌，冉曼曼，曹平. 中庸价值取向对员工变革行为的情景依存作用[J]. 心理学报，2014, 46(1).

[4] 段锦云，魏秋江. 建言效能感结构及其在员工建言行为发生中的作用[J]. 心理学报，2012, 44(7).

[5] 顾远东，彭纪生. 组织创新氛围对员工创新行为的影响：创新自我效能感的中介作用[J]. 南开管理评论，2010, 13(1).

[6] 姜薇薇. 员工组织支持感，心理所有权与建言行为关系研究[D]. 吉林大学硕士学位论文，2014.

[7] 刘智强，邓传军，廖建桥，龙立荣. 组织支持，地位认知与员工创新：雇佣多样性视角[J]. 管理科学学报，2015, 18(10).

[8] 周浩，龙立荣. 基于自我效能感调节作用的工作不安全感对建言行为的影响研究[J]. 管理学报，2013, 10(11).

[9] 周建涛，廖建桥. 权力距离导向与员工建言：组织地位感知的影响[J]. 管理科学，2012(1).

[10] Adler, P. S., Kwon, S. W. Social capital：Prospects for a new concept[J]. *Academy Of Management Review*, 2002, 27(1).

[11] Aiken, L. S., West, S. G. *Multiple regression：Testing and interpreting interactions* [M]. Newbury Park, CA：Sage, 1991.

[12] Amabile, T. M. A model of creativity and innovation in organizations[J]. *Research in organizational behavior*, 1988, 10(1).

[13] Ambrose, M. L., Schminke, M. The role of overall justice judgments in organizational

justice research: a test of mediation[J]. *Journal of Applied Psychology*, 2009, 94(2).

[14]Amo, B. W. Employee innovation behavior in health care: the influence from management and colleagues[J]. *International Nursing Review*, 2006, 53(3).

[15]Aziz, Y. A. Structural equation modeling (SEM): An alternative approach in data analysis for social sociences studies[J]. *Integration & Dissemination*, 2008(3).

[16]Bendersky, C., Shah, N. P. The cost of status enhancement: Performance effects of individuals' status mobility in task groups[J]. *Organization Science*,2012, 23(2).

[17]Brockner, J., Ackerman, G., Greenberg, J.,et al. Culture and procedural justice: The influence of power distance on reactions to voice [J]. *Journal of Experimental Social Psychology*, 2001, 37(4).

[18]Bunderson, J. S.,Reagans, R. E. Power, status, and learning in organizations[J]. *Organization Science*, 2011, 22(5).

[19]Chen, Y. R., Peterson, R. S., Phillips, D. J., et al. Introduction to the special issue: Bringing status to the table—attaining, maintaining, and experiencing status in organizations and markets[J]. *Organization Science* 2012,23(2).

[20]Choi, J. N., Price, R. H. The effects of person – innovation fit on individual responses to innovation[J]. *Journal of Occupational and Organizational Psychology*, 2005, 78(1).

[21]Chung, G. H., Du, J., Choi, J. N. How do employees adapt to organizational change driven by cross-border M&As? A case in China[J]. *Journal of World Business*, 2014, 49(1).

[22]De Dreu, C. K., West, M. A. Minority dissent and team innovation: The importance of participation in decision making[J]. *Journal of applied Psychology*, 2001, 86(6).

[23]Detert, J. R., Burris, E. R. Leadership behavior and employee voice: Is the door really open? [J]. *Academy of Management Journal*, 2007, 50(4).

[24]Du, J., Shin, Y., Choi, J. N. Convergent perceptions of organizational efficacy among team members and positive work outcomes in organizational teams [J]. *Journal of Occupational and Organizational Psychology*, 2015(88).

[25]Eisenberg, R., Stinglhamber, F., Vandenberghe, C.,et al. Perceived supervisor support: Contributions to perceived organizational support and employee retention[J]. *Journal of Applied Psychology*, 2002, 87(3).

[26]Galinsky, A. D., Magee, J. C., Gruenfeld, D. H., et al. Power reduces the press of the situation: implications for creativity, conformity, and dissonance[J]. *Journal of personality and social psychology*, 2008, 95(6).

[27]Gong, Y., Cheung, S. Y., Wang, M., et al. Unfolding the proactive process for creativity: Integration of the employee proactivity, information exchange, and psychological safety perspectives[J]. *Journal of Management*, 2012, 38(5).

[28]Gong, Y., Huang, J. C., Farh, J. L. Employee learning orientation, transformational

leadership, and employee creativity: The mediating role of employee creative self-efficacy [J]. *Academy of management Journal*, 2009, 52(4).

[29]Grant, A. M. Rocking the boat but keeping it steady: The role of emotion regulation in employee voice[J]. *Academy of Management Journal*, 2013, 56(6).

[30]Horng,J. S., Tsai, C. Y., Hu, D. C., Liu, C. H. The role of perceived insider status in employee creativity: Developing and testing a mediation and three-way interaction model [J]. *Asia Pacific Journal of Tourism Research*, 2016, 21(sup1).

[31]Kish-Gephart, J. J.,Detert, J. R., Treviño, L. K.,et al. Silenced by fear: The nature, sources, and consequences of fear at work[J]. *Research in Organizational Behavior*, 2009(29).

[32] Madjar, N., Greenberg, E., Chen, Z. Factors for radical creativity, incremental creativity, and routine, noncreative performance[J]. *Journal of Applied Psychology*, 2011, 96(4).

[33] Miron-Spektor, E., Beenen, G. Motivating creativity: The effects of sequential and simultaneous learning and performance achievement goals on product novelty and usefulness [J]. *Organizational Behavior and Human Decision Processes*, 2015(127).

[34]Morrison, E. W. Employee voice behavior: Integration and directions for future research [J]. *The Academy of Management Annals*, 2011, 5(1).

[35] Perretti, F., Negro, G. Filling empty seats: How status and organizational hierarchies affect exploration versus exploitation in team design[J]. *Academy of Management Journal*, 2006, 49(4).

[36] Raudenbush, S. W., Bryk, A. S. *Hierarchical linear models: Applications and data analysis methods (Vol. 1)*[M]. Newbury Park, CA:Sage, 2002.

[37]Ryff, C. D. Happiness is everything, or is it? Explorations on the meaning of psychological well-being[J]. *Journal of Personality and Social Psychology*, 1989, 57(6).

[38]Ryff, C. D., Keyes, C. L. M. The structure of psychological well-being revisited[J]. *Journal of Personality and Social Psychology*, 1995, 69(4).

[39]Stoner, J., Perrewé, P. L., Munyon, T. P. The role of identity in extra-role behaviors: Development of a conceptual model[J]. *Journal of Managerial Psychology*, 2011, 26(2).

[40]Terry, D. J., Hogg, M. A. Group norms and the attitude-behavior relationship: A role for group identification[J]. *Personality and Social Psychology Bulletin*, 1996, 22(8).

[41] Van Dyne, L., Ang, S. Organizational citizenship behavior of contingent workers in Singapore[J]. *Academy of Management Journal*, 1998, 41(6).

[42] Van Dyne, L., LePine, J. A. Helping and voice extra-role behaviors: Evidence of construct and predictive validity[J]. *Academy of Management Journal*, 1998, 41(1).

Less is more: A Study on the Mechanism of Perceived Organizational Status with Employee Voice and Innovative Behavior

Luo Yuanjing[1]   Li Yanping[2]   Mu Huina[3]

(1. Philosophy School of Wuhan University, Wuhan, 430072;

2. Economics and Management School of Wuhan University, Wuhan, 430072;

3. Xiaomi Inc. , Beijing, 100000)

Abstract: "The gentleman won't think out of his position" reflects the fact that the status of employees in the organization will influence his or her behaviors all the time. Employee voice and innovative behavior is the focus of current scholars. Based on the expectation theory, this paper assumes that the employees' perceived organizational status will influence their voice efficacy and environmental mastery, and further improve voice and innovative behavior respectively. Data was collected from 298 employees in 38 teams and a series of analysis results show that: high perceived organizational status enhances the sense of environmental mastery and further promotes employee innovative behavior; although high perceived status increases employee voice efficacy, its subsequent positive effect for their voice behavior only emerges when employee perceive high justice. The results of this research enrich the relevant research of employee status perception, and provide useful guidance on how to promote employee voice and innovative behavior.

Key words: Perceived organizational status; Voice efficacy; Environmental mastery; Voice behavior; Innovative behavior

专业主编：杜旌

中国情境下自恋型领导对下属追随力的影响研究：谦卑和传统性的调节作用[*]

● 王　琳¹　李锡元²　孔　靓³

（1，2，3　武汉大学经济与管理学院　武汉　430072）

【摘　要】本研究探讨了中国组织情景下自恋型领导与员工追随力之间的关系，并基于本土文化特征将谦卑和个体传统性分别作为领导和员工方面的调节变量。通过208套领导与员工配对问卷的实证研究，得出以下结论：自恋型领导对下属追随力有显著的负向影响；领导谦卑对自恋型领导和下属追随力的关系起到明显的调节作用，下属感知到的领导谦卑越强，自恋型领导对于下属追随力之间的负向关系越弱；下属传统性在自恋型领导和下属追随力关系之间起到显著的调节作用，当下属传统性较高时，自恋型领导与下属追随力之间的负向关系较弱。

【关键词】自恋型领导　追随力　谦卑　个体传统性

中国分类号：F272. 90　　　　　文献标识码：A

1. 引言

　　自恋作为一种复杂的人格特质，被引入领导学领域伊始，大多数文献聚焦于领导自恋特质对其所在组织或机构造成的不利影响（Rosenthal & Pittinsky，2006）。有研究认为拥有自恋特质的领导不利于团队层面的信息交换，进而有损于组织绩效，领导自恋会损害领导与下属间的人际关系，并营造不良的工作氛围（Nevicka & Ten Velden，et al.，2011；Judge et al.，2006；Goldman，2006），Resick 等人（2009）的研究得出 CEO 自恋导致管理层较高的离职率等。然而，现实中，众多政坛及商界的领导精英都被大众媒体贴上自恋的标签，如美国新一任总统 Donald John Trump 及拥有大批忠实粉丝的 Steve Jobs，Bill Gates 等。这些领导虽然自恋，在组织内外却拥有众多追随者。在中国，随着西方个人主义文化价值观不断渗入，具有自恋人格的领导也越来越多（廖建桥等人，2016），但目前，国内关于自恋型领导的研究还停留在初始阶段，大部分是综述性成果。根据特质理论，领导者

　　* 基金项目：国家社会科学基金项目"职业经理人市场治理与国企职业经理人市场融入协同研究"（14BGL082）的阶段性成果。

　　通讯作者：王琳，E-mail：76284056@ qq. com

的人格特质会对追随者行为产生影响，由此本研究提出以下问题：以上自恋型领导者除了自恋之外是否还具备一些其他品质吸引着追随者并影响着他们的追随力？在中国本土文化背景下，追随者自身的价值观是否也对追随力产生了影响？

虽然现代人的思想观念和生活方式越来越多元化，传统文化对我们的影响并未消散，儒家的三纲五常，道家的阴阳相生等思想仍对个体认知及行为有着根深蒂固的影响。因此要在中国情景下研究自恋型领导对员工追随力的影响，不得不考虑传统文化的隐性作用。根据阴阳哲学，自然界任何事物或现象都包含既相互对立，又互根互用的阴阳两方面。因此，人们在具备一种人格特质的同时，并不代表着完全没有与之相对的人格特征。例如，自恋和谦卑两个看似矛盾的特质，也有可能达到一种相互中和的理想境界。Owens 和 Wallace 等人 2015 年通过实证研究证实了谦卑而又自恋的领导能够提高员工的工作投入及组织绩效，也被追随者认为具有较高的领导效能。哲学家把谦卑视为一种"元品德"，认为它是能够调和其他品德以达到儒家的"中庸之道"（Marinoff & Themiddleway，2007）。因此，本文把谦卑作为领导方面的调节变量，探讨其对领导自恋与追随力关系的影响。另外，一些对中国企业管理问题的研究（如 Chen & Aryee，2007；刘军等人，2008）发现员工传统性会对领导作用的发挥产生非常重要的影响，而这种特性也契合了儒家思想中"上尊下卑"的传统观念。在层级组织中，高传统性的员工往往依附于中国传统文化所定义的角色关系，尊重并且依赖领导权威（李晋等人，2015），对领导无条件和无批判性地尊敬、信任和服从，因此，在面对自恋型领导的一些阴暗面时，也能表现出较强的接受力。对于自恋型领导自身而言，由于其对权力与权威的强烈渴求，更喜欢听话、顺从的下属。Grijalva 等人（2014）研究发现，自恋型领导与顺从性的下属会通过人际互补效应提升领导的有效性。因此，本文将个体传统性作为员工层面的调节变量以探求中国情境下自恋型领导对下属追随力的影响。

"追随力"是当前领导研究与企业管理实践中的前沿与热点话题，但国内外已有对领导与员工追随力的关系的研究多集中在真实型领导，变革型领导等积极的领导方式对于追随者的影响（Leroy，Anseel & Gardner，2015；李浩澜等人，2015），关于自恋型领导这种具有破坏面的领导类型对追随者影响的研究少有涉及。因此，本研究对不同行业 11 家公司的员工及领导进行了配对问卷调查，以探讨在中国本土文化情景下自恋型领导对下属追随力的影响，及领导谦卑和下属个体传统性的调节作用。

2. 理论基础与假设提出

2.1 自恋型领导

"自恋"（narcissism）概念来源于古希腊"narcissus"（水仙）神话，被定义为："一个复杂的人格特质，包括宏达而脆弱的自我意识及对成功和赞美的极度渴求"（Ames, Rose & Anderson，2006）。Devries 和 Miller（1985）通过对一些领导的诊断发现，领导者的许多行为受其自恋人格的影响，因此他们从领导者的职能入手，系统讨论了自恋人格与领导行为的关系。自恋型领导这一概念是 Rosenthal 和 Pittinsky 于 2006 年最早提出的，他们认为，自恋型领导往往表现出自我陶醉、骄傲自大、好大喜功、脆弱自尊等特征。目前学术界对于自恋型领导是一种人格特质还是一种领导风格并没未达成统一的认识，大部分学者仍将自恋型领导等同于领导的自恋人格来研究，自恋型领导的测量方面也更多的是采用自恋人格的测量量表，并没有对自恋型领导进行严格的定义。本文借鉴廖建桥等人（2016）关于自恋型领导的界定：自恋型领导是指行为受到自恋型人格影响的领导者。

学者 Kohut（1966）曾提出"自恋并非一定病态"的观点。也有学者提出自恋型领导也有一定的积极作用，但目前基本都是一些思辨研究，缺乏实证支持（Rosenthal & Pittinsky，2006）。Khoo 等人（2008）认为，自恋型领导往往基于自利动机或个人目的行使权力，其行为所造成的影响总体来看是负面大于正面。Nevicka 等人（2011）在研究中指出自恋型领导一心追逐权力，具有利己主义倾向，有可能会导致工作中的违反伦理行为或剥削行为。许世勇（2011），在中国情境下验证了领导自恋与员工的组织公民行为成负相关，而与反生产行为正相关。总之，自恋对领导效能的影响是正向的还是负向的已经成为有关领导自恋的文献中讨论最多的问题（Campbell et al.，2011）。但近年来，学者们逐渐意识到领导力源自于领导者和追随者的互动（Pillais，2007），关于员工追随力的研究也很有必要。虽然有学者从追随者类型角度分析了自恋型领导理想化的人格特点使得其为了满足虚荣心，情愿被下属蒙蔽，导致他们周围充满了谄媚者和投机主义者（Post，1986），目前关于自恋型领导会对下属的追随力产生何种影响的实证研究并未太多涉及。

2.2 自恋型领导与下属追随力

彼得·杜拉克（Peter F. Drucker）说，"一些人是思想家，一些人是预言家，这些人都很重要，而且也很急需，但是没有追随者，就不会有领导者"。在实践中，领导者的领导效能是通过对其追随者发挥影响来实现的，追随者通过对领导者的感知及由此产生的行为反应而反作用于领导者，最终领导者与追随者交互作用从而影响员工、团队以及组织绩效（Tee，Ashkanasy & Paulsen，2013）。由此，领导研究中的追随者中心视角及追随力视角开始兴起。Bjugstad 等人（2006）提出追随力的内涵得到大多学者的认同，他们认为追随力是指追随者有效的执行领导的指令，信任及支持领导的工作和能力。与 Bass（1990）对领导力定义的研究结果类似，对追随力的界定不是普适的定义，追随力可以是一种追随的身份特征，抑或是一种追随的状态，可以是一种关系，也可以是一种实现目标的能力。周文杰等（2015）在中国文化背景下，把追随力定义为优秀追随者在追随领导的过程中体现出来的基本行为，并在质性访谈和实证检验基础上开发了中国情境下的追随力的测量量表。本文参照周文杰等人对追随力的定义，并把企业组织范畴内的下属看做是领导的追随者。

Nolan（2009）从关系观角度出发，认为追随力与上下级之间的关系密切相关。自恋被认为是一种复杂的人格特质，虽然有理论研究表明自恋型领导较强的社会交往技能，过人的远见和有魅力的外表等因素能使很多人追随其左右（黄攸立等人，2014）。但是也有实证研究指出，具有自恋型人格特质的领导在给人留下相对较好的第一印象后会在之后的接触中迅速恶化，取而代之的是使人产生严重的不适感。Dean and Paul（2001）提出古怪、冲动和易怒的自恋型领导会经常严厉指责、威胁下属，这样会打击下属的士气并使下属产生消极情绪。因此，自恋型领导很难和下属建立融洽的上下级关系（Judge，Lepine & Rich，

2006），另外，自恋型领导经常拒绝下属的意见，把失败归于他人，成功归于自己，而且常因自己的失败和不足而谴责他人，这就导致下属感知不到应有的尊重和关怀，从而削弱追随者对于领导的追随动机，减少追随行为发生的频率，进而不利于下属追随力的提升。除了融洽的关系之外，下属对领导产生追随的主要原因还包括领导者的诚实、有远见、有能力和号召力（Kouzes & Posner，2003）。虽然自恋型领导常常被认为富有远见且有能力的，但由于自恋型领导只关心自己，不体恤下属，常常为了满足自己的私利不惜用欺诈的手段，并且过于维护自己的权威而采取不当督导的行为。根据社会交换理论和归因理论，在这种情况下，有效的追随者会变得消极，积极地追随模式会因为领导的不当督导对追随者产生一系列的消极影响，从而使其追随行为发生改变（丁桂凤等人，2013）。由此可见，自恋型领导并不容易得到下属的真正认同，表象的追随并不能带来下属追随力的提高。由以上论述本研究提出以下的假设：

H1：自恋型领导与下属追随力呈显著负相关关系

2.3 领导谦卑的调节作用

谦卑（humility）源自拉丁语中的"humus"和"humi"，意为泥土、大地（earth）、在地上（on the ground）之意。Owens（2009）把谦卑定义为一种发展的取向，包括正确看待自己的意愿、欣赏他人的优点与贡献、可教性以及低调等因素。Owens 等人（2013）认为谦卑是在一定的社会环境中表现出来的个人品质，具有可塑性，并且根据不同的生活经历产生波动。谦卑也被认为能稳定地影响自我感知，预防其他品德走向极端并达到调和的效果（Park & Peterson，2003）。

根据我国古代的阴阳哲学，任何自然现象和社会现象都是阴阳相互作用的结果，看似矛盾的双方都是相互依存，互相补充，并可以互相转化的（Chen，2002）。西方的矛盾理论也认为，虽然矛盾的双方看似不一致甚至负相关，要想达到管理的有效性，就需要使矛盾的双方达到和谐或统一（Smith & Lewis，2011）。由此可知，自恋和谦卑看似两个相互对立的人格特质并非不可以共存，而一个优秀的领导者也必定同时具备多种人格特质，并能使其达到和谐与统一。谦卑并不是一种与生俱来的人格魅力，领导者可以通过一系列行为来塑造一种谦卑的印象（Hekman，2012）。不管自恋者是否渴望内在的改变，是否通过不断地练习与进步真正具备谦卑的品质，对追随者而言其感知到的领导者谦卑比领导者是否真正具有谦卑品质更重要（Owens et al.，2015），因此本研究中领导者的谦卑是指下属感知到的谦卑。

追随力的实质是一种情感倾向性行为，追随者如何表现追随行为，与其认知体验后的情感取向密切相关，不同的情感体验会导致追随者态度与行为的差异。自恋型领导由于注重自我形象，对权力的追求比较强烈，可能使其成为一名比较坚定和有魅力的领导人，但这种魅力往往是表象的，不长久的。谦卑被认为是一种预防其他品德走向极端的"调和品德"（Park & Peterson，2003），拥有谦卑品质的领导者通常会避免诸如嘲笑、打扰或强迫他人之类的无礼行为，从而更容易与下属形成支持性关系，谦卑可以使领导更好的笼络人心，使下属"死心塌地"地追随。自恋作为一种较为稳定的人格特质是很难改变的，但是根据自我调节理论，人们可以根据自我控制和一定的整合机制管理自己的行为（Karoly，

1993），以给他人留下积极的印象。Owens 等人（2015）认为自恋型领导表现出一定的谦卑行为也是出于一定的自我调节的动机。自恋型领导渴求别人的赞美，为了更好地印象管理，可能会有意识的表现出一定的谦卑行为，达到"修己安人"的效果。谦卑可以有效地调节自恋型领导的傲慢自大、自我为中心等，具有谦卑品质的自恋型领导一方面拥有极度的自信，另一方面也可以看到他人的长处；一方面果断坚决，富有竞争性，另一方面又有合作精神，有研究表明这种"雌雄同体"的领导风格有利于提升领导有效性（Kark et al.，2012）。另外，无论是真正具有兼备品质还是刻意表现出谦卑，让下属感知到谦卑的自恋型领导由于其外在的魅力和内在的品质，会使下属对其产生一种"内谦外王"的认知，从而对领导产生认同感，甚至崇拜感，进而激发出下属的追随动机，促使下属产生高效追随。有学者认为领导者在与下属的关系中表现出谦卑，很可能就是为了寻找忠诚于自己的下属（冯镜铭等，2014）。由以上论述提出下面的假设：

H2：领导谦卑在自恋型领导与下属追随力之间起调节作用，当下属感知到领导的谦卑程度高时，自恋型领导与下属追随力之间的负向关系较弱

2.4 传统性的调节作用

个人传统性是指传统社会中个人所最常具有的一套有组织的思想观念、认知态度、价值取向、气质特征及行为意向（杨国枢，1991）。作为具有典型的中国文化烙印并能反映个体价值观差异的个性特征变量，传统性对员工的行为有重要的影响。

中国文化历来注重等级制度，"圣王—权威"本身成了理想的图腾。我国企业中领导与下属之间常呈现出一种"上尊下卑"的关系，员工更多的是对领导决策的绝对服从和对权力的绝对崇拜（李锡元等人，2014）。这种角色情境下，上级可对下级施加影响而且较少受到角色规范的约束，而下级却被认为应该无条件或无批判性地信任、尊敬和服从（Farh & Lin，1997）。这种等级观念在高传统性的个体中更为明显。高传统性的个体往往习惯于被领导，一旦没有了权威可以依赖，个体常常显得无所适从。因此，从某种角度来讲高传统性的个体不仅遵从权威，而且需要权威（王庆娟等人，2012）。相对于其他特质的领导，自恋型领导一心追逐权力，热衷被人崇拜，在对待下属态度上往往比较强势，这种强势的态度对于一些下属来说会有严重的不适感，但是对于具有高传统性价值观的下属来讲，也许就是自然的上下级关系，领导的强势更容易使他们产生权威依赖。具有高传统性的个体有着根深蒂固的上尊下卑的思想，"圣王—权威"的传统观念也使得他们易于把领导当做权威并产生依赖甚至是崇拜的心理。对于热衷追逐权力，喜欢专断独裁的自恋型领导而言，高传统性的下属更容易成为其的理想下属。Post（1986）认为自恋型领导满足于从下属的称赞中得到虚荣，并且不断地从他人对自己的反应中找到自我，因此自恋型领导自身也会在这种"上尊下卑"及"圣王—权威"的关系中得到自我满足。根据社会交换理论，人们通过交换得到了某些需要的东西，会增强交往双方的交往意愿，并在一定程度上增强双方的关系。Nolan（2008）曾提出追随力与上下级之间的关系密切相关。自恋型领导与高传统性下属这种融洽的关系有利于下属产生较高的追随力。基于以上分析，本研究提出如下假设：

H3：下属个人传统性在自恋型领导和追随力关系中起调节作用，当下属传统性高时，自恋型领导下属追随力之间的负向关系较弱

3. 研究设计

3.1 研究样本

本研究对来自武汉、佛山、郑州多家企业的员工做了问卷调查,涉及的行业有制造业、物流业、房地产及信息技术等。为确保样本被有效回收,本文采用现场发放问卷的方式,共发放问卷 375 份,实际收回 264 份,除去有明显偏差及数据缺省超过 3 项的问卷,最终得到 208 份员工与领导配对的完整有效问卷。本次问卷调查的人口统计统计学特征如下:领导方面,男性 149 人(占 71.6%),女性 59 人(占 28.4%);平均年龄为 35 岁;其中大专及以下学历占 2.13%,本科学历占 72.1%,硕士及以上占 14.9%。员工方面,男性为 128 人(占 61.5%),女性 80 人(占 38.5%);平均年龄为 28 岁;平均工作年限为 3 年。

3.2 变量测量

本研究主要包括自恋型领导,追随力,谦卑,个体传统性四个量表:(1)自恋型领导采用 NPI-16 量表(Ames et al., 2006),由于其条目来源于西方学者的研究,因此,首先对量表进行了双向翻译。由三位管理专业的博士生进行翻译,交由人力资源管理方向的教授评价修改,形成较为完备的中文问卷。此问卷由领导填写,参与调查者被要求在两个备择选项中选择一个能较好描述自己的题项。示例题项如,"我认为我与众不同";"我认为我不比别人好也不比别人差"。每对选项中的第一列描述自恋,被试者选择第一列的频率为其最终得分。(2)追随力采用的是周文杰和宋继文等基于中国情境开发的 21 题项的本土追随力测量量表。该量表包含 6 个维度:尊敬学习、意图领会、积极执行、忠诚奉献、有效沟通、权威维护。(3)领导谦卑的测量采用的是 Owens 等人(2013)编制的 9 条目量表,如"他/她能积极寻求反馈,即使反馈是批评性的"等。此量表已被中国学者多次采用(袁凌等人,2016)。(4)个体传统性测量选取杨国枢原始问卷中因子载荷最高的 5 个条目,如"要避免发生错误,最好的办法是听领导的话"。以上量表除自恋量表外,各概念的测量均采用李克特 5 点评价刻度,1 表示"完全不同意",5 表示"完全同意"。为控制其他变量对研究带来的影响,根据以往研究选用领导及员工性别、领导级别、员工工作年限作为控制变量。0 代表女性,1 代表男性,领导级别分别为:1 代表基层管理者,2 代表中层管理者,3 代表高层管理者。工作年限以实际年数表示。

4. 数据分析与结果

4.1 共同方法偏差检验

本研究中除去领导谦卑这一变量外,其余都是自我评价,同源误差可能会影响研究结果。根据 Podsakoff 等人(2003)学者的建议,本研究使用"Harman 单因子检验法"和"非可测潜在因子检验法"进行共同方法偏差的检测。

用 Harman 单因素法对共同方法偏差问题进行初步检测，将相关变量的所有条目放到一个探索性因子分析中，在未旋转时得到的第一个主成分反映了同源误差的大小。结果显示，未旋转的情况下，因子分析共得到 14 个特征根值大于 1 的公共因子，共解释了 71.224% 的变异，得到的第一个主成分比重为 22.178%，未达到总解释量的一半，也即最大因子不能解释大部分变异的现象，可初步判断本研究数据不存在严重的同源误差问题。为了进一步检测同源误差问题，本研究采用控制非可测潜变量因子的方法，控制后模型的拟合指数为：GFI = 0.922、NFI = 0.934、CFI = 0.981、RMSEA = 0.042，与控制前相比变化值均在 0.02 以下，说明控制后模型并不显著优于控制前的模型。综上"Harman 单因子检验法"和"非可测潜在因子检验法"分析结果可以判定，本研究不存在严重的共同方法偏差问题。

4.2 验证性因子分子

本研究采用 Cronbach α 系数测度问卷整体和各项目的内在一致信度，通过测量同因子下各变量间的一致性以及量表整体的一致性来衡量所得结果的内部一致性程度。领导谦卑、下属传统性、追随力的 Cronbach's α 系数分别为 0.944、0.855、0.886，由此可以看出每个维度的信度系数均大于 0.7，说明各维度具有较好的内部一致性。采用 AMOS20.0 对量表进行验证性因子分析，结果显示，修正后的三因子模型的各项拟合指标均符合要求，且明显优于其他模型（χ^2/df = 1.557，GFI = 0.901，NFI = 0.914，CFI = 0.967，RMSEA = 0.052<0.08）。故说明这三个变量有很好的构建效度（见表 1）。

表 1　　　　　　　　　　验证性因子分析主要结果指标

模型	χ^2	df	χ^2/df	GFI	NFI	CFI	RMSEA
一因子	1257.408	170	7.397	0.516	0.562	0.594	0.176
二因子 (H+T)+F	798.970	169	4.728	0.673	0.722	0.765	0.134
二因子 (H+F)+T	816.182	169	4.829	0.632	0.716	0.759	0.136
二因子 (F+T)+H	693.769	151	4.594	0.693	0.737	0.780	0.132
三因子	247.587	159	1.557	0.901	0.914	0.967	0.052

注：H：领导谦卑，T：员工传统性，F：追随力。

4.3 描述性统计和相关分析

使用 SPSS 22.0 软件对自恋型领导、领导谦卑、个体传统性和追随力进行描述性统计和相关分析，结果显示：自恋型领导与追随力显著负相关（r = -0.36，P<0.01），而领导

谦卑与追随力显著正相关（$r=0.44$，$P<0.01$），员工传统性和追随力显著相关（$r=0.27$，$P<0.01$）。这为我们的研究假设提供了初步的支持。

4.4 假设检验

为了验证自恋型领导和追随力的关系，以及下属传统性和领导谦卑对自恋型领导与追随力之间关系的调节效应，本研究采取采用层级回归分析的方法进行假设验证。表2和表3分别显示了对假设1、假设2和假设3的检验分析结果。在层级回归过程中，为了避免自变量与交互效应项相关过高而产生的共线性问题，将自变量和调节变量进行中心化处理。第一个模型是引入控制变量，第二个模型引入控制变量和自变量自恋型领导，第三个模型分别把调节变量也加入模型，第四个模型加入自变量和调节变量的交互效应。

表2　　　　　　　　各主要变量的均值、标准差、相关系数

项目	均值	标准差	L性别	L级别	E性别	E工作年限	自恋型领导	领导谦卑	传统性	追随力
L性别	1.28	0.45	—							
L级别	2.04	1.30	-0.09	—						
E性别	1.38	0.48	0.22**	-0.03	—					
E工作年限	3.08	1.33	-0.20**	-0.15	-0.04	—				
自恋型领导	7.69	3.34	-0.08	-0.05	-0.03	-0.03	—			
领导谦卑	3.78	0.81	0.20**	0.08	-0.01	-0.03	-0.30**	—		
传统性	2.97	0.70	0.09	-0.01	-0.09	0.01	0.01	0.07	—	
追随力	3.72	0.49	0.21**	0.06	-0.02	-0.13	-0.36**	0.44**	0.27**	—

注：* 表示 $p<0.05$，** 表示 $p<0.01$，*** 表示 $p<0.001$，$n=208$。

表3　　　层次回归结果：领导谦卑对自恋型领导与追随力关系的调节效应

	下属追随力			
	M1	M2	M3	M4
控制变量				
领导性别	0.236	0.199	0.123*	0.097
管理级别	0.027	0.019	0.007	0.016
下属性别	-0.075	-0.055	-0.039	0.012
下属工作年限	-0.017	-0.017	-0.019	-0.021
自变量				
自恋型领导		-0.050**	-0.036**	-0.027*

	下属追随力			
	M1	M2	M3	M4
领导谦卑			0. 204 **	0. 207 **
自恋型领导×谦卑				0. 043 **
R^2	0. 064	0. 180	0. 279	0. 337
ΔR^2	0. 064 *	0. 180 **	0. 216 **	0. 058 **
F	3. 444 *	8. 881 **	12. 990 **	14. 547 **

注: * 表示 $p<0.05$, ** 表示 $p<0.01$, *** 表示 $p<0.001$ 。

回归结果表明：自恋型领导对下属追随力的标准化回归系数为 -0.34 ($t=-5.362$, $p<0.01$) ，说明自恋型领导对追随力有显著的负向影响，故假设 1 成立；在调节效应方面，表 3 的回归结果显示，领导谦卑对自恋型领导和追随力之间关系的调节作用达到显著水平 ($\beta=0.043$, $p<0.01$) ，由表 4 可以看出下属个人传统性对自恋型领导与追随力之间的关系也具有显著调节作用($\beta=0.03$, $p<0.05$) 。为进一步证明领导谦卑和个人传统性对自恋型领导和追随力之间关系的调节效应形态是否如原先预期，画出调节效应图，结果如图 1 和图 2 所示。

表 4　　　　　　**下属传统性对自恋型领导与追随力关系的调节效应**

	下属追随力			
	M1	M2	M3	M4
控制变量				
领导性别	0. 236	0. 199	0. 161	0. 148
管理级别	0. 027	0. 019	0. 018	0. 014
下属性别	−0. 075	−0. 055	−0. 022	−0. 004
下属工作年限	−0. 017	−0. 017	−0. 018	−0. 019
自变量				
自恋型领导		−0. 050 **	−0. 052 **	−0. 052 **
传统性			0. 182 **	0. 169 **
自恋型领导×传统性				0. 030 *
R^2	0. 064	0. 180	0. 247	0. 269
ΔR^2	0. 064 *	0. 180 **	0. 184 **	0. 022 *
F	3. 444 *	8. 881 **	11. 017 **	10. 53 **

注: * 表示 $p<0.05$, ** 表示 $p<0.01$, *** 表示 $p<0.001$ 。

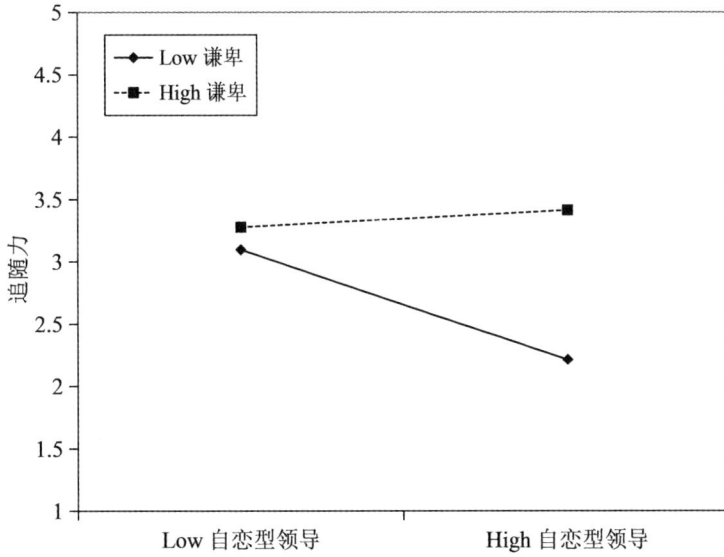

图 1　领导谦卑对自恋型领导与追随力关系的调节效应图

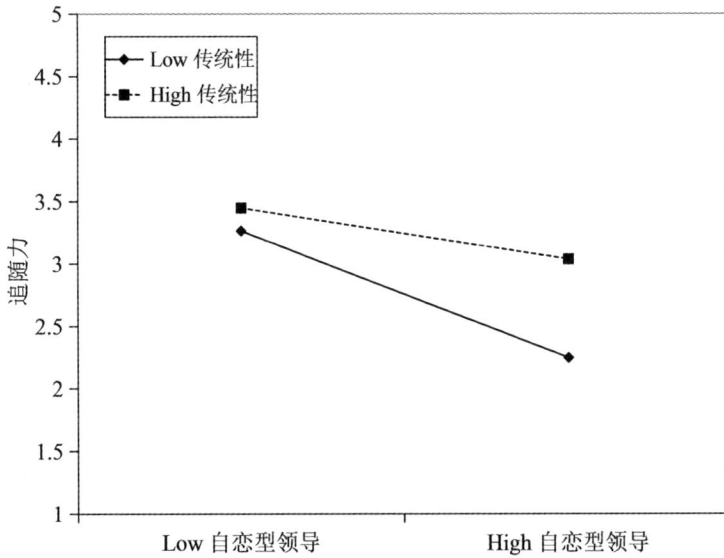

图 2　员工传统性对自恋型领导与追随力关系的调节效应图

由图 1 可以看出：当领导谦卑较高时，自恋型领导与追随力之间的负向关联性较弱；当领导谦卑较低时，自恋型领导与追随力之间的负向关联性较强，与原预期相符，假设 2 得到支持。由图 2 可见：当下属个体传统性较高时，自恋型领导与下属追随力之间的负向关系明显减弱；当下属传统性较低时，自恋型领导与追随力之间的负向关联性较强，与原预期相符，假设 3 也得到支持。

5. 研究结论与讨论

5.1 理论意义

追随者日渐成为组织高绩效的重要组成部分（Whitlock，2013），拥有高追随力的下属是管理者们的共同期待。然而，国内关于追随力研究还处于刚刚起步阶段，还需有更多的学者来丰富与其相关的研究成果。本研究在中国本土情境下验证了自恋型领导这种具有黑暗人格特质的领导对下属追随力的影响，一方面，拓展了追随力的研究成果；另一方面，丰富了自恋型领导的相关理论。西方已有不少有关自恋型领导对组织及员工产出的影响研究，但在中国这种深受集体主义文化影响的组织环境下尚未得到充分验证。中国人历来崇尚和谐、提倡谦卑，但同时又崇尚权威，尊卑有序，在这种文化环境下，研究自恋型领导这一极度崇尚自我的领导类型对员工及组织带来的影响是很有意义的。本研究从领导个体因素与员工传统价值观两个视角研究领导自恋与下属追随力之间的影响因素。并在中国传统文化背景下对两个视角加以整合，检验了领导自恋对下属追随力的负向影响，及领导谦卑及下属传统性在这一影响过程中起到的调节作用。

其次，现有的研究往往聚焦于领导的一种特质对组织及员工的影响，但根据阴阳哲学及矛盾理论，一个人往往会是多种特质的综合体。早在1980年研究领导力的学者们就提出要综合多种特质来研究领导及其行为（Holmes，1980）。Zaccaro 等人（2004）也建议要理解领导特质及属性，就要深刻意识到这些特质是如何共同作用从而影响领导结果的。本研究在国外研究（Owense，2015）的基础上进一步拓展了自恋与谦卑两者交互的结果。实证研究显示自恋和谦卑两个看似矛盾的特质同样可以共存于个体内，并产生交互作用共同影响领导行为，在一定程度上响应了学者们的提议，并丰富了关于领导特质研究的成果。

另外，不同文化背景的价值观会影响个体对自我与情境的解读，进而影响其心理和行为产生，张志学（2010）建议在相关研究中引入文化价值观作为自变量或调节变量，以实现组织管理理论的情境化。本研究证实了个人传统性这种中国传统价值观对下属追随力的影响，自恋型领导作为一种具有黑暗特质的领导对员工行为有一定的负向影响，但是对于高传统性的下属而言这种负向作用也许会有所减弱。高传统性的下属由于受到根深蒂固的上尊下卑思想的影响，更乐于遵从权威，服从领导，对一些不合理的领导行为也表现出更高的接受度。本研究结合本土文化特点，通过实证分析证实个人传统性对自恋型领导与下属追随力关系的调节作用，进一步验证了不同文化的价值观对员工行为的影响。

5.2 管理启示

随着改革开放的深入发展，个人主义文化开始盛行，组织中具有自恋人格的领导也越来越多。大量的研究证实了自恋型领导在领导效能、组织决策、上下级关系、组织氛围等方面的负面影响。但是自恋的领导人并非就注定是对组织有害的，自恋型领导个人及其所在组织可以通过有意识的改变及引导降低这种不利影响。一方面，对于自恋型领导自身而言，可以通过有意识的表现出一定的谦卑品质来提高员工对他的认同感，进而产生一定的追随行为；另一方面，也可以通过选择高传统性的员工作为其直接下属，以降低领导员工冲突。自恋型领导和高传统性的员工往往可以各取所需，和谐相处。组织方面也要充分重视自恋型领导可能带来的负面影响，通过一定的制度、规则等进行约束，把自恋关在"笼子"里，防止自恋型领导为了个人荣誉而损害集体利益。企业可以通过一定的教育教导，使自恋的领导意识到谦卑的重要性，使其表现出更多的谦卑品质，进而调和自恋给人带来的不适感。

5.3 研究局限与展望

本研究还存在一些不足之处。第一，在研究设计方面，本研究局限于对某一个时间点的横断面研究，也许会影响我们更好地评估变量之间的因果关系，尤其是自恋型领导作用于员工追随力这一过程包含一定的时间效应。将来的研究可以通过具有较大时间跨度的纵向数据来对研究问题作出更为严格的检验，从而使相关变量之间的因果关系更具说服力；第二，本研究只考察了自恋型领导与追随力关系的调节变量，而未能探讨二者之间的中介机制。自恋作为一种人格特质对员工行为的远端影响是通过更近端的领导行为或员工心理的中介作用而实现的。未来研究可以拓展自恋型领导到员工行为的中介机制及多层面上的调节变量；第三，关于自恋型领导的测量采用的是西方学者的 NPI 量表，对于中国文化背景下，用来测量自恋这种有些负面影响的变量也许会受到更多主观因素的影响。未来研究可以采用更为客观的指标来测量自恋，或开发本土反映领导自恋的量表，进一步验证中国情境下领导自恋的影响及后果。

◎ 参考文献

[1] 丁桂凤，张澎涛，等. 领导不当督导与追随者规范承诺：追随力的中介作用 [J]. 心理与行为研究，2013，11(6).

[2] 冯镜铭，刘善仕，吴坤津，等. 谦卑型领导研究探析 [J]. 外国经济与管理，2014，36(3).

[3] 黄攸立，李璐. 组织中的自恋型领导研究述评 [J]. 外国经济与管理，2014，36(7).

[4] 李浩澜，宋继文，周文杰. 中国文化背景下变革型领导风格对员工追随力的作用机制 [J] 中国人力资源开发，2015(15).

[5] 李晋，秦伟平，周路路. 传统导向作用下辱虐型领导对员工创造力的影响研究 [J]. 软科学，2015(10).

[6] 李锡元，梁果，付珍. 伦理型领导、组织公平和沉默行为-传统性的调节作用 [J]. 武汉大学学报(哲学社会科学版)，2014，67(1).

[7] 廖建桥，邵康华，田婷. 自恋型领导的形成、作用及管理对策 [J]. 管理评论，2016，28(6).

[8] 刘军，富萍萍，张海娜. 下属权威崇拜观念对信心领导过程的影响：来自保险业的证据[J]. 管理评论，2008，20(1).

[9] 王庆娟，张金成. 工作场所的儒家传统价值观：理论、测量与效度检验 [J]. 南开管

理评论，2012，15（4）．

［10］杨国枢，余安邦，叶明华．中国人的个人传统性与现代性：概念与测量，华人心理的本土化研究［M］．台北：台北桂冠图书公司，1991．

［11］袁凌，易麒，韩进．谦卑型领导对下属沉默行为的影响机制研究［J］．软科学，2016，30（11）．

［12］原涛，凌文辁．追随力研究述评与展望［J］．心理科学进展，2010，18（5）．

［13］张志学．组织心理学研究的情境化及多层次理论［J］．心理学报，2010，42（1）．

［14］周文杰，宋继文，李浩澜．中国情境下追随力的内涵、结构与测量［J］．管理学报，2015，12（3）．

［15］Ames, D. R., Rose, P., Anderson, C. P. The NPI-16 as a short measure of narcissism [J]. *Journal of Research in Personality*, 2006, 40(4).

［16］Bass, B. M., Avolio, B. J. *Transformational leadership development*: *Manual for the multifactor leadership questionnaire* [M]. Palo Alto, CA: Consulting Psychologists Press, 1990.

［17］Bjugstad, K., Thach, E. C., Thompson, K. J., et al. A fresh look at followership: A model for matching followership and leadership styles [J]. *Journal of Behavioral & Applied Management*, 2006, 7(3).

［18］Campbell, W. K., Hoffman, B. J., Campbell, S. M., et al. The role of personality in human resource management [J]. *Human Resource Management Review*, 2011(21).

［19］Chen, M. J. Transcending Paradox: The chinese "middle way" perspective [J]. *Asia Pacific Journal of Management*, 2002, 19(2).

［20］Chen, Z. X, Aryee, S. Delegation and employee work outcomes: An examination of the cultural context of mediating processes in China [J]. *Academy of Management Journal*, 2007, 50(1).

［21］Dean, B., Paul, D. Where egos dare: The untold truth about narcissistic leaders and how to survive them [J]. *Work Study*, 2001, 50(1).

［22］Farh, J. L, Lin, S. C. Impetus for action: A cultural analysis of justice and organizational citizenship behavior in chinese society [J]. *Administrative Science Quarterly*, 1997, 42(3).

［23］Grijalva, E, Harms, P. D. Narcissism: An integrative synthesis and dominance complementarity model [J]. *Academy of Management Perspectives*, 2014, 28(2).

［24］Holmes, C. M., Sholley, B. K. Walker, W. E. Leader, follower, and isolate personality patterns in black and white emergent leadership groups [J]. *The Journal of Psychology*, 1980, 105(1).

［25］Hekman, D. Modeling how to grow: An inductive examination of humble leader behaviors, outcomes, and contingencies [J]. *Academy of Management Journal*, 2012, 55(4).

［26］Judge, T. A, Lepine, J. A, Rich, B. L. Loving yourself abundantly: Relationship of the narcissistic personality to self- and other perceptions of workplace deviance, leadership, and task and contextual performance [J]. *Journal of Applied Psychology*, 2006, 91(4).

[27] Kark, R, Waismel-Manor, R, Shamir, B. Does valuing androgyny and femininity lead to a female advantage? The relationship between gender-role, transformational leadership and identification [J]. *Leadership Quarterly*, 2012, 23(3).

[28] Karoly, P. Mechanisms of self-regulation: A systems view [J]. *Annual Review of Psychology*, 1993, 44(1).

[29] Khoo, H. S, Burch, G. S. J. The 'dark side' of leadership personality and transformational leadership: An exploratory study [J]. *Personality & Individual Differences*, 2008, 44(1).

[30] Kohut, H. Forms and transformations of narcissism [J]. *Journal of the American Psychoanalytic Association*, 1966, 14(2).

[31] Kouzes, J. M., Posner, B. Z. *The leadership challenge: How to get extraordinary things done in organizations* [M]. New York: Jossey-Bass, 2003.

[32] Leroy, H, Anseel, F., Gardner, W. L., et al. Authentic leadership, authentic followership, basic need satisfaction, and work role performance: A cross-level study [J]. *Journal of Management: Official Journal of the Southern Management Association*, 2015, 41 (6).

[33] Marinoff, L. *The middle way: Finding happiness in a world of extremes* [M]. New York: Sterling, 2007.

[34] Miller, D. Narcissism and leadership: An object relations perspective [J]. *Human Relations*, 1985, 38(6).

[35] Nevicka, B., Hoogh, A. H. B. D., Vianen A. E. M. V., et al. All I need is a stage to shine: Narcissists' leader emergence and performance [J]. *Leadership Quarterly*, 2011, 22 (5).

[36] Nolan, S. Followership: How followers are creating change and changing leaders [J]. *Strategic HR Review*, 2009, 41(3).

[37] Owens, B. P., Johnson, M. D., Mitchell, T. R. Expressed humility in organizations: Implications for performance, teams, and leadership [J]. *Organization Science*, 2013, 24 (5).

[38] Owens, B. P., Walker, A. S., Waldman, D. A. Leader narcissism and follower outcomes: The counterbalancing effect of leader humility [J]. *Journal of Applied Psychology*, 2015, 100(4).

[39] Park, N., Peterson, C. Early intervention from the perspective of positive psychology [J]. *Prevention & Treatment*, 2003, 6(1).

[40] Pillais. *Follower-centered per-spectives on leadership: A tribute to the memory of james rmeindl* [M]. Greenwich: Information Age Publishing, 2007.

[41] Podsakoff, P. M., Mackenzie, S. B., Lee, J., et al. Common method biases in behavioral research: A critical review of the literature and recommended remedies [J]. *Journal of Applied Psychology*, 2003, 88(5).

[42] Post, J. M. Narcissism and the charismatic leader-follower relationship [J]. *Political Psychology*, 1986, 7(4).

[43] Resick, C. J. , Whitman, D. S. , Weingarden, S. M. , et al. The bright-side and the dark-side of ceo personality: Examining core self-evaluations, narcissism, transformational leadership, and strategic influence [J]. *Journal of Applied Psychology*, 2009, 94(6).

[44] Rosenthal, S. A. , Pittinsky, T. L. Narcissistic leadership [J]. *Leadership Quarterly*, 2006, 17(6).

[45] Smith, W. K. , Lewis, M. W. Toward a theory of paradox: A dynamic equilibrium model of organizing [J]. *Academy of Management Review*, 2011, 36(2).

[46] Tee, E. , Ashkanasy, N. M. , Paulsen, N. The influence of follower mood on leader mood and task performance: An affective, follower-centric perspective of leadership [J]. *Leadership Quarterly*, 2013, 24(24).

[47] Whitlock, J. The value of active followership [J]. *Nursing Management*, 2013, 20(2).

Study on the Impact of Narcissistic Leadership on Followership in Chinese Context: The Moderating Effect of Humility and Traditionality

Wang Lin[1]   Li Xiyuan[2]   Kong Liang[3]

(1, 2, 3 Economics and Management School of Wuhan University, Wuhan, 430072)

Abstract: This research examined the relationship between narcissistic leadership and subordinate followership in Chinese context, and demonstrate the effects of leaders' humility and followers' traditionality as regulating variables. Based on the survey sample data 208 employees and their superiors, the results show that: 1) Narcissistic leadership has significantly negative effect on followership. 2) The effect of narcissism leadership on followership is moderated by subordinates' perceived leader' humility, when followers perceived more humility from leaders, the negative relationship between narcissistic leadership and followership is weaker. 3) The effect of narcissism leadership on followership is moderated by subordinates' traditionality, when subordinates are much more traditional, the negative effect of narcissistic leadership on followership is weaker.

Key words: Narcissistic leadership; Followership; Humility; Traditionality

国有产权与上市公司银行负债：
信贷歧视抑或管理卸责*

● 辛清泉[1]   胡 悦[2]

（1，2 重庆大学经济与工商管理学院   重庆   400030）

【摘 要】大量文献指出，非国有企业在中国容易遭受银行信贷歧视问题，这一理论预测国有企业银行负债水平要高于非国有企业。然而，使用2008—2015年上市公司样本，在控制住公司特征后，我们发现，相比于非国有上市公司，国有上市公司银行负债水平要显著更低。但是，当公司面临财务困境时，国有产权在获得银行信贷资金上的确具有优势。相反，当公司盈利能力突出、现金充裕时，国有上市公司相比于非国有上市公司表现出更低的银行负债水平，这可能同国有上市公司管理层偏好"平静的生活"有关。本文的贡献是从银行信贷双方视角出发，融合银行信贷歧视和管理卸责假说，对国有企业银行债务融资现象作出更全面的解读。

【关键词】信贷歧视   银行负债   国有产权   融资约束   管理卸责
中图分类号：F275.1   文献标识码：A

1. 引言

一个企业的发展同其资本投资及相应的资金筹措密切相关。我国金融体系发展尚不成熟，长期以来银行信贷在企业外部融资中占有举足轻重的地位。普遍观点认为，银行与国有企业共同的产权性质（吴军、白云霞，2009）以及国有企业所承担的政策性负担（林毅夫、李志赟，2004）容易招致预算软约束框架下银行对非国有企业的信贷歧视（辛清泉、林斌，2006），包括控制其银行借款数量，迫使其承担更高的融资成本（Brandt & Li，2003），缩短其借款期限（江伟、李斌，2006；陈耿等人，2015）等。效率低下的国有企业备受青睐，长期以来助推中国经济持续增长的非国有企业却遭受歧视（Allen et al.，2005；

---

* 本文受国家自然科学基金面上项目"银行上市、贷款契约与信贷资源配置效率"（71272087）、国家自然科学基金重点项目"制度环境、公司财务政策选择与动态演化研究"（71232004）和中央高校基本科研业务费项目"银行抵押贷款的原因和经济后果研究"（CDJSK100209）资助。

通讯作者：辛清泉，E-mail：xinqingquan@cqu.edu.cn

卢峰、姚洋，2004）。

　　然而，近年来，有研究发现，"父爱"关怀下的国有企业并没有比非国有企业获得更多的外部融资。陆正飞等人（2009）对中国上市公司资本结构变化率进行分析，发现在银根宽松的年份民营企业并不存在外部融资困难问题，并且其相较国有企业对银行借款的依赖程度更高。Firth 等人（2012）通过研究中国制造业上市公司数据，发现不论是股权融资还是债务融资，国有企业外部融资数量均显著低于私营企业。这些研究成果似乎与传统信贷歧视理论相悖。这是近年来，信贷歧视随金融市场发展水平提高而改善，抑或是其他作用机制稀释了信贷歧视解释力？显然，这些问题值得学术研究作出进一步的解释。

　　进一步分析，银行信贷歧视的有效性应当建立在融资约束的前提之下。企业面临融资约束时，作为信贷供给方的银行处于更有利地位。在企业处于融资劣势条件下，观测信贷歧视是否存在，应该更具有现实意义。基于前人文献，我们区分了财务困境（Cleary，1999；Kaplan & Zingales，2000；张功富、宋献中，2007）、增长机会（Almeida & Campello，2007；Denis & Sibikov，2010）和信息不对称（Hadlock & Pierce，2010）三种类型的融资约束。首先，在财务困境情况下，如亏损或面临破产风险，企业需要更多的外部融资才能维持运转。其次，当企业存在丰富的投资机会但内部资金不足时，企业需要更多的外部融资以支持其进行资本投资。最后，在信息不对称情形下，如小规模企业或年轻的企业，公众认识度不足，此时，内部融资和外部融资成本差异更大，也会导致公司的融资约束更为严重。尽管这三类原因都容易导致融资约束，但三类融资约束的内涵存在着重大差别，其所展现的企业财务状况和发展现状是不同的，因此，这三类融资约束对银行基于产权的信贷歧视产生的影响可能不尽相同。

　　另外，同产品购销合约类似，银企信贷合约同样取决于资金供求双方的博弈妥协。在中国现阶段，虽然金融体系还相对落后，法律制度尚不健全，公开资本市场容量有限，导致银行在资金市场中占据强势地位，但银行对其贷款对象的贷款数量、利率、期限等不仅由银行单方决定，企业的资金需求与管理层融资意愿也是重要的考量因素。理论上讲，企业管理层应当积极发掘良好的投资机会，并为此积极筹措资本投资所需的外资资金。若企业存在对管理层激励与风险不对称问题，管理层最优决策为"不求有功，但求无过"，融资意愿自然降低，进而形成保守的财务政策（刘峰等人，2013）。有研究指出，在美国等金融市场发达的国家，公司管理者面临的被收购风险，是迫使其努力经营并寻求良好投资机会的驱动力。但是，一旦法律出台导致公司被收购的风险降低，公司管理层更倾向于追求"平静的生活"（Bertrand & Mullainathan，2003）。对于国有企业管理层（包括政府股东）而言，一般很少持有企业股权，其决策者并不能实质上享有企业的现金流以及股价增值收益，但却可能需要承担决策失误的责任。因此，国有企业相比于非国有企业，更可能存在着风险规避和"求稳"心态。刘峰等人（2013）的案例分析表明，贵州茅台连续 11 年零银行借款，并指出具有高利润、高现金、低负债的企业在中国并不罕见。若国有企业相较非国有企业确实更多地表现为高利润、高现金、低负债，则上述国有企业管理层"无为而治"理论将能够合理解释国有产权与银行负债的关联。

　　基于上述分析，本文尝试结合信贷歧视和管理卸责假说，以 2008—2015 年 A 股上市公司作为研究样本，对国有产权和银行负债水平进行实证检验。使用银行借款存量水平和增量水平作为银行负债的度量指标，在控制住相关因素之后，研究发现，国有上市公司的银行负债水平要显著更低。但是，当公司面临财务困境下的融资约束时，国有产权对银行负债水平有正向影响，这在一定程度上支持了银行信贷歧视假说。最后，当公司自有资金充沛(高利润、高现金)时，国有上市公司负债水平要显著更低，表明其财务行为更为保守，这与激励和风险不对称下的管理卸责理论是一致的。

本文的贡献是在一个融合银行信贷双方的框架下，检验了基于银行视角的信贷歧视假说和基于管理层的卸责假说对国有上市公司银行负债水平的影响，丰富了之前有关产权性质和银行债务融资的文献。之前的相关文献特别强调国有产权的预算软约束和银行的信贷歧视行为，较少从国有企业管理层的激励和风险角度讨论银行负债问题。在这方面，刘峰等(2013)以贵州茅台为例，进行了一个深入的案例分析，但没有提供大样本的经验证据。本文采用大样本研究，区分公司所处的不同情景，指出在理解产权性质和银行负债融资的关系上，仅仅单方面考虑银行或企业的激励是片面的，也为协调之前的理论预测和实证发现之间的矛盾提供了帮助。

2. 理论分析与假说发展

有别于西方成熟的金融市场，中国金融体系相对落后，金融市场发展尚不完备，发挥金融服务与金融中介功能的金融机构绝大多数由政府控制，而构成经济实体的企业则有国有与非国有之分，不同产权下企业行为的差异是理论界颇为关注的话题之一。大量文献探讨了产权性质对银行信贷的影响，发现存在银行"求贷"国有企业、但却"惜贷"非国有企业的现象(李彬、苏坤，2013；李四海等人，2015)。信贷市场资金主要流向效率低下的国有企业，而助推经济长期增长的非国有企业却难以获得来自金融体系的外部融资。这种相较国有企业，非国有企业较难从银行取得借款，或不得不以承担更高的融资成本为代价而取得银行借款的现象，被学术界称为"信贷歧视"(Brandt & Li，2003；李广子、刘力，2009)。Brandt 和 Li(2003)发现，非国有企业银行借款数量相较国有企业更少，取得借款成本更高。Allen 等人(2005)对 1994—2002 年企业固定资产投资来源进行分析，发现国有企业银行负债比例约为 20%~30%，非国有企业银行负债比例为 10%~20%。而非国有企业固定资产投资增长率高于国有企业，说明非国有企业固定资产投资来源多为内部融资或其他途径，而非银行借款。江伟、李斌(2006)以中国上市公司作为研究样本，发现总体而言相对非国有企业，国有企业能获得更多来自银行的长期债务融资。

学术界从多个角度解释了信贷歧视的形成机制。主流观点认为，所有制、政治与风险因素是招致银行信贷歧视的重要原因：国有商业银行与国有企业共同的产权性质导致双重预算软约束预期(辛清泉、林斌，2006)；国有企业所承担的政策性负担迫使信贷市场天平倾斜(林毅夫、李志赟，2004)；银行求贷国有企业以谋求政治利益(Brandt & Li，2003)。还有部分学者从金融环境和法律体系角度解释该现象。例如，姚洋、卢峰(2004)认为商业银行受到金融监管部门相关贷款政策和纪律的约束，加重其对非国有企业信贷歧视行为。

对我国信贷歧视现象的分析解释大多集中于 2009 年以前。有研究表明银行贷款决策随金融发展水平提高而更加市场化，金融市场发展缩减了非国有企业银行借款期限结构与国有企业的差距，削弱银行对非国有企业的信贷歧视（陈耿等人，2015）。那么在金融市场不断发展的情况下，我国信贷歧视是否得到改善？我们认为，处于转轨经济背景下的中国，企业所处的制度背景和金融环境没有发生本质的改变：金融市场稳健发展但还相对落后，银行仍在我国企业融资中占据主导地位，国有企业依然承担政策性负担并保有预算软约束预期。因此本文认为，中国现有金融体系下信贷歧视依然存在。

更深层次地，银行对不同产权性质企业的信贷歧视有效性应当建立在企业具备融资约束的前提下。当公司陷入财务困境（如亏损或破产风险）时，公司的生存更需要依赖外部资金，但此时公司的偿债能力较弱，债务违约风险较高。此时如果基于产权的信贷歧视假说成立，则可以预测，相比于非国有企业，国有企业在银行信贷融资方面更具有优势。据此提出本文的第一个研究假说：

H1：当企业因财务困境而面临融资约束时，国有上市公司相比于非国有上市公司具有更高的银行负债水平

与中国经济发展同步增长的企业，因投资机会与成长扩张面临大量资金需求，当企业自由现金流不足时，企业的外部融资需求增大，融资约束相对严重。但是，对于高投资机会、低自由现金流的企业，银行也可能会根据企业良好的财务状况信息（如较高的托宾 Q 值或销售收入增长率等）判断这一融资需求在很大程度上是有利可图的。因此，当企业处于高投资机会且低自由现金流情况下，银行趋利而弱化了基于产权的信贷歧视对信贷配给的影响，国有企业并不会表现更充分的融资优势。根据上述分析，我们提出两个竞争性的假说：

H2a：当企业因"高投资机会—低自由现金流"而面临融资约束时，国有上市公司相比于非国有上市公司具有更高的银行负债水平

H2b：当企业因"高投资机会—低自由现金流"而面临融资约束时，国有上市公司同非国有上市公司在银行负债水平上没有明显的差异

在现实中，信息不对称导致信贷市场容易出现金融摩擦，产生融资约束。这种信息不对称通常与公司规模紧密联系；对于上市公司而言，信息不对称还与上市年龄之间存在较大的相关性。从大概率的角度考虑，小规模公司或年轻的公司，信息透明度相对较低，公众认识度不足，容易受到诸如信息不对称、抵押约束等市场缺陷的影响而面临较大融资约束。但小公司的成长潜力更大，上市年龄较短的企业通常处于成长期；另外，公司上市一定程度上弱化了信息不对称的影响。在这一融资约束情况下，企业的违约风险相对较低，银行信贷配给歧视表现不明显，国有企业并不会表现更充足的融资优势。基于上述分析，本文提出如下两个竞争性假说：

H3a：当企业信息不对称而面临融资约束时，国有上市公司相比于非国有上市公司具有更高的银行负债水平

H3b：当企业信息不对称而面临融资约束时，国有上市公司同非国有上市公司在银行负债水平上没有明显的差异

近年来有研究发现，"父爱"关怀下的国有企业并没有比非国有企业获得更多的外部融资。陆正飞等人（2009）对中国上市公司资本结构变化率进行分析，发现在银根紧缩的年份信贷歧视表现的尤为明显，而在银根宽松的年份非国有企业并不存在外部融资困难问题，并且其相较国有企业对银行借款的依赖程度更高。Firth 等人（2012）通过研究 1999—2008 年中国制造业上市公司数据，发现不论是股权融资还是债务融资，国有企业外部融资数量均显著低于私营企业。这些研究成果似乎与信贷歧视理论相悖，使得国有企业银行负债水平较低成为难解之谜。

从信贷市场供求双方的角度考虑或许能解释这一现象。银行借款本质是资金供求双方所达成的一项合约，尽管银行在资金市场中占据强势地位，但其贷款数量、利率、期限，甚至贷款对象的选择不仅由银行单方决定，而且企业尤其是国有企业的需求与管理层融资意愿也是重要的考量因素。国有企业管理层固有的代理问题以及一旦决策失误将面临的严苛的政治经济惩罚使其容易产生激励与风险的不对称问题，导致管理层"无为而治"，降低其融资意愿，进而形成保守的财务政策。刘峰等人（2013）通过对贵州茅台自 2001 年上市后连续 11 年零银行借款现象的分析，提出"赏低罚高"的不对称激励机制是茅台公司管理层选择保守财务政策的主要驱动力。管理层采取保守或激进财务政策的一个良好代理变量是企业风险承担。管理层"无为而治"则企业风险承担水平低，反之亦然。余明桂等人（2013）选取 1998—2011 年沪深两市 A 股上市公司为研究对象，发现民营企业风险承担水平显著高于国有企业，而民营化后国有企业风险承担水平显著提高。薛有志、刘鑫（2014）系统研究了 1998—2008 年 A 股上市公司不同产权性质下的企业风险承担，结果显示附着于国有企业所有权性质的资源优先配置、生存压力与发展动力缺乏、管理层激励不足，是国有企业较非国有企业风险承担不足的主要原因。

另外，国有银行与国有企业因其共同产权性质形成的预算软约束预期，归根到底是基于国有企业政策性负担的中介作用，部分承担政策性负担的非国有企业同样会产生预算软约束问题（林毅夫、李志赟，2004；刘春、孙亮，2013）。对于国有企业因非政策性负担而导致的投资亏损，政府并不承诺"买单"。因此，在信息不对称情况下，考虑到债务融资硬约束，国有企业管理层可能并不愿意承担举债经营的风险，从而降低国有企业融资需求。基于上述对国有企业管理层激励风险不对称、融资意愿不足、债务硬约束规避的分析，本文提出如下假设：

H4：在风险激励不对称下，相比于非国有上市公司，国有上市公司管理层更可能追求平静生活，财务行为更为保守，银行负债水平更低

3. 研究设计

本文的研究思路是，首先通过单变量分析与模型回归比较不同产权性质下上市公司银行负债水平的差异。然后，引入融资约束变量，检验不同情形下国有上市公司相比于非国有上市公司银行负债水平的差异，以考察银行是否存在针对产权的信贷歧视现象。最后，参考刘峰等人（2013）的想法，筛选出同时具备高利润、高现金特征的子样本，然后检验产权性质与银行负债水平的关系，以观察国有上市公司是否存在财务保守行为。

3.1 样本选取与数据来源

本文选取沪深股市 2008—2015 年 A 股上市公司为初始样本，剔除金融行业上市公司、相关变量数据缺失公司以及资不抵债的公司之后，最终得到 17476 个"公司—年度"观测样本。对于样本数据中的连续变量，为消除极端值的影响，对处于 0 ~ 1% 和 99% ~ 100% 的极端值进行 winsorize 处理。

文中主要数据来自 CSMAR 中国上市公司研究数据库，企业的产权性质根据实际控制人性质判断，实际控制人数据来自 CSMAR 中国上市公司股东研究数据库，对于数据库中实际控制人性质缺失、实际控制人性质判断模糊、实际控制人性质发生变化的样本，通过年报手工收集和判断，以增强数据的可靠性和准确性。

3.2 模型和变量

为检验不同产权性质下上市公司银行负债水平的差异，本文建立如下多元回归模型：

$$Bankdebt_{i,t} / \Delta Bankdebt_{i,t} = \alpha_0 + \alpha_1 GOV_{i,t} + Controls + \varepsilon_{i,t} \qquad (1)$$

在模型(1)中，因变量是公司各年的银行负债水平，为增强研究结论的稳健性，我们分别采用存量和增量两个维度进行度量。其中，$Bankdebt_{i,t}$ 等于公司 i 在 t 年年末短期借款、长期借款和一年内到期的长期负债三项余额之和除于 t 年末总资产账面值，$\Delta Bankdebt_{i,t}$ 是公司 i 在 t 年新增银行负债水平，等于 t 年发行债券收到的现金、取得借款收到的现金之和，再减去偿还债务支付的现金之后的净额占 t 年初总资产的比例。

模型(1)的主要解释变量是上市公司产权性质 $GOV_{i,t}$，如果公司 i 在 t 年末实际控制人是政府部门，那么 $GOV_{i,t}$ 取值为 1；否则，为 0。①根据信贷歧视假说，国有企业更可能获得银行信贷，此时，GOV 的系数应该为正。但是，根据国有企业管理卸责假说，国有企业更可能偏好财务保守行为，此时，GOV 的系数应该为负。因此，GOV 的系数在一定程度上可以捕捉这两种相反假说在解释产权性质和银行债务水平关系上的能力强弱。

参考以前的文献(如江伟、李斌，2006；Firth 等人，2012)，在模型(1)中我们控制了可能影响公司负债水平的相关因素，包括公司规模($Size$)、会计业绩(ROA)、上市年龄(Age)、增长机会($Tobin\ Q$)、有形资产比例($Tangibility$)和资产负债率($Leverage$)。另外，我们也控制了行业和年度哑变量。具体变量定义参见表 1。

表 1　　　　　　　　　　　　　各变量定义

变量符号	变量定义
$Bankdebt$	银行借款余额比率，等于年末短期借款、长期借款和一年内到期的长期负债之和除以年末总资产

---

① 具体来说，上市公司存在实际控制人，且实际控制人是单一政府部门或多个政府部门，划分为国有企业；否则，为非国有企业。

变量符号	变量定义
$\Delta Bankdebt$	本期新增银行借款比率,等于本期发行债券收到的现金、取得借款收到的现金之和,再扣除偿还债务支付的现金之后的净额除以期初总资产
$Lowdebt$	低银行债务的指示变量。对样本公司各年按照银行负债水平($Bankdebt$)从小到大排序,如果公司 $Bankdebt$ 位于当年样本前30%以内,则 $Lowdebt=1$;否则,为0
GOV	国有产权指示变量。如果是国有企业,则 $GOV=1$;否则,$GOV=0$
$LOSS$	亏损指示变量,如果公司净利润小于0,则 $LOSS=1$;否则,$LOSS=0$。该指标是反映财务困境下融资约束(FC)指标第一个指标
$Altman\ Z$	反映破产风险阿特曼 Z 指数,Z 指数 <1.81 时,$AltmanZ=1$;Z 指数 >2.99 时,$AltmanZ=0$。Z 指数等于 1.2×(营运资本/总资产)+1.4×(留存收益/总资产)+3.3×(息税前盈余/总资产)+0.6×(股权市值/负债面值)+0.999×(营业收入/总资产)。该指标是反映财务困境情况下融资约束的第二个指标
$HtqLc$	"高投资机会—低自由现金流"的指示变量。如果公司托宾 Q 值高于行业—年份中位数,且自由现金流低于行业—年份中位数,则 $HtqLc=1$;托宾 Q 值低于行业—年份中位数,且自由现金流高于行业—年份中位数,则 $HtqLc=0$。该指标用于度量公司增长机会导致的融资约束程度
$FCSize$	公司规模大小的指示变量。对样本公司各年按照总资产从小到大排序,如果公司总资产位于当年样本前30%以内,则 $FCSize=1$;如果公司位于后30%以内,则 $FCSize=0$。该指标是反映信息不对称情形下融资约束(FC)的第一个指标
$FCSA$	对样本公司各年按照 SA 指数从小到大排序,如果公司 SA 指数位于当年样本前30%以内,则 $FCSA=1$;如果公司 SA 指数位于后30%以内,则 $FCSA=0$。SA 指数等于 $-0.737\times Size+0.043\times Size^2-0.040\times Age$(Hadlock & Pierce,2010)。该指标是反映信息不对称情形下融资约束(FC)第二个指标
$Tangibility$	期初有形资产比率,等于年初固定资产、在建工程、工程物资之和占总资产的比例
ROA	上年度总资产报酬率,等于上一年度的净利润除于上一年度末的总资产
Age	上市年龄
$Size$	期初公司规模,等于期初总资产自然对数
$Leverage$	期初资产负债率
$Tobin\ Q$	期初企业成长性,等于年初股权市值和负债之和,再除于总资产
Ind	行业,证监会行业分类2012年版
$Year$	年份

为检验假设1、假设2和假设3,我们在模型(1)的基础上引入了融资约束变量,以考察产权性质和银行负债水平的关系是否受到融资约束程度的影响。模型具体如下:

$$Bankdebt_{i,t}/\Delta Bankdebt_{i,t}=\alpha_0+\alpha_1 GOV_{i,t}+\alpha_2 FC_{i,t-1}+\alpha_3 GOV_{i,t}\times FC_{i,t-1}+Controls+\varepsilon_{i,t} \tag{2}$$

其中 $FC_{i, t-1}$ 表示融资约束。本文将 $FC_{i, t-1}$ 按其不同内涵分为财务困境、增长机会和信息不对称三类，并使用五个变量分别度量这三类融资约束。其中，本文用亏损（ $LOSS$ ）和破产风险（ $AltmanZ$ ）度量了财务困境下的融资约束；用"高投资机会、低自由现金流"（ $HtqLc$ ）度量增长机会导致的融资约束；用公司规模哑变量（ $FCSize$ ）和 SA 指数哑变量（ $FCSA$ ）度量信息不对称情况下的融资约束。

为考察风险与激励不对称机制下国有企业管理卸责问题，参考刘峰等人（2013）的思路，我们筛选出高利润、高现金的子样本，并以此为基础考察产权性质和银行负债水平的关系。具体来说，我们首先将全样本企业分别按总资产报酬率（ ROA ）和自由现金流量（ FCF ）①分年度从高至低排序，并筛选出 ROA 和 FCF 均为前 30% 分位数的企业，构成"高利润—高现金"子样本。

然后，采用上述子样本，本文建立如下 Logit 模型检验产权性质和银行债务水平的关系：

$$Lowdebt_{i, t} = \alpha_0 + \alpha_1 GOV_{i, t} + Controls + \varepsilon_{i, t} \tag{3}$$

在模型（3）中，因变量 $Lowdebt_{i, t}$ 为公司低银行负债水平的指示变量，如果公司在 i 年末银行借款余额水平（ $Bankdebt$ ）在总样本中排在前 30% 分位数，则取值为 1；否则，为 0。控制变量与模型（1）相同。如果系数 α_1 显著为正，则意味着当公司处于"温饱无忧"情形下，国有企业更不愿意举债经营，财务行为更为保守，从而可以用来检验假设 4。

4. 实证结果及分析

4.1　描述性统计与单变量分析

表 2 报告了全样本中主要变量描述性统计的结果。可以看到，银行债务水平（ $Bankdebt$ ）均值为 0.1768，中位数为 0.1477，最小值为 0，表明部分企业存在无银行债务的情况。

表2　　　　　　　　　　　　　　主要变量描述性统计

变量	N	均值	中位数	标准差	最小值	最大值
$Bankdebt$	17476	0.1768	0.1477	0.1595	0	0.6291
$\Delta Bankdebt$	15167	0.0324	0.0049	0.1042	-0.2327	0.4739
GOV	17744	0.4373	0	0.4961	0	1
$LOSS$	16466	0.0903	0	0.2866	0	1
$Altman Z$	12598	0.25893	0	0.438065	0	1

①　自由现金流量（ FCF ）是指产生于企业生产经营活动并投资于净现值大于零的项目后剩余部分现金流量，其计算方法为（经营现金净流量-资本性支出总额）/总资产。

变量	N	均值	中位数	标准差	最小值	最大值
HtqLc	7240	0.4756	0	0.4994	0	1
FCSize	9859	0.4993	0	0.5000	0	1
SA	16463	−3.1725	−3.1824	0.3824	−3.9039	−2.2794
FCSA	9858	0.4999	0	0.5000	0	1
Tangibility	16130	0.2843	0.2457	0.1979	0.0021	0.8094
Leverage	16462	0.4516	0.4555	0.2194	0.0422	0.9487
Size	16463	21.73	21.57	1.2728	19.06	25.62
ROA	16465	0.0471	0.0416	0.0617	−0.1760	0.25214
Tobin Q	15770	2.0826	1.5903	1.7617	0.2085	10.1345
Age	17744	8.3946	8.1740	6.3810	−1.0575	21.1315

表 3 是银行债务水平与企业产权性质单变量分析的结果。可以看到，国有上市公司银行债务水平的均值为 0.1454，中位数为 0.2174，均高于非国有上市公司，并且二者差异在 1% 水平上显著，说明平均而言，国有上市公司银行负债水平要更高。不过，出现这一现象的原因可能多种，比如，更糟糕的业绩可能使得企业需要依赖更多的债务融资而存活。因此，在识别产权性质和银行债务水平的关系上，需要控制更多的因素。

表3 单变量分析

	Bankdebt			ΔBankdebt		
	非国有	国有	差异检验	非国有	国有	差异检验
样本数	9843	7618	—	8320	6834	—
均值	0.1454	0.2174	−30.34***	0.0333	0.0312	1.23
中位数	0.1117	0.1976	−29.10***	0.0017	0.0084	0.14

注：均值差异检验采用 T 检验（报告 t 值），中位数差异检验采用 ranksum 检验（报告 z 值）。***、**、* 分别表示显著水平 0.01、0.05、0.1。

4.2 产权性质、融资约束与银行债务水平：多元回归结果

表 4 报告了银行债务水平的多元回归结果。模型（1）是银行债务水平与产权性质的回归结果。可以发现，在控制了有形资产比率、总资产报酬率、上市年龄、公司规模、资产负债率、企业成长性等因素后，产权性质与银行债务率（表 4 中（1）～（2）栏）显著负相关，回归结果支持了国有上市公司银行负债水平显著低于非国有上市公司这一事实。

为验证信贷歧视是否仍然存在，在模型（1）的基础上，分别引入即融资约束以及其与产权性质的交叉项。在第（3）～（6）栏中，我们报告了财务困境情形下产权性质与银行负

表4 产权性质、融资约束与银行负债水平

变量	模型(1) OLS				模型(2) OLS							
	Bankdebt	ΔBankdebt	Bankdebt	ΔBankdebt	Bankdebt	ΔBankdebt	Bankdebt	ΔBankdebt	Bankdebt	ΔBankdebt	Bankdebt	ΔBankdebt
	(1)	(2)	(3)	(4)	(5)	(6)	(7)	(8)	(9)	(10)	(11)	(12)
GOV	-0.0228*** (-4.94)	-0.0058** (-2.27)	-0.02761*** (-6.01)	-0.0082*** (-3.15)	-0.0332*** (-7.04)	-0.0101*** (-3.34)	-0.0139** (-2.07)	-0.0025 (-0.65)	-0.0064 (-0.80)	-0.0067* (-1.69)	-0.0147* (-1.97)	-0.0041 (-1.02)
LOSS			-0.0502*** (-7.10)	-0.0419*** (-7.49)								
Altman Z					0.0285*** (3.30)	-0.0266*** (-4.62)						
HtqLc							-0.0076 (-1.37)	0.0083* (1.72)				
FCSize									-0.0083 (-0.78)	-0.0093* (-1.66)		
FCSA											-0.0352*** (-3.05)	-0.0088 (-1.36)
GOV×LOSS			0.0431*** (4.35)	0.0202*** (2.97)								
GOV×Altman Z					0.0400*** (4.17)	0.0140** (2.40)						
GOV×HtqLc							-0.0089 (-1.15)	0.0051 (0.93)				
GOV×FCSize									-0.0266*** (-2.64)	0.0070 (1.27)		
GOV×FCSA											-0.0161 (-1.61)	-0.0031 (-0.51)

	模型(1)OLS						模型(2)OLS					
Tangibility	0.1945*** (15.55)	0.0284*** (4.56)	0.1949*** (15.64)	0.0294*** (4.74)	0.1678*** (12.91)	0.0396*** (5.37)	0.1839*** (13.41)	0.0148 (1.78)	0.2084*** (13.32)	0.03385*** (4.29)	0.1875*** (11.7)	0.0294 (3.73)
Leverage	0.4021** (33.69)	0.0234*** (3.33)	0.4022*** (33.91)	0.0238*** (3.41)	0.3490*** (27.34)	0.0395*** (4.71)	0.3760* (26.33)	0.0122 (1.35)	0.3672*** (23.76)	0.0130 (1.41)	0.4007*** (27.29)	0.0283*** (3.27)
Size	0.0064*** (2.85)	0.0076*** (6.69)	0.0068*** (3.05)	0.0080*** (7.1)	0.0058** (2.46)	0.0072*** (5.31)	0.0040 (1.48)	0.0094*** (6.08)	0.0012 (0.3)	0.0061*** (3.27)	0.0035 (1.1)	0.0073*** (4.64)
ROA	-0.1333*** (-4.49)	0.1273*** (5.73)	-0.2260*** (-6.82)	0.0233 (0.90)	-0.0651** (-2.17)	0.1028*** (4.25)	-0.0956*** (-2.59)	0.1557*** (5.43)	-0.1543*** (-4.32)	0.1037*** (3.61)	-0.1603*** (-4.45)	0.1233*** (4.36)
Tobin Q	-0.0085*** (-6.95)	0.0027*** (2.91)	-0.0073*** (-5.87)	0.0041*** (4.25)	-0.0071*** (-6.162)	0.0019** (2.00)	-0.0095*** (-5.56)	0.0046*** (2.84)	-0.0095*** (-6.63)	0.0028** (2.32)	-0.0076*** (-5.28)	0.0036*** (2.83)
Age	-0.0016*** (-4.47)	-0.0017*** (-8.60)	-0.0015*** (-4.25)	-0.0017*** (-8.41)	-0.0014*** (-3.81)	-0.0016*** (-7.15)	-0.0014*** (-3.28)	-0.0020*** (-7.00)	-0.0017*** (-3.56)	-0.0016*** (-6.25)	-0.0045*** (-6.33)	-0.0024*** (-6.29)
Intercept	-0.0494 (-1.01)	-0.1344*** (-5.40)	-0.0537 (-1.10)	-0.1385*** (-5.62)	-0.0252 (-0.49)	-0.1298*** (-4.41)	0.0133 (0.23)	-0.1824*** (-5.4)	0.0732 (0.8)	-0.0871** (-2.09)	0.0389 (0.52)	-0.1243*** (-3.43)
Year	YES	YES	YES	YES	YES	YES	YES	YES	YES	YES	YES	YES
Ind	YES	YES	YES	YES	YES	YES	YES	YES	YES	YES	YES	YES
N	15238	14363	15238	14363	12179	11489	7010	6632	8953	8431	9005	8431
Adj_R2	0.5123	0.0445	0.51510	0.0497	0.5569	0.0443	0.4905	0.0583	0.5133	0.0466	0.5269	0.0494

注：回归因变量为 Bankdebt 和 ΔBankdebt，Bankdebt 为银行借款余额比率，ΔBankdebt 为本期新增银行借款比率。表中数据为各自变量的回归系数，括号内数为 T 值。各变量定义见表 1。在第(5)~(6)栏中，回归样本删除了 Z 指数处在 1.81 和 2.99 之间的观测值；在第(7)~(8)栏中，回归样本只保留了 Hqlc 等于 1 和 0 的观测值。在第(9)~(10)栏中，回归样本删除了公司规模处在中间 40%分位数的观测值；在第(11)~(12)栏中，回归样本删除了 FCSA 处在中间 40%的观测值。***、**、*分别表示显著水平 0.01、0.05、0.1。

55

债水平的关系。可以看到，$GOV{\times}LOSS$ 的回归系数在银行负债期末余额（$Bankdebt$）和银行新增负债金额（$\Delta Bankdebt$）两个回归方程中均为正（0.0431、0.0202），且均在 1% 水平上高度显著。这表明，当上市公司陷入亏损时，国有产权有助于公司获得更多的银行贷款资金。类似的，在（5）~（6）中，$GOV{\times}Altman\ Z$ 的回归系数分别为 0.0400 和 0.0140，显著性水平分别为 1% 和 5%，表明当公司陷入破产风险较高时，国有上市公司银行负债余额和新增银行信贷资金都要显著高于非国有上市公司。上述结果总体表明，当公司陷入财务困境时，银行的确存在着针对产权性质的信贷歧视。

表 4 第（7）~（8）栏报告了产权性质与银行负债之间的关系是否受公司"高投资机会—低自由现金流"这一特征的影响。可以看到，$GOV{\times}HtqLc$ 的回归系数分别为 −0.0089 和 0.0051，均不显著。这表明，当面临高的投资机会和低的自由现金流量，从而公司对外部融资需求更为依赖时，国有上市公司相比于非国有上市公司，在银行负债水平上并没有显著差异。这支持了假说 2b。

表 4 的最后四栏报告了公司面临更严重的信息不对称程度时，国有上市公司和非国有上市公司在银行负债水平方面的差异。一般说来，规模更小的公司更不容易被外界所知，面临的信息不对称程度更严重。与此类似，更年轻的公司一般说来面临的信息不对称程度也更为严重。Hadlock 和 Pierce（2010）发现，公司规模和年龄在预测公司融资约束程度方面特别有效。那么，国有产权性质是否会缓解这一类型的融资约束程度呢？从（9）~（10）栏的回归结果看，在银行负债余额（$Bankdebt$）的回归结果中，$GOV{\times}FCSize$ 的回归系数为 −0.0266，在 5% 水平上显著，表明小规模国有上市公司相比于同类的非国有上市公司银行债务余额要更低。在新增银行负债（$\Delta Bankdebt$）的回归结果中，$GOV{\times}FCSize$ 的回归系数为正但不显著。从（11）~（12）栏中，从综合反映公司规模和年龄的 SA 指数和产权性质的交叉变量回归结果看，$GOV{\times}FCSA$ 的回归系数均为负，但都不显著。总体而言，当公司由于规模太小或太年轻而处于更严重的信息不对称时，产权性质对银行负债水平的影响似乎并不重要。这在一定程度上支持了假说 3b。

4.3 高利润高现金与产权性质：回归结果

在表 5 中，我们使用"高利润—高现金"子样本，考察了产权性质与低银行负债指示变量的关系。可以看到，GOV 系数为 0.1033，在 5% 水平上显著，表明当公司处在"衣食无忧"的环境之中时，国有上市公司更不可能举债经营。这支持了国有上市公司更为追求"平静的生活"这一故事。

表 5 高利润高现金与产权性质：回归结果

变量	模型（3）LOGIT	
	回归系数	Z 值
GOV	0.1033 **	2.55
$Tangibility$	−0.6094 ***	−6.29
$Leverage$	−0.9947 ***	−9.98

变量	模型（3）LOGIT	
	回归系数	Z 值
Size	0.0040	0.24
ROA	0.5258**	1.68
Tobin Q	0.0167	1.61
Age	0.0017	0.54
Intercept	0.7902**	2.12
Year	Yes	
Ind	Yes	
N	1570	
Adj_ R2	0.2204	

注：回归样本为"高利润—高现金"子样本。本文将全样本企业每年分别按总资产报酬率（*ROA*）和自由现金流量（*FCF*）从高至低排序，并筛选出 ROA 和 FCF 均为前 30% 分位数的企业，构成"高利润—高现金"子样本。回归因变量是低银行债务率（*Lowdebt*），如果公司 *Bankdebt* 位于当年总样本前 30% 以内，*Lowdebt* = 1，否则为 0。表中数据为各变量回归系数和 Z 值。*** 、 ** 、 * 分别表示显著水平 0.01、0.05、0.1。

为更清晰地观测高利润—高现金子样本中企业产权性质在不同银行负债水平上的分布，本文将阈值为[0，1]的银行负债水平（*Bankdebt*）均等分为五个区间，分布比较各区间上国有上市公司与非国有上市公司的比例差异。图 1 和图 2 的结果显示：在子样本的低银行负债区间[0，40%），即 *Bankdebt* 从大于等于 0 到小于 0.40 区间内，非国有上市公司所占比例较高；在较高银行负债水平区间[40%，60%），即 *Bankdebt* 大于 0.40 但小于 0.60

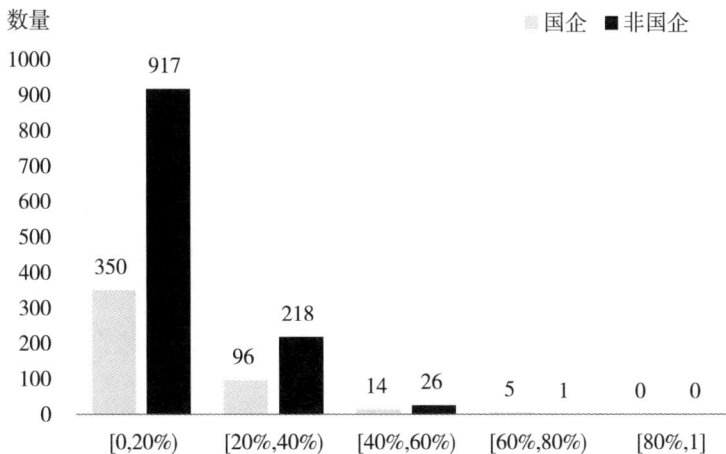

图 1　银行负债（*Bankdebt*）分区间产权性质分布（数量）

的区间内,非国有上市公司所占比例仍较国有上市公司更高;在高银行负债水平区间 [60%,1],国有上市公司占比高于非国有上市公司。究其原因,是由于非国有上市公司在子样本中整体占比较大,从而表现出在低的银行负债水平区间内,非国有上市公司所占比例相比于国有上市公司更高。因此,对比不同产权性质的企业在低银行负债区间的占比,应当控制住企业数量的影响。

为排除这一影响,比较国有上市公司在低和高银行负债区间上的分布差异,本文按高、低银行负债水平分组对 *GOV* 进行 *T* 检验。表6报告了高利润、高现金、低银行债务率(*Lowdebt* = 1)与高利润、高现金、高银行债务率(*Lowdebt* = 0)样本中国有上市公司与非国有上市公司的分布。分组比例检验表明,国有上市公司在低银行债务率样本占比显著高于其在较高银行债务率样本中占比,这同模型(3)的回归结果是一致的。

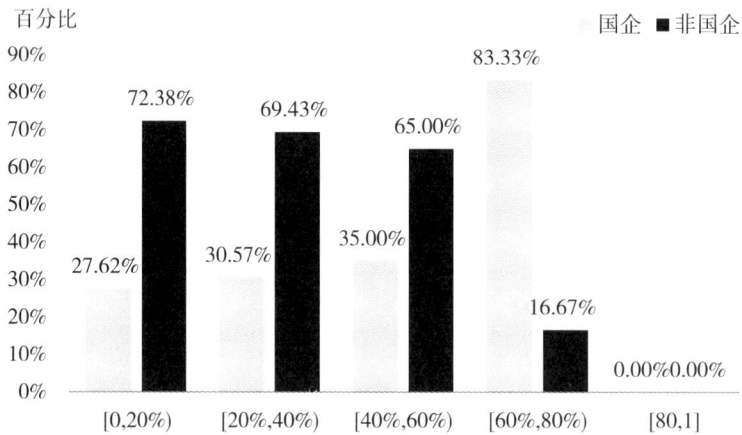

图2　银行负债(*Bankdebt*)分区间产权性质分布(百分比)

表6　　　　　　　　　　　　银行负债高低分组与国有上市公司占比

	高银行负债组	低银行负债组	差异检验
样本数	869	758	—
国有上市公司占比	0.2635	0.3113	−2.132**

注:检验样本为"高利润—高现金"子样本。低银行负债组是指 Bankdebt 位于当年总样本前30%以内的观测值(*Lowdebt* =1),高银行负债组是指 Bankdebt 位于当年总样本前30%以外的观测值(*Lowdebt* = 0)。差异检验是分组比例检验(Prtest,报告 *Z* 值) *** 、 ** 、 * 分别表示显著水平0.01、0.05、0.1。

基于前文模型(1)、模型(2)的回归结果, *GOV* 与银行负债水平显著负相关,即国有上市公司银行债务率较非国有上市公司更低,而信贷歧视仍然存在这一事实,以及模型(3)国有上市公司相较非国有上市公司显著地表现为高利润、高现金、低银行负债的回归结果,我们认为,激励与风险不对称机制下国有企业管理层追求平静生活导致其融资意愿降低(Bertrand & Mullainathan,2003;刘峰等人,2013),进而导致信贷市场需求方尤其是国有企业融资意愿降低是国有企业银行债务率较低的原因，支持了研究假说 4。

4.4 稳健性检验

为验证上述结论的稳健性，本文执行了以下变量替换：(1)在回归模型中以银行借款余额计算的银行债务率中加入应付债券，实证结果表明以有息债务比率作为被解释变量的回归结果与不包含应付债券的银行债务率的回归结果没有实质性差别；(2)将企业成长性指标替换为 t 年度与 $t-1$ 年度营业收入增长率均值，结果仍然一致。基于上述结果，可以认为前文的结论是比较稳健的。

5. 研究结论

在我国金融市场尚不完备的现状下，银行借款仍是企业外部融资的重要来源。银行与国有企业共同的产权性质、国有企业承担的政策性负担导致银行对不同所有权企业的信贷歧视。在这一框架下，国有企业银行负债水平应当显著高于非国有企业。本文试图解释近年来部分学者提出的与信贷歧视理论看似矛盾的国有上市公司银行负债水平更低这一现象。本文从信贷市场供求双方角度出发，结合我国金融体系现状，对银行信贷歧视以及国有企业管理层激励与风险机制进行了理论分析，并以我国 2008—2015 年 A 股上市公司的经验数据为样本进行了实证检验。研究发现，从单变量分析结果看，国有上市公司银行负债水平要高于非国有上市公司。但是，一旦控制住可能影响银行负债水平的相关因素，国有上市公司的银行负债水平要显著更低。然而，当公司面临财务困境下融资约束时，国有上市公司相比于非国有上市公司更容易获得来自银行的信贷资金；当公司面临高投资机会和低自由现金流下融资约束时，银行能够识别公司这种相对健康的财务状况，弱化了基于产权的信贷歧视的影响，国有上市公司与非国有上市公司银行负债水平无显著差异；当公司面临信息不对称情形下的融资约束时，其对银行信贷决策影响较弱，国有上市公司与非国有上市公司银行负债水平无显著差异。我们还发现，当公司处在"衣食无忧"(高利润—高现金)环境下，国有上市公司相比于非国有上市公司更不愿意举债经营。上述研究表明，在理解产权性质和银行负债融资的关系上，不仅需要考虑来自银行的信贷歧视理论，而且需要考虑风险和激励不对称下国有企业管理卸责理论。

文章的一个不足之处是，从信贷需求方解释国有企业银行负债水平时，没有直接使用管理层追求平静生活的变量来进行进一步回归检验。主要原因是直接度量管理层追求平静生活的程度是困难的。未来研究如果能寻找到类似于 Bertrand 和 Mullainathan(2003)的政策场景，考察外部环境的变化如何影响国有企业管理卸责，并进一步检验其与银行负债水平的关系，则可以更好地识别资本结构的管理卸责假说。

◎ 参考文献

[1]陈耿，刘星，辛清泉. 信贷歧视、金融发展与民营企业银行借款期限结构[J]. 会计研究，2015(4).

[2]江伟，李斌. 制度环境、国有产权与银行差别贷款[J]. 金融研究，2006(11).

[3]李彬，苏坤.实际控制人性质、政府干预与公司负债[J].经济经纬，2013(4).

[4]李广子，刘力.债务融资成本与民营信贷歧视[J].金融研究，2009(12).

[5]李四海，蔡宏标，张俭.产权性质、会计盈余质量与银行信贷决策——信贷歧视抑或风险防控[J].中南财经政法大学学报，2015(5).

[6]林毅夫，李志赟.政策性负担、道德风险与预算软约束[J].经济研究，2004(2).

[7]刘春，孙亮.政策性负担、市场化改革与国企部分民营化后的业绩滑坡[J].财经研究，2013(1).

[8]刘峰，叶凡，张仲山."茅台现象"与资本结构理论[J].当代会计评论，2013(2).

[9]卢峰，姚洋.金融压抑下的法治、金融发展和经济增长[J].中国社会科学，2004(1).

[10]陆正飞，祝继高，樊铮.银根紧缩、信贷歧视与民营上市公司投资者利益损失[J].金融研究，2009(8).

[11]吴军，白云霞.我国银行制度的变迁与国有企业预算软约束的硬化——来自1999—2007年国有上市公司的证据[J].金融研究，2009(10).

[12]辛清泉，林斌.债务杠杆与企业投资：双重预算软约束视角[J].财经研究，2006(7).

[13]薛有志，刘鑫.所有权性质、现金流权与控制权分离和公司风险承担——基于第二层代理问题的视角[J].山西财经大学学报，2014(2).

[14]余明桂，李文贵，潘红波.民营化、产权保护与企业风险承担[J].经济研究，2013(9).

[15]张功富，宋献中.财务困境企业资本投资行为的实证研究——来自中国上市公司的经验证据[J].财经理论与实践，2007(3).

[16]Almeida H., Campello M. Financial Constraints, Asset Tangibility, and Corporate Investment[J]. *Review of Financial Studies*, 2007(2).

[17]Allen F., Qian J., Qian M. J. Law, Finance, and Economics Growth in China[J]. *Journal of Financial Economics*, 2005(7).

[18]Bertrand M., Mullainathan S. Enjoying the Quiet Life? Corporate Governance and Managerial Preferences[J]. *Journal of Political Economy*, 2003(5).

[19]Brandt L., Li H. B. Bank Discrimination in Transition Economies：Ideology, Information or Incentives？[J]. *Journal of Comparative Economies*, 2003(4).

[20]Cleary S. The relationship between firm investment and financial status[J]. *Journal of Finance*, 1999(54).

[21]Denis D. J., Sibilkov V. Financial Constraints, Investment, and the Value of Cash Holdings[J]. *Review of Financial Studies*, 2010 (1).

[22]Firth M., Malatesta P. H., Xin Q. Q., Xu L. P. Corporate Investment, Government Control, and Financing Channels：Evidence from China's Listed Companies[J]. *Journal of Corporate Finance*, 2012(18).

[23]Hadlock C J, Pierce J R. New evidence on measuring financial constraints：Moving beyond the KZ index[J]. *Review of Financial studies*, 2010, 23(5).

[24]Kaplan S., Zingales L. Investment-cash flow sensitivities are not valid measures of financing constraints[J]. *Quarterly Journal of Economics*, 2000(115).

Government Ownership and Bank Debt of Listed Firms: Bank Discrimination orManagement Shirking

Xin Qingquan[1]   Hu Yue[2]

(1, 2 Economics and Business Administration School of Chongqing University, Chongqing, 400030)

Abstract: A large number of literature points out that Non-SOEs are faced with bank discrimination in China. This predicts that SOEs keep higher bank debt levels than Non-SOEs. However, using listed firms samples during the period 2008-2015 and control of company characteristics, we find that SOEs have significantly lower bank debt ratio in general. But government ownership indeed has advantage in access to bank debt, especially when the firms face financial distress. In Addition, when the firms are flush with cash and have outstanding corporate profitability, SOEs have lower bank debt ratio than Non-SOEs, which can be attributed to the management of state-owned listed firms enjoying "quiet life". The contribution of this paper is considering both bank discrimination and management shirking hypothesis and making a more comprehensive interpretation of bank financing of SOEs from both lender and debtor's perspective.

Key words: Bank discrimination; Bank debt; Government ownership; Financial constraints; Management shirking

专业主编：潘红波

高质量审计能降低上市公司募集资金变更风险吗[*]

● 苏　灵[1]　郭汝婷[2]　沈　沁[3]

（1，2，3　武汉大学经济与管理学院 武汉 400072）

【摘　要】本文基于代理理论和独立审计信号理论，以我国 2000—2011 年沪深 A 股上市公司为样本，检验高质量的独立审计能否降低募集资金变更风险。实证研究结果发现：第一，当 IPO 审计时，聘任高质量审计的公司未来发生募集资金变更的可能性更低。说明独立审计能通过其鉴证作用，发挥信号传递效应，降低企业募集资金未来投资项目变更风险，从而提高资本市场资源配置效率。第二，进一步的研究发现，IPO 后三年内一直未变更事务所的公司中，聘用了高质量审计的公司相对于其他公司来说，发生募集资金变更的比率更低。第三，我们还发现聘请高质量审计的公司采用显性变更的比率大于采用隐性变更的比率。这些结果表明高质量审计在资本市场中的能够起发挥审计外部治理作用，为高质量审计降低代理成本、保护投资者利益提供了新的证据。

【关键词】审计质量　募集资金变更　信号理论　代理理论

中图分类号：F239.4；F276.6；F275　　　　　　文献标识码：A

1. 前言

　　IPO 市场中企业和外部投资者之间信息不对称问题一直是众多学者研究的话题。Myers and Majuf(1984)提出事前信息不对称带来的逆向选择问题将导致企业拒绝发行新股或推迟实施盈利项目，有效会计信息披露有利于减少交易双方信息差异化程度。独立审计作为资本市场的净化器和信息防火墙，对披露的信息发挥着鉴证和监督作用(Jensen & Meckling, 1976)。然而现有研究表明，事务所提供的审计质量和服务并非同质，当公司 IPO 时，高质量审计能够更为有效地减少处于信息优势的内部人和信息劣势的外部投资者之间的信息差异，进而影响公司自愿披露策略(Lee et al., 2003)、公司股票发行价格和发行抑价率 (Beatty, 1989；Holland & Horon, 1993)以及公司再融资策略等(Dasgupta &

＊ 本文系教育部人文社会科学研究规划基金项目"高管变更、权利重构路径与公司业绩"(15YJA6630057)的阶段性研究成果。

通讯作者：沈沁，E-mail：452556743@qq.com

Hilary，2009）。这些研究结果表明了高质量审计在 IPO 市场上的信号作用。

与西方资本市场不同的是，我国 IPO 市场是以项目为基础的股权融资制度。IPO 募集资金行为从本质上可以看作是一种不完备契约安排，在特殊转型经济时期，政府出于保护投资者利益的原因，试图通过对募集资金项目采用强制性信息披露将这种不完备契约引向完备契约（杨全文、薛清梅，2009）。募集资金项目的相关信息既是发审委审核首发的重点部分，也是投资者判断公司价值的重要基础。然而，在现实中当公司 IPO 后变更募集资金行为却时有发生，无论公司变更动机是善意的还是恶意的，变更行为带来公司风险增加。根据金融定价基本原则，风险上升使股票价值下降，因此变更募集资金风险意味着投资者最初价值判断的偏离，对公司诚信、业绩和资本市场产生负面影响。Francis（2005）指出审计师能意识到公司的信息风险进而影响其发表审计意见的类型。那么基于我国特殊的项目融资制度背景，在 IPO 时，聘请高质量的会计师事务所能否成为公司减少变更募集资金风险的信号呢？这是本文关注的重点。具体来说，我们研究了以下几个方面：（1）独立审计作为公开信息第一道防线，能否在 IPO 阶段发挥信号传递作用来减少资本市场对募资项目信息不对称程度？当企业 IPO 后，独立审计又能否作为持续信号发挥监控机制来缓解企业的代理冲突？

本文的研究结果发现：第一，当 IPO 审计时，聘任高质量审计的公司在 IPO 后三年内发生募集资金变更的可能性更低。说明独立审计可以通过其鉴证作用，发挥信号传递效应，降低企业募集资金未来投资项目变更风险，从而提高资本市场资源配置效率。第二，进一步的研究表明，公开上市后三年内没有变更会计师事务所的公司中，聘用了高质量审计的公司相对于其他公司来说，发生募集资金变更的比率更低。我们还发现，聘请高质量审计的公司采用显性变更的比率大于采用隐性变更的比率。这些结果表明高质量审计在资本市场中的能够起到监督作用，为高质量审计降低代理成本提供了有力证据。本文的研究表明高质量审计可以作为企业一种自愿性的信息披露政策，反映更低的信息风险，这对于提高转型经济中资源配置的效率具有重要意义。

本文余下的安排如下：第二部分进行相关文献回顾，第三部分提出研究假设；第四部分是样本选择和模型设计，介绍了主要研究变量的含义和衡量；第五部分是实证检验结果及其分析；第六部分为研究结论。

2. 文献回顾

IPO 连接着发行方和潜在投资者双方，然而两者之间存在着天然的信息不对等，这种事前非对称信息导致逆向选择问题。从理论上说，相对于发行者来说，投资者对企业前景、现有资产价值、发行者潜在的私人收益及任何其他影响到投资盈利能力的企业特征信息是不完美的（Tirole，2005）。根据信息不对称理论，为了避免 IPO 市场"橙子"效应带来的股价低估，具有更多私有利好消息、更低风险的企业有激励去减轻投资者的信息劣势。

经验证据表明 IPO 过程中可供企业家选择的信号传递机制包括：（1）通过保留所有权比率来传递未来良好预期。企业家根据企业未来风险水平的私有信息确定保留的所有权比率，当未来风险越低时，保留所有权比率越高（Leland & Pyle，1977；Datar、Feltkam &

Hugkes，1991）；（2）采用自愿信息披露，主动向投资者公告有关企业项目的前景来减轻信息的不对称。虽然主动披露的作用不容忽视，但它通常适用于一经披露投资者能验证的"硬信息"，但对于那些投资者不能验证的"软信息"披露策略对减轻不对称信息就不那么有效了（Tirole，2005），因此需要借助于第三方提供的认证服务；（3）通过聘任具有信息搜集、分析和鉴别能力的信息中介提供质量认证，包括承销商、评级机构、独立审计机构等。而独立审计作为资本市场的第一道防火墙，对会计信息质量起到关键鉴证作用。具有良好私人信息的公司在综合考虑高质量审计所带来的边际收益和边际成本后，更愿意聘请高质量审计，以对外传送有利信息（Titman & Trueman，1986；Choi & Wong，2007）。Lee等人（2003）验证了澳大利亚 IPO 市场上审计质量、会计信息披露和公司风险的关系，他们的研究表明在一个法律成本相对低、允许公司对预期盈余采用自愿披露的资本市场中，主动披露盈利预测的 IPO 公司更可能聘任高质量审计师。因此，审计质量的选择是公司和外部投资者进行私人信息交流的途径，通过这种差异化自身的途径向市场传递"信号"。

IPO 阶段聘任高质量审计作为信号传递机制的效果如何呢？Beatty（1989）、Holland 和 Horon（1993）的研究证实审计师声誉可以提高公司股票价格、降低发行抑价率；王兵、辛清泉等人（2009）以中国 IPO 定价市场化为背景，发现审计师声誉在中国已形成并影响股票定价。于李胜、王艳艳等人（2007、2008）提出信息中介可以通过提高企业未来的现金流量和降低企业的信息风险来影响资本市场中公司权益资本成本；林永坚，王志强（2013）的研究表明与本土事务所相比，国际"四大"在国内市场确实能够提供更高的审计质量，且这种差异主要体现在对正向盈余管理的制约上。王艳艳等人（2006）提出高质量审计能有效提高盈余的信息含量、制约企业的机会主义行为、降低代理成本。张敏等人（2011）指出机构投资者的存在能改善独立审计的治理环境，进而提升公司的治理水平。

在我国以项目为基础的融资制度要求募集项目是首次公开上市重要信息，然而资本市场中存在大量 IPO 募集资金投入不足和投向变更，对公司带来明显的短期负面绩效（刘少波、戴文慧，2004）以及长期盈利能力下滑（陈文斌，2007）。持不同观点的文献认为变更募集资金行为是公司管理层和经营者慎重的重大投资决策，上市前后经营业绩下降幅度越大越会引起变更募集资金行为，并且这种变更能改进未来经营业绩，因此变更行为从总体上看是善意变更（杨全文、薛清梅，2009）。事实上，上市前后经营业绩的下滑恰好能反映出 IPO 时企业历史盈利能力信息准确度欠缺及对募资项目缺乏充分论证和前瞻性，这种事后的纠错和补偿机制（刘少波、戴文慧，2004）并不能改变 IPO 时信息风险更高的现实。

本文重点关注的是高质量的独立审计能否识别公司 IPO 募集资金变更风险，减少缔约过程中的信息不对称，使契约得以顺利签订和有效履行并通过良好的审计质量提升投资者对公司的信息可信度、降低公司估值风险，从而提升股票发行价格。因此，本文希望通过变更募集资金的角度，透析高质量审计是否能发挥信号效应，减少信息风险。

3. 研究假设

3.1 IPO 审计的信号传递效应

IPO 联系着资本供需双方，然而两者之间存在着天然的信息不对等，为了保证 IPO 活动正常进行，强制性的信息披露及独立审计成为基本的制度安排。由于中国资本市场是以项目为基础的项目型股票融资制度，所募集资金专款专用，政府通过《证券法》等法规制度的形式规定 IPO 公司必须对外披露公司历史财务状况、募集资金投资项目及公司预期未来收益等信息(杨全文等人，2009)。这些是证监会发审委审核的重点，也是投资者赖以进行投资决策的重要依据。

对于 IPO 公司来说，如何赢得投资者信任和认可被摆在第一位，现有股东与管理层之间的矛盾将随着一致对外而弱化，他们将形成利益联盟体来保证公司发行利益。根据信息不对称理论，为了避免 IPO 市场的"橙子"效应，具有更高质量、更多私有利好消息、更低风险的企业更愿意聘请高质量审计，对外发送良好的信息，减轻市场参与者之间信息不对称程度。因此审计质量的选择是公司和外部投资者进行私人信息交流的途径，通过这种差异化自身的途径向市场传递"信号"。

审计师对募集资金投资项目的审计主要涉及：(1)对前三年企业的经营数据进行审计；(2)对募集资金未来投资项目的盈利能力出具盈利预测审核报告。这些是现代投资决策模型中，得以判断股票未来预期现金流量的基础。如果公司上市后，募集资金并不能按照招股说明书上的承诺实施，则将反映出公司 IPO 时拟实施项目的随意性，这将加大资本市场风险。尽管审计师在 IPO 审计阶段并不能改变公司的盈利能力，但它能起到关键的鉴证与甄别作用。高质量审计将作为一种信号显示机制，直接影响到公司未来现金流量的预期值及投资者对其分布的预期，降低未来企业变更募集资金的风险。据此，我们提出假设1：

H1：在其他条件相同的情况下，高质量审计能发挥信号传递作用，降低企业募集资金变更风险

3.2 独立审计的外部治理效应

中国资本市场具有股权高度集中的转型经济体特征，代理问题主要体现为大股东和中小股东之间的冲突(Joseph & Wong，2002)，大股东有动机和能力为自己谋利。现有研究文献表明，IPO 募集资金的使用可能受到大股东代理问题的影响，如大股东可以通过降低募集资金投入比率、产生更多的闲置资金来获得代理收益(陈文斌、陈小悦，2005)，也可能以关联交易的形式将募集资金转移到大股东口袋进而获得收益(翟春燕、张为国，2005)。马连福，曹春方(2011)以 2001—2005 年 A 股 IPO 的上市公司为样本，实证检验制度环境、地方政府干预及公司治理角度对募资变更的影响。研究发现，较好的公司治理在非国企中能有效降低募资变更几率，支持公司战略。然而，当公司内部制衡机制失效和治理结构存在缺陷，难以有效减轻大股东和中小股东冲突时，外部审计约束是否能作为替代机制发挥作用呢？

代理理论认为高质量的信息中介如独立审计是降低企业代理成本的一种有效机制(Watts & Zimmerman，1983；Fan & Wong，2005)。根据深圳证券交易所公布的《上市公司募集资金管理办法》规定，上市公司 IPO 后，应当按照招股说明书或募集说明书中承诺的募集资金投资计划使用募集资金，并聘请会计师事务所对所募集资金使用情况进行专项审核，出具专项审核报告，在年度报告中披露。这就为审计师在 IPO 后对募集资金进行持续鉴证和监督，并表达自己审计意见提供了法规依据和可能。

为了检验高质量审计是否能发挥更好的监督效应，我们选择 IPO 后三年内一直没有更换事务所的公司为样本，考察高质量审计和募集资金变更的关系。之所以选择三年内没有变更事务所的公司，是为了保证审计师有足够长的时间对募集资金投资项目进行持续监督，同时又避免事务所变更引起审计监督效应变化的影响。高质量的审计活动能够通过限制控股股东操控财务会计信息、进行关联交易的可能，来降低募集资金变更的几率，保护中小投资者利益。据此，我们提出假设 2：

H2：IPO 后三年一直没有更换会计师事务所的公司，高质量审计发挥监督效应，降低募集资金变更风险

4. 样本选择和模型设定

4.1 样本选择及数据来源

本文数据来源于 Wind 数据库及香港理工大学与深圳国泰安信息技术有限公司联合开发的 CSMAR 数据系统。对于募集项目变更数据通过巨潮资讯网手工收集整理获得，会计师事务所数据来源于中国注册会计师协会网站。本文选定 2000—2011 年 A 股上市公司的数据作为研究对象①，并满足以下条件：(1)招股说明书中详细公告 IPO 募集资金使用计划；(2)IPO 后三年财务报告中披露了募集资金使用状况。同时，我们剔除了金融类公司、同时发行 B 股的公司及数据缺失的样本，最终选定的样本公司为 769 家。选择 IPO 后三年一直未更换会计师事务所的样本时，共获得样本公司 545 家。样本分布状况见表 1：

表 1   样 本 分 布

审计质量	IPO 阶段			IPO 后三年未更换事务所		
	高质量审计公司	非高质量审计公司	合计	高质量审计公司	非高质量审计公司	合计
样本数量	232	537	769	186	359	545

表 1 显示了 IPO 阶段，由国际"四大"或者国内"十大"审计的公司有 232 家，占总样本的 30.17%，说明高质量审计在审计市场上所占份额相对较低。在对公司在 IPO 后三年未变更事务所的统计中，我们发现 IPO 时聘任高质量事务所的公司在未来三年一直未发生事务所变更的公司有 186 家，未变更比率为 80%；而一直聘任非高质量事务所的公司为 359 家，未变更比率为 67%。这意味着聘任高质量事务所的公司变更事务所的可能性低于聘任非高质量事务所的公司。

---

①　以 2000 年作为起点是因为从 1998 年发生了第一起上市公司变更募集资金变后，2000 年开始出现了大量上市公司变更募集资金行为，截至 2011 年是因为研究需要 IPO 后三年的审计变更数据。

4.2 募集资金变更的衡量

本文所指的募集资金变更，是指上市公司在公开募集资金后三年内①没有按照招股说明书上承诺的项目进行投资，而是改变了原募集资金的投向。具体包括：投资项目的变更、投资项目的终止、投资项目延期、没有达到招股说明书预期的收益、募集资金变为其他用途等。为了衡量募集资金变更程度，我们计算了募集资金变更比率。具体来说：

第一步：根据公司招股说明书公布的计划投资项目，我们追踪 IPO 后三年财务报告中每个项目的实际投资额，并计算它们三年内总投资额；

第二步：利用第一步计算的项目实际募集资金投资额与招股说明书上公告的该项目计划投资额求比值，若 IPO 后三年该项目实际投资募集资金总额不足项目计划投资额 30% 的，我们认定该项目已发生事实变更；

第三步：计算公司所有发生事实变更项目的计划投资总额，计算其与招股说明书所有项目计划投资总额的比率，用该比值表示公司变更募集资金比率。

4.3 模型设定及变量说明

为了检验假设 1，我们构建如下模型。由于本研究可能存在自选择问题，即高质量会计师事务所选择的客户是优质客户，无论聘请谁进行独立审计，公司募集资金变更概率都更低。因此，本文根据 Chaney 等人（2004），于李胜、王艳艳等人（2008）的做法，采用两阶段回归的方法控制审计师自选择问题。第一阶段为事务所选择模型（模型 1），将回归产生的 IMR（inverse mills ratio）作为第二阶段的控制变量；第二阶段（模型 2）检验审计质量能否反映公司变更募集资金的可能性。具体构建模型如下：

$$\text{Big} = \beta_0 + \beta_1 \text{Size} + \beta_2 \text{Debt} + \beta_3 \text{ROA} + \beta_4 \text{Amount} + \sum \beta_i \text{Industry} + \sum \beta_i \text{Year} + \varepsilon \tag{1}$$

$$\text{Changerate} = \alpha_0 + \alpha_1 \text{Big} + \alpha_2 \text{Gov} + \alpha_3 \text{Size} + \alpha_4 \text{ROA} + \alpha_5 \text{Amount} + \alpha_6 \text{Region} +$$
$$\alpha_7 \text{IMR} + \sum \alpha_i \text{Industry} + \sum \alpha_i \text{Year} + \varepsilon \tag{2}$$

为了检验假设 2，我们构建模型 3，样本为上市后三年未更换事务所的公司，此时 big = 1 意味着公司在公开上市后三年内一直聘任高质量事务所，而 big 等于 0 时，意味着公司在公开上市后三年内一直聘任非高质量事务所。

$$\text{changerate} = \gamma_0 + \gamma_1 \text{Big} + \gamma_2 \text{Firstshare} + \gamma_3 \text{Gov} + \gamma_4 \text{Size} + \gamma_5 \text{Amount} + \gamma_6 \text{ROA} +$$
$$\gamma_7 \text{IMR} + \sum \gamma_i \text{Industry} + \sum \gamma_i \text{Year} + \varepsilon \tag{3}$$

因变量：

Changrate 为募集资金变更比率，详细定义见募集资金变更的衡量。

解释变量：

Big 为虚拟变量，代表审计质量。当公司聘请国际"四大"或"国内十大"进行 IPO 审计时，big 取值为 1，否则为 0。"国内十大"的选择标准是：根据中注协公布的会计师事务

---

① 之所以采用三年，是因为如果公司在三年内仍然未能实施招股说明书上的项目投资，那么项目实施的时机和经济状况早就改变，可以合理推论该项目将不再恰当。

所百强排名，将 2003—2011 年公布的 9 次全国排名中至少 5 次在前 10 大的事务所定义为"国内十大"①。

控制变量：

根据研究背景和相关文献（Choi & Wang，2007；于李胜、王艳艳，2008；王兵、辛清泉，2009；陈文斌等人，2005），我们还控制了以下其他变量。模型（2）中控制：公司最终控制权性质（Gov），如果最终控制人为政府控制，则取值为 1，否则为 0；企业规模（Size），用上市时总资产的自然对数衡量；公司资产报酬率（ROA），代表公司盈利水平；IPO 实际募集资金（Amount）；企业所在地（region）。模型（3）中控制了影响企业代理问题的内部治理结构因素——firstshare 为公司第一大股东比率，用来代表股权集中度，集中持股越大的第一大股东越有能力和动机掩盖问题，避开外部审计约束（唐跃军、李维安等人，2006）。在自选择模型 2 中，我们控制了影响审计师选择的企业规模（size）、负债比率（debt）、企业盈利水平（ROA）。

5. 实证检验结果

5.1 描述性统计

表 2 为主要变量的描述性统计，我们分别对全样本、高质量审计公司和低质量审计公司的子样本进行了描述性统计。从表 1 统计结果来看，总体上，上市公司平均募集资金变更比例达到 30.87%，意味着募集资金变更行为的普遍性；聘请高质量审计的公司达到 34.23%；政府控制的公司比率为 29.03%，第一大股东股权比率为 43.25%，充分显示我国股权集中度高的特征。在对高质量事务所和非高质量事务所的公司进行分样本统计中，我们发现，高质量事务所客户的募集资金变更要小于非高质量事务所的客户，这为我们关于高质量审计与募集资金变更风险之间提供了初步证据。另外，高质量事务所客户的资产平均规模、资产报酬率及审计收费均不同程度大于非高质量事务所客户，反映出事务所自选择问题是研究中必须考虑的问题。除此之外，高质量事务所客户的第一大股东比例要低于非高质量事务所的客户，暗示着公司内部治理问题更严重的公司更愿意聘任非高质量事务所。从募集资金总额可以看出高质量事务所客户的平均募集资金额要远高于非高质量事务所客户募集资金总额。

表 3 为样本各主要变量的 pearson 相关性分析结果，从表中可以看出，big 与changerate 之间的相关系数显著负相关，初步支持了我们的假设，说明高质量审计对应着更低的募集资金变更。同时其他各变量的相关系数都小于 0.3，说明模型不存在严重的多重共线性问题。

---

① 具体包括：普华永道中天所、安永华明所（含安永大华所）、德勤华永所以及毕马威华振所、上海立信、岳华、信永中和、天健、中审、大信和利安达。

表 2   变量描述性统计结果

变量名	全样本 (769 家)		高质量事务所 (232 家)		非高质量事务所 (537 家)	
	均值	标准差	均值	标准差	均值	标准差
Changerate	0.3087	0.3321	0.2864	0.3177	0.3194	0.3395
Big	0.3423	0.4746				
Firstshare	43.2562	83.2002	41.1464	16.5134	44.3556	101.9219
Gov	0.2903	0.4541	0.2799	0.4494	0.2958	0.4566
Size	167000	261581	257000	303426	124051	237632
ROA	0.1253	0.0836	0.1298	0.0847	0.1230	0.0830
Amount	111268.3	367490.5	200347.3	605770.7	64897.1	91132.54

表 3   样本 **Pearson** 相关性分析

	changerate	big	gov	lnsize	roa	firstshare	amount
changerate	1						
big	−0.2137*	1					
gov	−0.0997***	−0.0166	1				
lnsize	−0.0421*	0.0762***	0.1004***	1			
roa	0.0733***	0.0389*	−0.198***	−0.2322***	1		
firstshare	−0.0062	−0.0183	0.0431*	−0.0133	0.0234	1	
amount	−0.0705***	0.1762***	0.1766***	0.0696***	0.0044	0.0191	1

注：*，**，***分别代表在10%，5%和1%的水平下显著，下同。

5.2 多元回归分析结果

1. 高质量审计的信号效应

考虑到审计师自选择问题，我们首先对审计师选择进行检验，结果表明公司资产规模越大、资产报酬率越高、审计收费越高的公司越容易选择高质量审计，而且显著性水平高。但资产负债率对审计师选择的负相关关系结果不太显著。为了解决自选择问题，本文采用 Heckman 两阶段回归，在模型 2 中加入了由模型 1 回归后得到的 IMR 来代表潜在选择偏误。对模型 1 的检验显示公司规模、资产报酬率水平和 IPO 募集资金与审计师选择显著相关，但资产负债率的系数并不显著(图表略)。

表 4 报告了高质量审计与募集资金变更风险的回归结果。其中，被解释变量是募集资金变更比率(changerate)。在对全样本进行检验中，我们先检验了不考虑自选择模型的 OLS 模型，结果显示 changerate 与 big 虽然呈现出负相关关系，但在统计上不显著。在考虑了审计师自选择问题的 2SLS 回归结果表明，changerate 与 big 在 1% 的水平下显著负相

关，说明高质量审计对应着未来更低的募集资金变更比率，支持了本文的假设一。同时changerate 与 gov 也在5%的水平下显著负相关，意味着政府控制公司募集项目变更的比率更低。这与政府控制企业变更募集资金投资的程序更为复杂，监管更多有关，而非政府控制企业则更为自由。企业所在区域(region)的系数不显著，说明在IPO时的股权结构和地域并不能反应未来募集资金变更风险。其余的控制变量结果均显著，自选择系数IMR的系数显著性为正，说明自选择问题是研究中必须进行考虑和处理的。

考虑到2005年开始，我国IPO定价中逐渐采用询价制，从而使得机构投资者具有定价话语权，审计师声誉开始发挥效应，公司聘请高质量审计师的动机变得更强(王兵、辛清泉，2009)，因此我们以2005年为分界点，进行分样本检验，结果显示，2005年以前changerate 与 big 的系数不显著，而2005年以后的系数显著负相关，这一结论与王兵、辛清泉(2009)年的结论吻合，说明随着2005年中国证券市场的改革进程，审计师信号传递机制正逐渐建立起来，在反映企业未来募集资金变更的风险问题中越来越显著发挥作用。在对政府控制和非政府控制公司的分样本检验中，得到和全样本一致的结论，两者之间没有差异。这说明无论是政府控制还是非政府控制企业，聘请高质量事务所在IPO时的信号效应没有什么差异。

表4　　　　　　　　　　　　　　高质量审计的信号传递效应

	模型2(全样本)			模型2(分样本)		
	OLS	2SLS	2005年及以后	2005年前	政府控制	非政府控制
big	−0.0338	−3.204***	−3.198***	−4.500	−3.835*	−3.445***
	(0.199)	(0.00289)	(0.00383)	(0.138)	(0.0567)	(0.00537)
gov	−0.0718**	−0.0922**	−0.0933**	−0.0438		
	(0.0263)	(0.0144)	(0.0184)	(0.533)		
lnsize	0.00158	0.125***	0.124***	0.241**	0.152*	0.135***
	(0.874)	(0.00304)	(0.00445)	(0.0461)	(0.0668)	(0.00492)
roa	0.477***	2.214***	2.190***	2.925*	2.542**	2.197***
	(0.00329)	(9.08e−05)	(0.000163)	(0.0681)	(0.0189)	(0.000644)
amount	2.22e−07	4.03e−07*	3.67e−07	−3.51e−07	2.11e−07	3.00e−07
	(0.217)	(0.0943)	(0.133)	(0.340)	(0.434)	(0.262)
region	0.0168	0.0371	0.0469	−0.101	0.0197	0.0311
	(0.534)	(0.203)	(0.118)	(0.121)	(0.730)	(0.319)
IMR		3.166***	3.157***	4.601	3.823*	3.406***
		(0.00327)	(0.00436)	(0.129)	(0.0571)	(0.00597)
year	控制	控制			控制	控制
Industry	控制	控制	控制	控制	控制	控制
Constant	0.0382	−1.730***	−1.700***	−3.208*	−1.754	−1.799***
	(0.860)	(0.00279)	(0.00435)	(0.0517)	(0.122)	(0.00539)
Observations	769	769	550	219	157	558
R-squared	0.048	0.097	0.098	0.217	0.063	0.126

2. 高质量审计的监督效应

表 5 报告的是在 IPO 后三年高质量审计监督效应分析结果，我们看到，big 的系数为 -2.622，与募集资金变更比率在 5% 的水平下显著负相关，表明在 IPO 后，连续三年一直聘用同一事务所的上市公司，审计质量越高越能降低募集资金变更比率，这一回归结果支持了假设 2。第一大股东持股比率与募集资金变更比率显示出边际显著正相关关系，可见，内部治理约束越差导致公司出现更大程度的募集资金变更。对政府控制和非政府控制的分样本检验中发现：(1) 在政府控制样本中，审计质量与募集资金变更比率呈显著负相关关系，但第一大股东持股比率的系数不显著；(2) 相对于政府控制样本，在非政府控制样本中审计质量的回归系数要低，但是第一大股东持股比率的系数显著性为正。这意味着，政府控制的公司外部审计对募集资金投资的监督约束效应更强，而非政府控制的公司受到公司内部股权结构的影响更大。

表 5 在 IPO 后三年高质量审计的监督效应

	模型 3	模型 3		
	全样本	全样本	政府控制	非政府控制
big		-2.622^{**}	-3.712^{**}	-1.499^{*}
		(0.0247)	(0.0438)	(0.097)
firstshare	0.00165^{*}	0.00154	0.000368	0.00259^{**}
	(0.0812)	(0.104)	(0.807)	(0.0338)
gov	-0.0527^{*}	-0.0597^{*}		
	(0.0884)	(0.0537)		
lnsize	-0.0253^{**}	-0.0780^{*}	0.130^{*}	0.0233
	(0.0221)	(0.0986)	(0.0813)	(0.702)
amount	$-5.44\text{e}{-08}^{*}$	$-5.58\text{e}{-08}^{*}$	$-5.32\text{e}{-08}$	$-2.12\text{e}{-08}$
	(0.0576)	(0.0503)	(0.108)	(0.977)
roa	-0.537^{*}	-0.779	1.509	0.101
	(0.0786)	(0.237)	(0.165)	(0.903)
res	-0.0226	2.603^{**}	3.693^{**}	1.467
	(0.483)	(0.0261)	(0.0445)	(0.329)
Constant	0.661^{***}	-0.683	-1.329	0.0712
	(0.00443)	(0.286)	(0.190)	(0.932)
Observations	452	452	209	243
R-squared	0.043	0.054	0.043	0.058

5.3 进一步检验

为了进一步检验假设2，我们还考察了公开变更公司与高质量审计之间的关系。具体来说，我们以公司在发生实际募集资金投资变更后，是否进行公开宣告来检验外部审计的监督效应。根据深圳交易所规定上市公司拟变更募集资金投向的，应当在提交董事会审议后2个交易日内报告交易所并对外公告变更具体原因、拟投资新项目情况等。然而，有些公司事实上发生了实质性的事实变更，但并没有按照交易所规定对外公开宣告。此时，高质量审计如果能够发挥监督效应，则将督促上市公司进行公开宣告。

据此，我们将公司募集资金变更金额占总募集资金比率大于40%的公司认定为事实上的变更①。对这些公司检验高质量审计对公开宣告行为的影响，检验模型如下：

$$\text{logit(announce)} = \alpha_0 + \alpha_1 \text{big} + \alpha_2 \text{gov} + \alpha_3 \text{firstshare} + \alpha_4 \text{lnsize} + \alpha_5 \text{ROA} + \varepsilon \quad (4)$$

其中，announce 表示公开宣告变更。若公司发生募集资金变更后，进行公开宣告变更，则 announce 取值为1，否则为0。其他变量含义同上。

表6回归结果发现，高质量审计与公开宣告变更在10%的显著性水平上正相关，且 big 的系数为0.413。这与我们的预期一致，说明高质量审计确实能够起到监督作用，有利于公司及时对外公告真实信息。同时我们发现所有权性质与公开宣告变更在5%的水平上显著正相关。由此可见，政府控制的公司在遵从交易所规定方面比非政府控制公司表现更好。这与我们前面分析的政府控制公司发生募集资金变更行为更少的结论相吻合。但是第一大股东比例和公司规模与是否公开宣告的关系不显著。上述结果说明高审计具有监督效应，政府控制公司更容易在发生变更后进行公开宣告。

表6   高质量审计对公开宣告变更的影响

	模型4
big	0.413 * （0.0757）
gov	0.634 ** （0.0142）
firstshare	0.00446 （0.547）
size	0.0123 （0.896）
ROA	−2.056 （0.169）
Year	控制
Industry	控制
Constant	−1.691 （0.388）
Observations	460

① 我们也以30%、50%作为划分比率进行了测试，结果并不改变研究结论。

6. 研究结论

本文依托独立审计的信号理论和代理理论，以我国 2000—2011 年间沪深两市上市公司为样本，通过检验独立审计与募集资金变更风险之间的关系，分析我国高质量审计的信号传递机制和监督机制作用。研究发现：（1）在 IPO 阶段，高质量独立审计能有效传递募集资金变更风险的信息，支持独立审计的信号角色，其有效的信息过滤作用能够降低资本市场的信息风险，提高资本市场的资源配置效率。（2）在 IPO 后，高质量审计能降低公司募集资金变更比率，同时高质量审计能督促公司在发生实际募集资金变更时，采用显性变更而非隐性变更。这些结论证明独立审计能够在资本市场中发挥审计治理机制，有效制约企业内部控制人的机会主义行为，降低代理成本。为独立审计的投资者保护角色提供新的证据。

◎ 参考文献

［1］ 陈文斌，陈小悦. 大股东代理问题与 IPO 募集资金的使用 ［J］. 南开管理评论，2005 （8）.

［2］ 李明辉. 代理成本对审计师选择的影响——基于中国 IPO 公司的研究 ［J］. 经济科学，2006（3）.

［3］ 刘少波，戴文慧. 我国上市公司募集资金投向变更研究［J］. 经济研究，2004（5）.

［4］ 唐跃军，李维安，谢仍明. 大股东制衡、信息不对称与外部审计约束［J］. 审计研究，2006（5）.

［5］ 王艳艳，陈汉文，于李胜. 代理冲突与高质量审计需求［J］. 经济科学，2006（2）.

［6］ 王兵，辛清泉. 寻租动机与审计市场需求：基于民营 IPO 公司的证据［J］. 审计研究，2009（3）.

［7］ 王兵，辛清泉，杨德明. 审计师声誉影响股票定价吗——来自 IPO 定价市场化的证据［J］. 会计研究，2009（11）.

［8］ 杨全文，薛清梅. IPO 募资投向变更、经营业绩变化和市场反应［J］. 会计研究，2009（4）.

［9］ 于李胜，王艳艳，陈泽云. 信息中介是否具有经济附加价值？［J］. 管理世界，2008（7）.

［10］ 于李胜，王艳艳. 信息风险与市场定价［J］. 管理世界，2007（2）.

［11］ 林永坚，王志强. 国际"四大"的审计质量更高吗？——来自中国上市公司的经验证据［J］. 财经研究，2013（6）.

［12］ 马连福，曹春方. 制度环境、地方政府干预、公司治理与 IPO 募集资金投向变更［J］. 管理世界，2011（5）.

［13］ Beatty, R. Auditor reputation and the pricing of initial public offerings ［J］. *The Accounting Review*, 1989, 64 (4).

[14] Chaney P. K. , Jeter D. C. , Shivakumar, L. Self-selection of auditors and audit pricing in private firms [J]. *The Accounting Review*, 2011, 79(1).

[15] Datar, S. M. , Feltham, G. A. , Hughes J. S. The role audits and audit quality in valuing new issues [J]. *Journal of Accounting and Economics*, 1991(14).

[16] Dye, R. A. Auditing Standards, Legal Liability and Auditor Wealth [J]. *Journal of Political Economy*, 1993(10).

[17] Choi, J. , Wong, T. J. Auditors' governance functions and legal environments: An international investigation [J]. *Contemporary Accounting Research*, 2007(24).

[18] Holland, K. M. , Horton, J. G. Initial public offerings on the unlisted securities market: The impact of professional advisors [J]. *Accounting and Business Research*, 1993(4).

[19] Jensen, M. C. , Meckling, W. H. Theory of firm: Managerial behavior, agency costs and ownership structure [J]. *Journal of Finance Economics*, 1976(3).

[20] Titman, S. , Trueman, B. Information quality and the valuation of new issues [J]. *Journal of Accounting and Economics*, 1986(6).

[21] Watts, R. L. , Zimmerman, J. L. Agency problems, auditing, and the theory of the firm: Some empirical evidence [J]. *The Journal of Law and Economics*, 1993(10).

Can Auditor Decrease the Risk of Investment Orientation Change

Su Ling[1]   Guo Ruting[2]   Shen Qin[3]

(1, 2, 3 Economics and Management School of Wuhan University, Wuhan, 430072)

Abstract: Based on signal theory and agency theory of auditor, this paper empirically study the relationship between auditor and the change of committed investment projects using the data from 2000 to 2011 in Chinese listed firms. The conclusions of the paper are: (1) During IPO period, high auditing quality can sign lower risk of investment orientation changes, and support the signal effect of auditor. (2) Further research found that, among the companies that did not change auditor during past three year of IPO, those who employed high auditing quality had a lower rate of investment orientation changes than other companies. (3) Those who employed high auditing quality will take obvious change more than that of concealed change. These results show that the high auditing quality in the capital markets can play the role of audit external governance, and reduce agency costs, protect the interests of investors.

Key words: Audit quality; Change of committed investment project; Signal theory; Agency theory

专业主编：李青原

组织身份及身份变革的研究评述与展望[*]

● 汪 涛¹ 王 康²

（1，2 武汉大学经济与管理学院 武汉 430072）

【摘 要】运用组织身份解释组织生存和发展问题受到越来越多的重视，组织身份被视为判断组织是否具有合理性的关键标准，然而当前组织身份的研究仍然存在较大争议，特别是组织身份与身份合理性之间的关系，组织身份动态性及身份变革原因和过程的研究也比较杂乱。本文聚焦于组织层面的身份研究，归纳了组织身份的概念和研究视角，以及组织身份与身份合理性获取的关系，并系统梳理了组织身份动态性变化的情境、驱动因素、改变过程等方面的研究，最后针对未来可能的研究进行展望。

【关键词】组织身份 组织合理性 身份动态性 身份变革 驱动因素

中图分类号：F270 文献标识码：A

1. 引言

近年来，身份是管理学领域研究的重要基础之一（Balmer，2008；Gioia et al.，2013），这个术语为很多研究构念提供了基础，如组织身份（organizational identity）、企业品牌身份^①（corporate brand identity）（Balmer，2012）。同时，作为企业潜意识下的重要指导理念，组织身份对企业的许多重要活动，如战略变革和合理性获取等都具有重要作用（Gioia & Thomas，1996；Annemette & Kjærgaard，2009）。因此，组织身份话题在组织行为学研究领域中获得越来越多的关注，被视为理解许多问题的关键，如行为逻辑、组织合理性获取、组织协作、组织学习等（Sveningsson & Alvesson，2003；Clegg et al.，2007；Antal & Strauß，2015），当前众多的学者也逐步重视运用组织身份理论解释组织的生存与发展问

* 基金项目：全球化和网络化环境下的中国企业品牌国际化营销战略研究（71532011）；顺应制度还是操控绩效：企业国际化进程中的合理性压力、营销战略和消费者支持（71272226）；省部级-战略性新兴产业国际化发展战略研究（14JZD017）。

通讯作者：王康，E-mail：wangkang_whu@163.com

① Kapferer，J. N. Corporate brand and organizational identity［A］. Moingeon，B.，Soenen，G.（Eds）. Corporate and organizational identities：Integrating strategy，marketing，communication and organizational perspectives［C］. London：Routledge，2002：175-194.

题（Glynn，2000；Lowe et al.，2012；Cayla & Peñaloza，2012）。

尽管组织身份的研究越来越受到关注，但是对于组织身份与身份合理性之间的关系，组织身份的动态性在身份合理性管理上有何影响，组织身份如何创建、如何表达、如何变革等问题，当前的研究仍然没有给出令人满意的回答。而且，当前组织身份的研究更多是基于组织内部视角，即关注组织身份对于员工的影响，而从组织层面探讨组织身份与组织外部行为的研究则相对较少（Livengood & Reger，2010）。鉴于此，本文聚焦于组织层面的身份研究，回顾了以往学者们对于组织身份概念的定义与争论，梳理了学者们关于组织身份研究的三个视角，通过总结如何塑造有利的组织身份以帮助企业获取身份合理性，并阐述身份持久性和多变性的争议，系统归纳组织身份发生变革的情境、驱动因素、变革过程等方面的研究，深入探讨组织身份作为一个整体的身份特征与组织外部的行为逻辑是如何相互作用的，为发挥组织身份的作用以及进行组织身份塑造和变革研究提供借鉴。

2. 组织身份的概念及特征

自 Albert 和 Whetten 提出组织身份的构念之后，有大量学者开始对此开展了相关研究，然而，当前由于研究视角、目的的不同，学术界关于组织身份的定义和研究仍然比较混乱，身份概念的多样性和通用性使得与身份相关的研究纷乱复杂，围绕身份概念有关的理论发展也是十分多样（Albert et al.，2000；Gioia，2013；郭金山，2004）。在 20 世纪 90 年代后期，组织身份的研究开始兴起，进入 21 世纪之后，组织身份的构念开始被广泛应用于组织行为学和市场营销学的相关研究中，这一阶段组织身份及其持久性（Fiol，2002）、身份的动态性（Hatch & Schuitz，2002）、组织成员间的感知身份差异（Corley & Gioia，2004）、身份模糊性（Corley & Gioia，2004）、身份连续性和身份变革（Chreim，2005）等方面有了更多的持续关注和研究。

Albert 和 Whetten（1985）认为组织身份就是组织成员认为的组织具有的"核心、独特和持久的特征"，是对"组织是谁"的回答，表现在组织的国籍、文化、宗旨、价值观、核心业务、所有权结构、产品或战略风格等方面。组织身份也是据以进行组织分类的准则，组织必须根据自己的身份行事，以避免不适当的行为。组织身份作为组织具有的一系列特征，在组织成员眼中，是组织角色和自我形象的关键点，它能使组织与其他相似的组织区别开来，同时组织身份随时间变化具有连续性特征（Albert & Whetten，1985）。在 Albert 和 Whetten 定义中，组织身份有三个假定的特征：第一个是核心性（central），组织身份反映了组织的本质属性，因此，组织需要有一个可被清晰感知的中心性身份。第二个是独特性（distinctive），即组织作为一个独立的个体，需要与同类保持相似性的同时还需要与其他实体区别开来，因此组织身份需要具备独特性才能便于组织成员及外部利益相关者清晰的识别组织。第三个是持久性（enduring），即组织身份所反映的组织特征是具有持久性的，并不需要（或不能）随着时间和情境的变化而发生改变，但是关于组织身份"持久性"的特点学术界一直存在较大的争论和质疑。

组织身份定义的维度也处于不断地探索阶段，学者们出于其研究视角和目的的不同，也提出了不同的观点：以 Gioia（2000）为代表的学者提出组织身份包含标签和意义两个层面；Gustafson and Reger(1995)则提出组织身份具有有形和无形两个方面，他们将组织身份看做是内嵌入环境中的结构，这个结构的核心处是无形的身份属性，外部则是有形的身份属性。Margolis and Hansen(2002)则提出，组成组织身份的因素可以概括为的八个本质的属性和一系列非内在、非天生的属性。随后，Moingeon and Soenen(2002)通过大量的文献回顾将组织身份划分为五个方面：（1）公开宣称的身份(professed identity)；（2）象征的身份(projected identity)；（3）经验身份(experienced identity)；（4）已证身份(manifested identity)；（5）形象身份(attribute identity)①。国际企业身份协会(ICIG)则指出："组织身份清晰地表明企业的个性、目标和价值观，并且表现组织不同于周边环境的个性，组织身份有别于传统的企业品牌，它不仅考虑了企业利益相关者的因素，而且还涉及多种组织沟通方式。"

尽管学者们关于组织身份的概念定义有所差异，但仍然可以看出组织身份具有两个特征：一是组织身份是由组织及其成员认为的关于组织是谁的集体性表述；二是组织身份反映了组织作为一个有机体与外界利益相关者之间的互动。组织通过内部形成一致性的身份认知并随着时间和情境而表现出连续性，组织也凭借这种一致性和连续性特征，向外界利益相关者传达组织存在的意义，展示组织具有的在国籍、文化、宗旨、价值观、核心业务、所有权结构等方面的特征。

3. 组织身份研究的主要视角

由于研究目和研究重点不同，学者们对于组织身份的概念和特征没有得到较为统一的观点，尤其是组织身份的持久性特征一直广受争议(Gioia，2000)。除此之外，学者们从不同的视角看待组织身份也导致了有关组织身份的概念和相关研究比较复杂和多样。目前，关于组织身份的研究主要可以归纳为三个视角：社会建构视角、社会角色视角、制度视角，不同的研究视角基于不同的理论基础，对组织身份概念和特征的解释是有所差异的。

第一个视角是组织身份的"社会建构论(social construction)"(Gioia，2000；Corley & Gioia，2004；Ravasi & Schultz，2006)。基于心理学社会建构理论，这一视角将组织身份的形成类比于人的心理活动现象，把组织身份看做是社会建构的产物，是处于特定环境中的组织成员与外部利益相关者互动和协商的结果。这一研究视角认为组织身份是一种自我参照(self-referential)的概念，是由组织成员定义的用来清楚地向自己及外界说明作为一个组织他们是谁的概念。这一视角主要聚焦在组织成员用来描述组织核心属性的组织身份以帮助组织成员及外部利益相关者对组织形成理解和认知(Brickson，2005)，同时外部利益相关者关于组织的认知也会进一步帮助组织完善身份，即组织身份的形成和发展会受到组织成员及外部利益相关者认知的影响。因此，在这一视角下，组织身份并非具有持久性而是具有动态性的。随着组织面临的外部环境和内部结构的变化，组织身份会相应的随着发

① Moingeon，B.，Soenen，A．G. Corporate and organizational identities：Integrating strategy, marketing, communication and organizational perspective[C]．London：Routledge，2002.

生改变以应对挑战和威胁(Ravasi & Schultz, 2006; Clark et al., 2010)。

第二个视角是组织的"社会角色论(social Actor)"(Whetten & Mackey, 2002; Wrench, 2012)。这一视角基于社会身份理论(social Identity theory)也将组织身份看做是组织的自我参照，不同的是它强调将组织看做社会中的一个整体元素，组织是社会网络结构中的一个构成部分。此时，组织身份的主要作用是对外清楚地解释作为社会的一分子时组织是谁，而并不关注外界利益相关者对于组织身份形成的互动影响，因此这一视角主要聚焦于解释组织身份特征时的"公开宣称"。而且，社会角色视角的身份观认为社会分类或范畴化形成的集体属性是影响组织身份的形成与变化的关键因素。可以看出，在这种视角下组织身份被看作是一种稳定且持久的组织属性特征，即组织身份反映的是组织核心的、独特的、持久的特征，组织为了保持这种本质属性不变会抵制身份变化(Whetten & Mackey, 2002)。

第三个视角是"制度主义论"(Glynn & Abzug, 2002)。随着新制度主义理论和新制度组织理论的兴起和发展，在此理论指导下的组织身份研究也逐步兴起。根据制度理论，组织身份是检验组织是否具有合理性的关键标准(Glynn & Abzug, 2002)，外部利益相关者持有一些关于组织的"身份准则"，他们持有对组织应该怎么样和将会如何的心理预判，这种外部制度压力使得组织身份需要保持一定的稳定性以保持组织行为与身份的一致性(Benner, 2007; Scott, 2000; Porac et al., 1999)，当组织身份满足利益相关的期望时，组织就能维持合理性(Gioia et al., 2013)。同时，制度理论还认为组织是内嵌于制度环境中的，当组织面临制度环境变迁或跨市场经营时，为了获取在新环境下的合理性，组织必须与新制度环境保持一致(Glynn & Abzug, 2002)，因此组织在这种制度压力下会通过变革组织身份达到与所处的制度环境保持一致性，从而获取制度合理性(Greenwood & Suddaby, 2006; He & Baruch, 2009)。

可以看出，制度理论视角下的组织身份与上述两种视角下的组织身份是相互补充的，它将组织身份看做是一种内部定义的概念，习惯上将组织看做屈从于制度力量的较高层次的社会化实体。这种视角并没有强调组织身份是具有持久性还是动态性特征，而是根据组织是否具备合理性以及制度环境是否变化而采取不同的组织身份处理方式。因此，不像社会建构和社会角色视角关注组织身份的差异性方面，组织身份的制度观则强调组织身份的同构方面(Glynn & Abzug, 2002)，强调制度过程在组织身份形成中的作用，这也使得制度视角的身份观是显著区别于社会建构视角和社会角色视角的。值得关注的是，随着组织身份研究的逐步深入，上述几类研究视角也逐渐开始相互借鉴和融合，近年来制度学家的相关研究也开始采用了社会建构观点并尝试解释身份属性中的差异性因素，这在一定程度上减缓了不同观点之间的争论。

4. 组织身份与身份合理性

组织身份为组织成员提供了一系列的行为指导，它告诉组织成员应该做什么以及其他组织及外部利益相关者如何与本组织相关联(Albert & Whetten, 1985)。即组织身份服务于组织内部协调的同时还起着服务于外部利益相关者之间相互沟通的作用，因此在塑造组织身份时，需要重点考虑的一个方面是组织面临的外部合理性压力（Glynn & Abzug，2002）。

对于组织而言，关系组织生存与发展的关键能力是组织能够在其所处的环境中获取并维持存在的合理性，对于新创企业而言更是如此（Clegg et al.，2007；He & Baruch，2009；Kroezen & Heugens，2012），因此在影响组织身份的外部因素中合理性压力是非常大的因素（Gioia et al.，2013）。以往的研究都认为组织对外部合理性的需要会阻碍身份的改变（Hannan & Freeman，1977），但是近年来的研究也提出组织身份变革在组织合理性获取上的必要性。制度的动态观认为组织身份是可塑的（Greenwood & Suddaby，2006），这为身份可塑性和易变性特征提供了理论依据，例如，在制度变迁过程中，为了能继续获取并保持合理性，组织必须随他们嵌入的制度环境的变化而变化①，在组织命名方面，需要采用与行业或（所嵌入的）制度相同步的名字，而且，随着制度的改变和制度规则的转变，组织也必须改变他们的名字以保持与新规则同步（Glynn & Abzug，2002）。

以往关于合理性的研究，很多学者从制度同构和外部沟通的角度探索如何进行建立和管理合理性，如印象管理策略、口头说明、利益相关者信息提供和披露等（Elsbach，1994），很少有文献从组织本身及其内部过程进行研究，如组织身份的动态性在组织身份合理性管理上的作用。以往虽有研究分别检验了组织身份和身份合理性在组织应对环境变化时的反应，但少有将二者联合考虑的情况，仅有学者通过案例研究提出组织身份的叙事方法在组织改变和组织合理性上的有效性（He & Baruch，2010）。有研究指出跨国企业具有的各个层次的独特特征（企业特征、管理特征、技术特征、产品特征等）都会使得企业在东道国面临外来者劣势（Gaur，2011），鉴于组织身份在检验组织是否具备合理性上的关键作用，从组织身份角度探索组织合理性问题尤为重要。

在组织如何通过组织身份获取合理性的相关研究中发现，组织合理性是组织获得生存和发展所必需的各种资源，合理性缺失的组织，很难吸引雇员、供应商、经销商、投资者（He & Baruch，2010）。Clegg 等人（2007）关注于组织组织身份形成和合理性的关系，它的研究发现由于缺乏清晰的行业身份导致组织身份的形成过程中面临很多挑战，尤其是在一个新兴行业中，组织所处的环境没有把他们作为一个具有合理性属性的实体，因此组织需要构建属于自己的身份，并努力与所在环境建立较强的联系。通过组织之间以及组织与环境之间的互动，缺乏合理性的组织最终会形成一个切实可行的行业身份。在一般情况下，外部利益相关者头脑中会持有一些有关组织行为活动的"身份准则"，因此，他们就持有对组织应该怎么样和组织将如何的期望，制度压力使得这些身份特征很有必要显现出来（Benner，2007；Zuckerman，1999），当组织身份满足这些期望时就可以获得合理性（Gioia et al.，2013）。

针对新创企业获取合理性的研究指出，在所处环境中，可以归为新创企业的组织获取合理性的重要方式是尽力模仿组织所在环境中已经存在的组织的身份特征，并通过与其他

① Glynn, M. A., . Marquis , C. How institutional norms and individual preferences legitimate organizational names [A]. Rafaeli, A. , Pratt, M. (Eds). Artifacts and organizations [C]. Mahwah, NJ: Lawrence Erlbaum Associates, 2006: 223-239.

已有合理性身份的组织建立关系帮助企业获取合理性（Labianca et al.，2001）。当组织能够构建一个与所处环境中的其他企业具有相似性的身份时，组织更容易获得较大的合理性和经营绩效（Czarniawska & Wolff，1998）。而且，在一个新兴行业中，合理性的创建可以通过企业家利用象征性语言、行为，以及利用他们的沟通能力叙述关于他们在做什么，以及怎么做的故事等方式来获取（Aldrich & Fiol，1994），建构清晰的组织身份就是克服组织身份模糊性并帮助企业获取合理性的过程（Clegg et al.，2007）。

5. 组织身份与身份变革

5.1　组织身份的持久性与动态性

在组织身份的相关研究中，虽然 Albert and Whette 的经典定义不同程度地被大多数学者所认可，但也有很多研究者挑战了最初组织身份定义的三个特征（核心性、持久性和独特性），其中最受争议的就是身份持久性的特征，部分学者们认为组织身份在和组织外部形象的交互过程中会表现出不稳定性和动态性，即组织身份会因各种外部原因而导致变化或需要变化。也因此形成了组织身份持久性（enduring）和动态性（dynamic）的两派观点。在有关组织身份"动态性"的研究中，Gioia（2000a）就认为由于组织身份和组织形象（外界利益相关者如何看待组织）之间的相互影响，使得身份没有之前那么具有持久性，在促进组织因回应环境要求而发生改变上，身份的不稳定性特征显然是更适合的。这为当前研究组织回应环境要求而发生组织身份改变提供理论基础。随后，Gioia, Schultz and Corley（2000）对组织身份是否具有持久性的特征这个问题进一步开展深入探讨，发现组织身份应该具有一定的动态性，除了外部环境以外，它还会随组织内部的变化（如组织结构调整、文化融合等）而发生改变。在此基础上，Hatch 和 Schultz（2002）通过总结组织身份和组织形象之间的互动而提出组织身份的动态过程模型。除了上述的组织身份被动式改变之外，组织身份还会有主动的计划性的变革，例如，Pusa（2006）提出，随着国际化步伐的加快组织变得越来越相似，独有的特征作为组织身份的构成要素也许并不贴切，此时面对当今不断变化的环境和日益激烈的竞争，组织必须通过不断的计划性变革来适应环境（He & Baruch，2010）。

5.2　组织身份变革的驱动因素

很多证据表明组织身份会被改变，例如组织身份面临威胁（Ravasi & Schultz，2006），组织进行拆分（Corley & Gioia，2004），组织间的兼并和收购（Clark et al.，2010），组织内部结构变化等都会导致组织身份的改变。除此之外，He and Baruch（2009）的研究重点识别了"制度因素"对于"组织是谁（组织身份）"的影响，他们运用英国建筑行业的案例分析了组织身份是如何与本国制度及商业环境变迁相随变化的。因此，组织身份改变会因制度环境的变化而引起，组织身份改变过程中，会因身份退化（identity obsolescence）而促进组织身份改变，以及管理干预（品牌化、战略检讨（strategic review）、组织领导者和文化改变等）也会引发并促使身份改变（He & Baruch，2009）。而且在组织战略和战术的改变不足以实现组织的复苏或生存的时候，身份方面的基础性改变也非常有必要（Bouchikhi & Kimberly，2003）。

在现有研究中主要有四类因素被认为是致使组织身份改变的驱动因素（Gioia et al.，2013）。第一，组织形象（image）的易变性会引起组织身份变革。Dutton 和 Dukerich（1991）认为当前组织身份（组织成员关于组织的看法）与当前形象（外界利益相关者关于组织的看法）的不一致会刺激组织采取影响组织身份的措施。Gioia 和 Thomas（1996）扩展这个研究发现组织形象可以作为领导者计划下的变革身份的一种方法。因此，计划一项"期待的未来形象"（在未来，我们期望别人如何看待我们）能帮助催化和改变当前身份。Hatch 和 Schultz（2002）也证明了身份和形象之间的动态关系。第二，组织身份缺口会引起组织身份变革。Reger（1994）提出身份缺口的概念，即组织感知的当前身份和理想身份之间的认知距离，它在组织身份改变中是比较重要的因素。这两种身份之间呈倒 U 形曲线关系，较小的身份缺口带来很小的克服认知惯性的动力，较大的身份缺口导致认知相反，而最佳的身份缺口才会导致最大的克服认知惯性的动机（Reger，1994）。第三，组织成员之间的认知差异也是组织身份改变的诱因。有研究发现组织员工的层级会影响他们对组织身份的感知差异，组织的高层比较关注组织的战略问题和外部环境，倾向于以一种"瞬息万变"的思维模式工作，他们将组织身份看作是可塑的、易变的；而组织中的底层，则更多关注行为和文化层面以及组织内部环境，倾向于认为组织身份是稳定的且仅在长期才会改变（Corley & Gioia，2004）。第四，旨在提升企业财务绩效的一些行为也会引起组织身份改变（Voss，2006）。例如，Tripsas（2009）的研究发现组织采用新技术的最终决策会导致身份的改变，因为对于组织而言，生存问题亟待解决时，改变组织身份是相对比较容易接受的组织变动（Biggart，1977）。针对组织身份为何改变，也有学者总结了两个方面来解释：一是组织身份对于被解释的外部形象的影响本质上就是不固定的、可塑的和主观的（Gioia et al.，2000a；Ravasi & Schultz，2006）；二是组织身份具有过时信念和过渡认同时可能会阻碍创新、新方案的完成、战略的革新（Bouchikhi & Kimberly，2003；Reger et al.，1994）。

6. 组织身份变革的过程

当前，关于组织身份变革的过程以及如何形成新身份的研究，最有代表性的是 Gioia 等人（2000）的研究，他们在此研究中提出组织身份包含标签和意义两层，并提出身份改变过程中比较关键的"身份模糊性"概念。Gioia（2000）认为身份包含标签及意义两层，以此为基础他提出组织身份改变可以有两种方式：（1）标签上的改变；（2）意义上的改变。虽然两者都可以导致组织身份的改变和修正，但是标签层面的身份改变比意义层面的改变更具有易见性和明显性。当意义改变而标签保留时，组织就会给人一种稳定的持久的身份特征。Corley 和 Gioia（2004）检验了在组织拆分情境下基于意义的身份改变，组织身份由一种意义向另一种意义过渡的过程中会产生"身份模糊"的状态，身份模糊性是指对于组织是谁的解释是具有多重可能性的，会导致一种未证实的模糊的身份。针对身份模糊性问题，作者提出高管人员能够通过"意义赋予（sense-giving）"行为能够帮助解决此类问题：（1）对组织及其成员渴望的未来形象进行提纯；（2）加强品牌化努力；（3）建构组织渴望的未来形象的一系列实践行动。这些举措代表了管理者在"新标签"和"新意义"上的追求。

Fiol(2002)研究了在组织有计划下的身份改变行为，探索了基于标签的身份改变是怎样发生的，他的研究强调管理修辞(对于标签的语言修辞描述)在组织身份变革过程中的重要性，而且，基础性的身份转变能引导组织成员认同组织的新核心诉求。Corley and Gioia(2004)通过研究组织拆分时组织身份如何改变，扩展了有计划的和无计划下的身份改变情境，帮助更好的理解基于意义的身份改变是如何发生的。

Chreim(2005)用语言学方法研究了银行业组织身份改变，管理者通过保留旧的身份标签，增添或减少标签背后的意义从而使组织身份在几十年时间内发生微妙并持续的改变，她发现组织依靠修辞策略和话语策略(discursive strategise)，在组织身份对外表达方面能达到身份特征持续和改变同时存在的状态。Ravasi 和 Schultz(2006)的研究发现，管理者利用组织文化能使组织诉求被修正，修正后的组织身份能够重新发现组织已经具有的被忽略或遗忘的价值和属性。Clark 等人(2010)的研究则提出在比较棘手的身份问题上(平等的两个公司合并)，标签和意义在身份改变过程都很重要，且作者提出了身份变革过程中的"过渡身份"概念，作者认为新公司的过渡期身份标签是非常有效的，因为这个身份具有一定的模糊性使得人们可以对它进行多重的意义解释，进而缓解组织合并过程中的身份冲突问题，此时模糊性反而不是对双方身份的损害和威胁。

另外，在身份变革的过程中，组织也需要清晰准确地将身份变革内容传递给外界利益相关者。Tripsas(2009)研究了一家胶卷相机公司发展为数码相机公司的过程中，组织采用新技术时身份是如何改变的，他的研究发现当组织用"我们是谁"这种肯定式身份表达时，会产生更多的身份模糊性，而使用"我们不是什么"的否定式身份表达方式则很容易被外界理解和识别。身份的模糊性使得组织成员有可能用其他可选择的方式来定义组织，例如否定式身份诉求，Tripsas(2009)称之为身份改变过程中的"有用性阶段(useful stage)"。而且，Corley 和 Gioia(2004)发现在组织成员之间，不同层级的职员对组织身份标签和意义的理解和应用是不一样的，即高层职员更关注身份标签的改变，而低层的员工更关注身份意义的改变，因此在组织身份变革中，需要对不同等级的员工进行不同层面的身份调整和修正。

组织身份在发生改变之后会形成新的身份。Gioia 教授在 2010 年运用解释性的内研究—外研究(insider-outsider)的方法研究了组建一所新大学时，组织的身份是如何变革并形成新的身份。作者通过这一研究提出身份的形成会经过八个重要的阶段：陈述愿景、意义的真空、经验对比、一致身份的形成、协商身份诉求、获取最佳独特性、实行阈限行为、吸收合理性反馈。经过约十年的时间，一个新的组织从最初管理者的愿景陈述发展成为具有广为接受的独特身份特征的实体，而且，由于组织身份的形成是一个复杂交互的过程，这八个基本的阶段之间表现出明显的动态互动关系。

7. 未来研究展望与启示

通过对组织身份及组织身份变化方面相关文献的梳理，我们发现这一领域的研究目前还处在持续不断的探索阶段，组织身份概念的界定，尤其是对组织身份持久性和独特性的争论都处在前沿研究的过程中，而且当前的研究基本都还处于以案例研究为主要形式的定性研究阶段，相关概念的定量测量及实证研究非常缺乏。本文通过对以往研究的梳理，总结出几点未来可能的研究方向以供参考。

首先，基于制度理论的研究为组织身份的研究开辟新视角（Glynn，2008；Hsu & Hannan，2005）。随着新制度主义的发展，与传统的制度会束缚组织身份变革的观点不同，有学者认为组织所处的制度对于组织身份构建也会起到积极作用。例如，Glynn（2008）的研究发现组织所面临的制度能够通过为组织提供诸如意义和象征等未被加工的成分，帮助组织构建有利的身份。Patvardhan 等人（2012）也提出组织可以通过从他们嵌入的其他制度（或之前曾面临的制度）中选择有利因素来构建组织的本地身份①。而且当前有关制度理论的研究开始从制度的持续性方面向制度的动态性方面转变（Greenwood & Suddaby，2006；Rao et al.，2003）。因此，对于组织身份和组织所面临的环境制度之间的关系，以及组织身份合理性与环境制度的关系等将会有越来越多的值得关注和研究的地方。

其次，组织身份及变革的相关构念测量及实证研究严重缺乏。虽然很多研究者对组织身份的内涵及维度问题进行了一系列研究，但由于研究目的和研究视角的不同，各个学者们在组织身份概念及维度方面存在较大分歧。缺乏相应的实证研究，也使得有关组织身份的概念、维度、测量、机制等方面的研究争议较大（Ravasi & Canato，2013）。是否不同环境下的组织身份都满足组织身份的三个标准？三个标准在不同组织之间是否同等重要？由于缺乏可操作化的测量，使得这些方面很难有较深入的探索和研究。因此，针对组织身份及变革的相关构念开发可操作性的测量及实证研究是推动深入研究组织身份的关键问题。

最后，对组织身份与组织合理性关系进行深入研究。组织身份是检验组织是否具有合理性的关键标准（Glynn & Abzug，2002），对于跨国企业而言，外来者的组织身份并不一定能够帮助企业获取制度合理性，当进入东道国市场时其外来者的身份既具有优势又具有劣势。例如，有研究指出跨国企业强调其外来者身份，会因为其与本地伙伴的管理模式、工作系统等明显差异而帮助企业更好地吸引当地人才加入（Yildiz & Fey，2012），另外，这也会增加跨国企业与东道国企业的关系网建设难度，不利于缩减交易成本（Cuypers，Ertag & Hennart，2015）。因此，进一步区分不同情境下组织身份的影响作用及机制，并探索如何扭转不利的组织身份以帮助企业在海外市场获得制度合理性也是未来值得研究的重要问题。

◎ **参考文献**

[1]郭金山，芮明杰. 当代组织同一性理论研究述评[J]. 外国经济与管理，2004，26（6）.
[2]王成城，刘洪，李晋. 组织身份及其衍生构念实证研究述评[J]. 外国经济与管理，2010，32（1）.

---

① PATVARDHAN, S., GIOIA, D. A., AND HAMILTON, A. L. Identity Crisis and Coherence in an Emerging Field[Z]. Paper presented at the annual meeting of the Academy of Management, Boston. 2012.

［3］ Albert, S. , Ashforth, B. E. , Dutton, J. E. Organizational identity and identification: Charting new waters and building new bridges［J］. *The Academy of Management Review*, 2000, 25(1).

［4］ Albert, S. , Whetten, D. A. Organizational identity［J］. *Research in Organizational Behavio*r, 1985, 7(1).

［5］Aldrich, H. E. , Fiol, C. M. Fools rush in? The institutional context of industry creation ［J］. *Academy of Management Review*, 1994, 19(4).

［6］ Annemette, L. Kjærgaar, D. Organizational identity and strategy: An empirical study of organizational identity's influence on the strategy-making process［J］. *International Studies of Management and Organization*, 2009, 39(39).

［7］ Antal, A. B. , Strauß, A. Not only art's task—narrating bridges between unusual experiences with art and organizational identity［J］. *Peabody Journal of Education*, 2015, 36 (4).

［8］Balmer, J. M. T. Identity based views of the corporation: Insights from corporate identity, organisational identity, social identity, visual identity, corporate brand identity and corporate image［J］. *European Journal of Marketing*, 2008, 42(9-10).

［9］Balmer, J. M. T. Strategic corporate brand alignment: Perspectives from identity based views of corporate brands［J］. *European Journal of Marketing*, 2012, 46(7/8).

［10］Benner, M. J. The incumbent discount: Stock market categories and response to radical technological change［J］. *Academy of Management Review*, 2007, 32(3).

［11］Bouchikhi, H. , Kimberly, J. Escaping the identity trap［J］. *Mit Sloan Management Review*, 2003, 44(3).

［12］Brickson, S. L. Organizational identity orientation: Forging a link between organizational identity and organizations' relations with stakeholders［J］. *Administrative Science Quarterly*, 2005, 50(4).

［13］Cayla, J. , Peñaloza, L. Mapping the play of organizational identity in foreign market adaptation ［J］. *Journal of Marketing*, 2012, 76(6).

［14］Chreim, S. The continuity-change duality in narrative texts of organizational identity［J］. *Journal of Management Studies*, 2005, 42(42).

［15］Clark, S. M. , Thomas, J. B. Transitional identity as a facilitator of organizational identity change during a merger［J］. *Administrative Science Quarterly*, 2010, 55(3).

［16］Clegg,S. R. , Rhodes, C. , Kornberger, M. Desperately seeking legitimacy: Organizational identity and emerging industries［J］. *Organization Studies*, 2007, 28(4).

［17］Corley, K. G. , Gioia, D. A. Identity ambiguity and change in the wake of a corporate spin-off［J］. *Administrative Science Quarterly*, 2004, 49(2).

［18］Cuypers, I. , Ertug, G. , Hennart, J-F. The effects of linguistic distance and lingua franca proficiency on the stake taken by acquirers in cross-border acquisitions ［J］. *Journal of International Business Studies*, 2015, 46(4).

［19］Czarniawska, B. , Wolff, R. Constructing new identities in established organization fields ［J］. *International Studies of Management & Organization*, 1998, 28(3).

［20］Dutton, J. E. , Dukerich, J. M. Keeping an eye on the mirror: Image and identity in organizational adaptation［J］. *Academy Of Management Journal*, 1991, 34(3).

［21］Elsbach, K. D. Managing organizational legitimacy in the california cattle industry: The construction and effectiveness of verbal accounts［J］. *Administrative Science Quarterly*, 1994, 39(1).

［22］fiol, C. M. Capitalizing on paradox: The role of language in transforming organizational identities［J］. *Organization Science*, 2002, 13(6).

［23］Gaur, A. , Kumar, V. , Sarathy, R. Liability of foreignness and internationalization of emerging market firms［J］. *Advances in International Management*, 2011, 24(1).

［24］Gioia D, A. , Patvardhan, S. D. , Corley, A. L. H. K. G. Organizational identity formation and change［J］. *Academy of Management Annals*, 2013, 7(1).

［25］Gioia, D. A. , Schultz, M. , Corley, K. G. Organizational identity, image, and adaptive instability［J］. *Academy of Management Review*, 2000, 25(1).

［26］Gioia, D. A. , Thomas, J.B. Forging an identity: An insider-outsider study of processes involved in the formation of organizational identity［J］. *Administrative Science Quarterly*, 2010, 55(1).

［27］Gioia, D. A. , Thomas, J. B. Identity, image, and issue interpretation: Sensemaking during strategic change in academia［J］. *Administrative Science Quarterly*, 1996, 41(3): 370-403.

［28］Glynn, M. A. , Abzug, R. Institutionalizing identity: Symbolic isomorphism and organizational names［J］. *Academy of Management Journal*, 2002, 45(1).

［29］Greenwood, R. , Suddaby, R. Institutional entrepreneurship in mature fields: The big five accounting firms［J］. *Academy of Management Journal*, 2006, 49(1).

［30］Gustafson, L. T. , Reger, R. K. Using organisational identity to achieve stability and change in high velocity environments ［J］. *Academy of Management Annual Meeting Proceedings*, 1995(1).

［31］Hannan, M. T. , Freeman, J. The population ecology of organizations［J］. *American Journal of Sociology*, 1977, 82(5).

［32］Hatch, M. J. , Schultz, M. The Dynamics of Organizational Identity［J］. *Human Relations*, 2002, 55(8).

［33］He, H. , Baruch, Y. Organizational identity and legitimacy under major environmental changes: Tales of two UK building societies［J］. *Pesquisa Agropecuária Brasileira*, 2010, 43(2).

［34］He, H. , Baruch, Y. Transforming organizational identity under institutional change［J］. *Journal of Organizational Change Management*, 2009, 22(6).

［35］Hsu, G. , Hannan, M. T. Identities, genres, and organizational forms［J］. *Organization*

Science, 2005, 16(5).

[36]Labianca, G. , Umphress, E. E. Emulation in academia: Balancing structure and identity [J]. *Organizational Science*, 2001, 12(3).

[37] Livengood, R. S. , Reger, R. K. That's our turf: Identity domains and competitive dynamics. [J]. *Academy of Management Review*, 2010, 35(1).

[38]Lowe, M. , George, G. , Alexy, O. Organizational identity and capability development in internationalization: transference, splicing and enhanced imitation in tesco's US market entry[J]. *Journal of Economic Geography*, 2012, 12(5).

[39]Margolis, S. L. , Hansen, C. D. A model for organizational identity: Exploring the path to sustainability during change[J]. *Human Resource Development Review*, 2002, 1(1).

[40] Navis, C. , Glynn, M. A. How New market categories emerge: Temporal dynamics of legitimacy, identity, and entrepreneurship in satellite radio, 1990-2005[J]. *Administrative Science Quarterly*, 2010, 55(3).

[41] Peng, W. , Hanjie, G. U. , Zhengping, F. U. , et al. Relationship among alliance network, organizational legitimacy and new venture growth [J]. *Chinese Journal of Management*, 2013, 37(3).

[42]Rao, H. , Monin, P. , Durand, R. Institutional change in toque ville: Nouvelle cuisine as an identity movement[J]. *American Journal of Sociology*, 2003, 108(4).

[43] Ravasi, D. , Canato, A. How do I know who you think you are? A review of research methods on organizational identity[J]. *International Journal of Management Reviews*, 2013, 15(2).

[44] Ravasi, D. , Schultz, M. Responding to Organizational Identity Threats: Exploring the Role of Organizational Culture[J]. *Academy of Management Journal*, 2006, 49(49).

[45]Reger, R. K. , Gustafson, L. T. , Demarie, S. M. , et al. Reframing the organization: Why implementing total quality is easier said than done[J]. *Academy of Management Review*, 1994, 19(3).

[46]Scott, S. G. , Lane, V. R. A stakeholder approach to organizational identity[J]. *Academy of Management Review*, 2000, 25(1).

[47]Sveningsson, S. , Alvesson, M. Managing managerial identities organizational fragmentation, discourse and identity struggle[J]. *Human Relations*, 2003, 56(1).

[48]Tripsas, M. Technology, identity, and inertia through the lens of "the digital photography company"[J]. *Organization Science*, 2009, 20(2).

[49]Voss, Z. G. , Cable, D. M. , Voss, G. B. Organizational identity and firm performance: What happens when leaders disagree about ? Who we are? [J]. *Organization Science*, 2006, 17(6).

[50]Whetten, D. A. , Mackey, A. A social actor conception of organizational identity and its implications for the study of organizational reputation[J]. *Business & Society*, 2002, 41(4).

[51]Yildiz, H. E. , Fey, C. F. The liability of foreignness reconsidered: New insights from the

alternative research context of transforming economies [J]. *International Business Review*, 2012, 21(2).

[52] Zuckerman, E. W. The categorical imperative: Securities analysts and the legitimacy discount[J]. *American Journal of Sociology*, 1999, 104(5).

A Literature Review and Prospect of Organization Identity and Identity Change

Wang Tao[1] Wang Kang[2]

(1, 2 Economics and Management School of Wuhan University, Wuhan, 430072)

Abstract: The theory of explaining the organizational survival and development by organizational identity has been paid with more and more attention. The organizational identity is being regarded as a key standard to decide whether an organization is of legitimacy. However, studies related to organizational identity are in dispute, especially these about the relationship between organizational identity and identity legitimacy, and researches about the reason and process of identity change have not been systematically formed. Focusing on the identity research at organizational level, this essay summarizes the concept and research perspective of organizational identity, dives into the relationship between organizational identity and the establishment of organizational legitimacy and systematically presents research on the circumstances of the dynamic change of identity, driving factors and the process of change. To conclude, the author offers a blueprint for further studies.

Key words: Organizational identity; Organizational legitimacy; Identity dynamic; Identity change; Driving factor

专业主编：曾伏娥

中国城镇家庭发展类文化消费决策行为的影响因素模型

——基于扎根理论的探索性研究*

● 姚　琦[1,2]　符国群[2]

（1. 重庆交通大学经济与管理学院　重庆　400074；

2. 北京大学光华管理学院　北京　100871）

【摘　要】本文通过深度访谈和焦点小组访谈，应用扎根理论研究影响家庭发展类文化消费决策行为的深层次影响因素。结果发现：快乐目标（享乐型和实现型）、行为实施成本、家庭关系导向、文化产品供给、社会文化氛围、感知"产品-目标"匹配这 6 个主范畴对家庭发展类文化消费决策行为存在显著影响。快乐目标（享乐型和实现型）是前置变量，感知"产品-目标"匹配是中介变量，行为实施成本和家庭关系导向是内部情境变量，文化产品供给和社会文化氛围是外部情境变量，但它们影响家庭发展类文化消费行为的方式和路径并不一致。在此基础上，本文探索了上述 6 个主范畴的构成因子及其对家庭发展类文化消费决策行为作用机制模型。本文的研究可以为政府管理部门和企业从供给侧制定有效的文化消费发展政策和营销策略提供理论借鉴。

【关键词】文化消费　家庭消费　消费决策　扎根理论

中图分类号：F713.55　　　　　文献标识码：A

1. 引言

发展文化产业是经济结构战略性调整和实现经济发展方式转变的重要内容。中共十七届六中全会通过的《关于推动文化大繁荣大发展的决定》中明确指出，"增加文化消费总

* 基金项目：国家自然科学基金重点项目：家庭购买决策过程与机制研究：基于"匹配"和"社会比较"的视角"（71632001）；国家自然科学基金青年项目：动态品牌体验对消费者—品牌关系的影响及作用机制研究——社会网络视角（71102166）；重庆市科委基础与前沿研究项目：权力感对消费者决策方式偏好的影响机制研究（cstc2016jcyA0173）；中国博士后基金面上项目：权力感对消费者决策方式偏好的影响及作用机制研究（2016M602645）。

通讯作者：姚琦，E-mail：morningcall618@sina.com

量，提高文化消费水平是文化产业发展的内生动力"。依据中国人民大学发布的《中国文化消费指数(2013)》报告：中国内地文化消费潜在规模为47026.1亿元，占居民消费总支出30.0%，而实际文化消费规模为10388亿元，仅占居民消费总支出6.6%，存在36638.1亿元的文化消费缺口。这表明，中国内地潜在文化需求未得到有效满足，文化消费存在着巨大的市场空间。回顾国内外现有关于文化消费的研究，主要从经济学视角探讨文化消费行为理论、构建文化消费指标体系以及文化消费与经济增长之间的关系(金晓彤等人，2013)，却鲜有文献从家庭消费决策的视角研究文化消费的影响因素。众所周知，家庭是基本的社会单元，是很多产品的基本消费单位，它由个人组成，但却超越了单个人所负载的社会功能和关系，使家庭成员的个体行为赋予了更多的群体意义(刘杰、陈宝峰，2011)，这就使得家庭消费决策不同于一般的个人消费决策(符国群、彭泗清，2015)。文化作为一种享乐型产品，其消费过程往往是由同伴共同完成的(马永斌、晁钢令，2011)，这也使得文化消费表现出明显的家庭成员结伴化趋势，并且，作为满足精神需求的提供物，文化产品具有与其他家庭日用必需品不同的属性特征。因此，对家庭文化消费决策行为影响因素的研究，将有助于为政府管理部门和企业从供给侧制定有效的文化消费发展政策和营销策略提供理论借鉴。

2. 文献评述

文化消费研究的兴起是在1966年Baumol and Bowen发表著作《表演艺术：经济学的困境》之后。就研究内容看，国内外学者对文化消费的研究主要聚焦在三个方面：一是阐释文化消费内涵和建立文化消费行为理论；二是分析各因素对文化消费需求的影响并构建文化消费指标体系；三是探究居民文化消费的地域差异及其与经济增长之间的关系。

2.1 文化消费的内涵

文化消费是相对于物质消费而言的，指人们采用不同方式消耗文化产品和文化服务来满足精神需求的过程(彭真善、王海英，1999)，是对体验的、审美的和快乐有关的享乐利益的满足(马永斌、晁钢令，2011)。消费者主要通过内心体验(感官体验、情感体验、行为体验和智力体验)来衡量文化产品和服务的质量(Brakus，Schmitt & Zarantonello，2009)。与物质产品消费的享受和消耗不同，文化产品的消费是融享受、再生产和创造为一体的过程，文化产品的消费者同时也是新的文化产品的生产创造者(胡雅蓓、张为付，2014)。学者们把文化消费过程中享用的各种不同类型的消费品和服务的比例关系称为文化消费结构(管敏媛等人，2014)。文化消费结构可以按不同层次、不同形式、文化消费品的表现形态划分，还可以从不同角度进行分类(金世和，1998)。按照文化消费的产品形态可以划分为基础类、娱乐类和发展类等3类(谭延博、吴宗杰，2010)。本文结合学者们现有研究，基于产品形式和易获得性，将文化消费主要划分为基础类、改善类和发展类。基础类文化消费主要包括看电视、看报读书、收听广播、逛公园等，这类消费品和服务一般都是居民日常生活中的必需品；改善类文化消费主要包括玩棋牌看电影，去酒吧、KTV、电子游戏上网、旅游、文体活动、娱乐性饲养和种植等；发展类文化消费主要包括接受文化教育、收藏艺术品、美容健身、参加各类培训、欣赏演唱会、音乐会、话剧、舞蹈演出等。从发展趋势来看，发展类消费是家庭文化消费的方向（管敏媛等人，2014），也是带动文化产业发展的主要力量。同时，近40年来，文化消费尤其是表演艺术的消费始终是国外文化消费经济学研究的热点（资树荣，2013）。因此，本文也将主要以家庭发展类文化消费为研究重点。

2.2 文化消费行为理论

对于文化消费行为理论的研究主要可分为三个部分：首先，是以 Withers 为代表的基于新古典消费者行为理论的研究（Withers，1980）。该理论是在把文化产品和服务消费作为普通消费品的假定下，通过收入、价格和偏好来解释人们的文化消费行为。不足之处在于该理论的基础假设忽略了文化产品和服务本身的特性对消费效用的决定作用以及人们个人偏好的多样性。其次，以 Lancaster 为代表的新消费理论则考虑了效用函数中的商品属性，认为消费者通过不同商品组合来达到效用最大化。也就是说，在新消费理论体系中，消费者除了考虑收入、价格和个人偏好的影响之外，还依赖于消费者对产品属性或组合的认知。虽然其相比新古典消费者行为理论，解决了产品特性的问题，但是并没有解释为什么消费者偏好会不一样的问题（资树荣，2013）。最后，通过对前两个理论的继承和发展，学者们开展了基于文化资本理论的文化消费行为理论的研究。其中，最具代表性的有理性致瘾和消费中学习理论。早期使用理性致瘾概念进行行为分析的主要有 Samuel、Sisto 和 Zanola。理性致瘾假定消费者的偏好是稳定的，并且不同的消费者的文化偏好是相似的，那么最终影响消费者未来消费的不是个人偏好而是该消费者过去的消费经历（Sisto & Zanola，2004）。也就是说，过去的文化消费也将是该消费者未来文化消费的主要内容。近年来，国外学者较多地运用理性致瘾理论来分析各类文化消费行为，如 Victoria Ateca-Amestoy（Victoria，2007）研究了美国戏剧消费，证明了基于理性致瘾形成的文化资本对戏剧消费的作用。首次提出消费中学习模型的是 Levy-Garboua 和 Montmarquette。消费中学习模型认为消费者对文化消费的选择是不确定的，需要通过消费过程学习和发现自己的主观偏好结构，在消费学习中发现符合自己的偏好，将来就会增加这种文化消费，否则发现不符合自己的品位，将来就减少这种文化消费（Levy & Montmarquette，1996）。消费中学习模型强调的是消费者寻找、学习和调整文化消费品位或文化资本的过程。

2.3 文化消费需求的影响因素

国外学者主要从实证角度研究文化消费需求的影响因素，而且研究结论也呈现出多样化。首先，收入对文化消费的影响根据文化产品类型不同而有差异，呈现复杂性（Seaman，2006）。Withers（1980）研究表明收入对表演艺术的消费具有显著的正影响。Brito 和 Barros（2005）的实证研究结论为收入对文化产品的消费具有正效应，但需求的收入弹性较低。而 Luksetich 和 Partridge（1997）的研究发现美国居民参观博物馆的多少与收入没有明确的关系。其次，价格等消费成本对文化消费的影响。关于文化产品与服务的自身价格对消费的影响，相当多的学者实证研究结果为文化消费的自价格弹性为负，但也有不少研究发现表演艺术类产品并不像期望那样对价格敏感。研究发现，高收入者消费表演艺术不受价格的约束，但退休人员和学生对表演艺术的价格较为敏感（资树荣，2013）。再次，文化消费随着教育水平、职业层次地位的上升而增加，国外实证研究结论一致表明教育水平和职业身份对文化消费有着显著的积极影响，尤其对于表演艺术消费，教育可算是最重要的影响因素。最后，学者们还发现年龄、性别、家庭成员结构等人口统计变量以及产品的客观属性对文化消费也具有显著的影响（Diniz，2011）。

从现有文献来看：（1）多数研究从个人文化消费影响因素展开，对个体文化消费行为进行大样本调查，采用量化研究方法以检验理论假设。从研究结论来看，不同学者的研究结论并不完全一致，有时甚至相互矛盾。（2）缺乏对家庭文化消费决策行为的深入研究。少有的文献主要探讨家庭文化消费支出和结构的地域差异（叶德珠等人，2012；李蕊，2013；胡雅蓓等人，2014），却没有系统探讨影响家庭文化消费行为各因素之间的内在关系和作用机制。（3）很多文献侧重于考察各独立的解释变量对文化消费行为的直接影响，却较少探究刻画各前置变量的间接影响和情境变量的调节效应。

本研究在国内外相关研究成果的基础上，专门针对家庭发展类文化消费决策这一变量范畴进行深入研究，基于扎根理论，探索影响家庭发展类文化消费决策的关键性影响因素，并提出家庭发展类文化消费决策行为影响因素的"目标—情境—匹配—行为"理论整合模型，以期为政府制定文化产业发展政策以及文化企业提高营销绩效提供理论借鉴。

3. 研究方法和数据来源

关于家庭文化消费决策行为，目前还缺乏比较成熟的理论基础、变量范畴、测量量表和研究假设。并且，我们在预调查中发现绝大多数多数人对家庭文化消费的内涵和行为特征理解还很不一致，甚至存在误解，直接采用无差异的结构化问卷对消费者进行大样本量化研究未必能有效解释家庭文化消费行为。本文采用非结构化的开放式问卷对代表性家庭消费者进行访谈，收集第一手数据，根据扎根理论，用质性研究（Qualitative Research）的方法以期更有效地探索家庭文化消费决策行为模式的轮廓。按照设计的理论发展为指导，采取理论抽样（theoretical sampling）选择具体访谈对象。鉴于质性研究要求受访者对所研究问题有一定的认知，我们选择的访谈对象都是具有本科及以上学历的样本，大多是思维活跃、信息丰富的中青年人群（根据WHO最新规定，18~65岁为中青年人）。样本数的确定按照理论饱和（theoretical saturtaion）的准则，最终共有30名受访对象参与研究，受访者的基本信息如表1所示。

研究主要采用个人深度访谈（depth interview）和焦点小组访谈（focus group interview）相结合的方式进行。访谈开始时，首先告知访谈对象"家庭发展类文化消费"的内涵，然后，请访谈对象回忆并描述以家庭核心成员为单位进行发展类文化消费的经历。综合使用深度访谈和焦点小组讨论两种方式可以更有效地达成研究目标。一对一深度访谈可以给受访者相对充分的思考时间和自由的表达空间，避免第三方意见的干扰。在访谈过程中，访谈人有时会采用"映射技术"，请被访谈人发表对某一问题的看法或对周围人行为的看法，以使被访谈对象能表达出个人内心深层次真实想法，同时，访谈者还可以细致地观察受访者的面部表情和情绪，尽可能深入地感知受访者对家庭文化消费行为的态度、情感及其潜在动机；焦点小组访谈则围绕访谈提纲，通过主持人的引导，达到各受访者之间充分讨论、相互启发和互动刺激，在发散状态的思维模式下更全面地表述家庭发展类文化消费决策行为的特征和心理机制。

表1　　　　　　　　　　　　　　受访者基本资料一览表

受访者序号	受访者	性别	年龄	学历	职业	访谈方式
被访谈人01	黄先生	男	26	本科	公司职员	焦点小组访谈
被访谈人02	隋先生	男	27	博士	医生	个人深度访谈
被访谈人03	程女士	女	40	硕士	公司职员	个人深度访谈
被访谈人04	杜先生	男	21	学生	大三学生	焦点小组访谈
被访谈人05	黄小姐	女	21	学生	大三学生	焦点小组访谈
被访谈人06	黄女士	女	37	本科	辅导员	焦点小组访谈
被访谈人07	汪小姐	女	23	本科	硕士生	焦点小组访谈
被访谈人08	王先生	男	36	硕士	高校教师	焦点小组访谈
被访谈人09	吴女士	女	63	大专	退休医生	个人深度访谈
被访谈人10	聂小姐	女	23	本科	硕士生	焦点小组访谈
被访谈人11	胡先生	男	23	本科	硕士生	焦点小组访谈
被访谈人12	李女士	女	28	硕士	博士生	个人深度访谈
被访谈人13	邓先生	男	21	本科	大三学生	个人深度访谈
被访谈人14	陈先生	男	25	硕士	公司职员	焦点小组访谈
被访谈人15	张小姐	女	35	本科	公司职员	焦点小组访谈
被访谈人16	李女士	女	30	硕士	博士生	焦点小组访谈
被访谈人17	罗女士	女	33	硕士	博士生	个人深度访谈
被访谈人18	陈女士	女	29	本科	行政人员	焦点小组访谈
被访谈人19	刘先生	男	29	本科	行政人员	焦点小组访谈
被访谈人20	易先生	男	40	博士	高校教师	焦点小组访谈
被访谈人21	雷先生	男	28	硕士	实验员	焦点小组访谈
被访谈人22	崔先生	男	20	本科	大二学生	焦点小组访谈
被访谈人23	关先生	男	33	硕士	公务员	焦点小组访谈
被访谈人24	李小姐	女	27	本科	公务员	个人深度访谈
被访谈人25	刘小姐	女	26	本科	公司职员	焦点小组访谈
被访谈人26	陈先生	男	42	本科	公司职员	焦点小组访谈
被访谈人27	肖女士	女	36	硕士	公务员	个人深度访谈
被访谈人28	韩先生	男	45	硕士	公司经理	个人深度访谈
被访谈人29	张女士	女	45	本科	公司经理	焦点小组访谈
被访谈人30	陆女士	女	53	本科	行政人员	个人深度访谈

一对一深度访谈共进行了10人次，每次访谈时间约45分钟，焦点小组访谈共进行了4组(平均每个焦点小组5人)，每次访谈会时间约3小时。在访谈时，我们征得受访者同意对访谈进行了记录或录音，对于录音资料在访谈后进行了整理，完成全部访谈记录和备

忘录。最终得到 70000 余字的访谈记录。我们随机选择了 2/3 的访谈记录(20 份,包括 10 份个人深度访谈和 2 份焦点小组访谈)进行编码分析和模型建构,另 1/3 的访谈记录(10 份,包括 2 份焦点小组访谈)则留作进行理论饱和度检验。在数据分析处理过程中,主要采用扎根理论(ground theory)这一探索性研究(exploring research)技术,通过对文本资料进行开放式编码(open coding)、主轴编码(axial coding)、选择性编码(selective coding)3 个步骤来构建家庭发展类文化消费决策行为及其影响因素模型。在资料分析过程中,采用持续比较(constant comparison)的分析思路,不断提炼和修正理论,直至达到理论饱和,即新获取的资料不再对理论建构有新贡献。

4. 范畴提炼和模型建构

4.1. 开放式编码

开放式编码(一级编码)是对原始访谈资料逐字逐句进行编码、标签、登录,以从原始资料中产生初始概念、发现概念范畴的过程。为了减少研究者个人的偏见、事前假设或影响,编码由研究者与 2 名研究生共同完成。我们尽量使用受访者的原话作为标签以从中发掘初始概念。一共整理出 420 余条原始语句及相应的初始概念。由于初始概念的数量非常庞杂且存在一定程度的交叉,而范畴是对概念的重新分类组合,我们进一步对获得的初始概念进行范畴化。进行范畴化时,我们剔除重复频次极少(频次少于 2 次)的初始概念,仅仅选择重复频次在 3 次以上的初始概念。此外,我们还剔除了少数前后矛盾的初始概念。初始概念和若干范畴见表 2。由于篇幅限制,我们仅仅节选了每个范畴中 3 条原始资料语句及相应的初始概念。

表 2   **开放式编码范畴化**

范畴	原始语句(初始概念)
兴趣	A04 会不会去看,要根据对主演的喜欢程度决定(追星) A05 我弟弟喜欢 NBA,不吃饭,借钱都要买海报,有了比赛,也要靠前排的座位(偏好) A07 看戏曲我不愿意,但看话剧、舞剧我喜欢(兴趣爱好)
自我提高	A07 我会去看啊,因为我想提高自己的品位,陶冶情操(提高素养) A10 虽然我不很懂,但觉得多听多看,慢慢就懂了,这也是一种内在修养的熏陶(学习提高) A01 我是做传播类工作的,工作要求我提高修养,而我觉得参加这些活动能提高我的个人气质(气质培养)
社交	A15 为了进入一个圈子,会选择性观看这些表演节目,这样才有谈话资本(社交意识) A28 如果你想接近一个群体,那么你就要模仿别人的生活方式和业余爱好(商业交往) A19 我周围的朋友约着说一起去,就去呗,慢慢就成了一个社交手段了(社交归属)

范畴	原始语句（初始概念）
子女教育	A03 我自己是看不大懂的，但想到可以陶冶孩子情操，花再多钱也觉得值得（孩子情操） A03 我自己不看，我姐姐他们家常去，主要是陪孩子吧，侄儿在学小提琴（子女导向） A27 没兴趣，高雅艺术约束太多，不过为了宝贝女儿我就陪呗，女儿要富养嘛（子女修养）
经济成本	A10 内地票价太贵，在香港看个演唱会最好的票也就 680 港币，内地要一两千元（性价比） A12 内地黄牛票把票价炒高了，提高了成本（价格监管） A24 要是有便宜的演出门票，我会去，最好是送的票（个人利益）
时间成本	A25 一周上七天班，哪里有时间去看什么表演，歌剧舞剧（时间管理） A17 家务太多，还要上班，没有工夫去看，没闲心（时间规划） A09 剧院比较远，来去不容易，太费时间，近点就会考虑去（节约时间）
心理成本	A08 父母觉得花钱看剧不如添置家用，看演出性价比低（消费习惯） A20 他们经历过困难时期，对钱看得比我们重，生活习惯决定他们舍不得（消费意识） A23 我妈妈也爱好文艺，但她就不会自己花钱买票看剧，巴不得为我们多攒点（消费观念）
自我本位	A03 我看到有的小两口自己玩自己的，不管孩子，孩子老人带（独立意识） A05 我们家就是我玩我的，父母玩父母的，玩不到一起去啊，我们家就这氛围（个人意识） A14 我们家很民主，不强求大家步调一致，时代不同了，各自有各自的生活方式（生活观念）
家庭本位	A03 我不能接受夫妻俩出去玩，不管孩子，在我身上绝对不可能发生（家庭意识） A20 老婆或老公想去看，另一半出于家庭关系和增进感情，肯定要一起啊（增进关系） A03 不论家里谁提议，只要是对的，我们就要响应，中国人家庭观念重（家庭观念）
产品结构	A08 父母喜欢看他们那个年代的歌舞剧，因为他们有经历，时代在变，文化主流也在变（多样性） A10 各类演出太少了，都集中在大城市，地方越小，看的机会越少，大家接触也少啊（演出频率） A09 如果都是国外的题材，恐怕不会去，因为不了解人家的历史文化，理解不了（文化语言）
消费体验	A27 我以前是不看的，有一次朋友邀请去看了，觉得不错，就慢慢喜欢上了（产品体验） A04 我看过一次后，觉得剧院环境好，很享受，下次有演出，我还去（环境体验） A17 在和家人一起看演出后，大家各自发表讨论，感觉很好，分享体会（分享体验）

范畴	原始语句(初始概念)
配套设施	A05 我们县文化馆的功能都丧失了,几乎没有什么文艺演出和表演(设施配套) A01 北京、上海的场馆那么多,自然演出也多,看的机会也多,能形成氛围(设施建设) A10 一个演出在人民大会堂表演好,还是在重庆大礼堂演出好,肯定影响力不一样(设施影响)
群体压力	A11 有虚荣心在,觉得听戏、看剧是高逼格的活动,周围人去,我就也去(参照群体) A10 周围环境很重要,认识了喜欢摇滚的朋友,我可能就跟着去了(圈子影响) A08 我觉得生活圈子很重要,圈子消费,同事都爱好这个,慢慢的我就也喜欢了(群体压力)
文化风气	A11 父母一般都去 KTV、旅游、或聚会(流行文化) A04 比起看歌舞剧,全国人民都爱打牌打麻将吧,国粹啊,而且实施起来简单啊(文化风气) A05 每个地域都有自己的独特文化个性,如豫剧、川剧、黄梅戏,当地人更容易接受(地域文化)
感知"产品—目标(享乐型)"匹配	A06 不论是歌剧还是音乐会,只要能愉悦心情,我就动员家人去(享乐匹配) A11 只有我喜欢的明星,我才愿意花钱去看(追星匹配) A15 好的修养气质对我工作有帮助,高雅艺术是实现这个目标的手段之一(修养匹配)
感知"产品—目标(实现型)"匹配	A03 只要是对孩子教育和成长有好处,家长都不会含糊吧(教育匹配) A28 人以群分,圈子都有一个风气,要融入圈子,就得适应圈子(交往匹配) A19 可以达到社交的目的,我们就参与(社交匹配)

注:A××表示第××位受访者回答的原话,每句话末尾括号中词语表示对该原始语句进行编码得到的初始概念。

4.2 主轴编码

主轴编码(关联式登录)的任务是发现范畴之间的潜在逻辑联系,发展主范畴及其副范畴。本研究根据不同范畴在概念层次上的相互关系和逻辑次序对其进行归类,共归纳出 6 个主范畴。各主范畴及其对应的开放式编码范畴如表 3 所示。

表 3   主轴编码形成的主范畴

主范畴	对应范畴	关系的内涵
享乐型快乐目标	兴趣	家庭成员对发展类文化产品的喜好程度影响其享乐型快乐目标的形成
	自我提高	家庭成员自我提高的内在需要影响其享乐型快乐目标的形成
实现型快乐目标	社交	家庭成员社会交往的需要影响其实现型快乐目标的形成
	子女教育	子女教育的需求影响其实现型快乐目标的形成

主范畴	对应范畴	关系的内涵
行为实施成本	经济成本	收入水平及价格因素影响家庭文化消费的实施成本
	时间成本	消费所需花费的时间构成家庭实施发展类文化消费的时间成本
	心理成本	家庭成员的消费习惯、意识、观念构成实施文化消费的心理成本
家庭关系导向	自我本位	家庭成员的独立意识构成家庭互动关系的自我本位导向
	家庭本位	家庭成员的关系意识构成家庭互动关系的家庭本位导向
文化产品供给	产品结构	文化产品多样性、符号语言、演出频次影响对文化产品供给的认知
	消费体验	产品体验、环境体验、分享体验等消费体验影响文化产品供给的感受
	配套设施	文化消费基础配套设施建设影响对文化产品供给的总体评价
社会文化氛围	群体压力	参照群体和圈子影响构成家庭的社会文化氛围
	文化风气	地域文化、传统文化及流行文化风气影响家庭的社会文化氛围
感知"产品—目标"匹配	享乐目标匹配	文化产品与享乐目标的一致性影响"产品—目标"匹配度感知
	实现目标匹配	文化产品与实现目标的一致性影响"产品—目标"匹配度感知

4.3 选择性编码

选择性编码(核心式登录)是从主范畴中挖掘核心范畴,分析核心范畴与主范畴及其他范畴的联结关系,并以"故事线"(Story line)方式描绘行为现象和脉络条件,"故事线"的完成,实际上也就是发展出新的实质理论构架。在本研究中,主范畴的典型关系结构如表4所示。依据幸福学理论和"刺激—心理—行为"范式,我们确定"家庭发展类文化消费决策行为的影响因素及其作用机制"这一核心范畴,围绕核心范畴的"故事线"可以概括为:快乐目标(享乐型/实现型)、行为实施成本、家庭关系导向、文化产品供给、社会文化氛围、感知"产品—目标"匹配等6个主范畴对家庭发展类文化消费决策行为存在显著影响;快乐目标(享乐型/实现型)是内驱因素,感知"产品—目标"匹配度是中介因素,它直接影响家庭发展类文化消费行为的产生,即"快乐目标—消费行为"的一致性;行为实施成本、家庭关系导向、文化产品供给和社会文化氛围属于情境变量,会调节快乐目标与感知"产品—目标"匹配度之间的联结关系,其中,行为实施成本和家庭关系导向属于家庭内部情境因素,文化产品结构和社会文化氛围属于家庭外部情境因素。以此"故事线"为基础,本研究建构和发展出一个新的中国城镇家庭发展类文化消费决策行为影响因素理论框架,我们称之为"中国城镇家庭发展类文化消费决策行为影响因素模型",简称"目标—情境—匹配—行为整合模型"(Goal-Context-Fit-Behavior System Model,GCFB Model)。如图1所示。

表4　　　　　　　　　　　　　　　　主范轴的典型关系结构

典型关系结构	关系结构的内涵
目标—感知匹配	消费目标是发展类家庭文化消费的内在驱动因素(内因) 它直接影响感知"产品—目标"的匹配度(中介效应)
感知匹配—行为	感知"产品—目标"的匹配度是发展类文化消费行为的前置因素 它影响家庭发展类文化消费行为的产生("目标—行为"一致性)
行为实施成本 ↓ 目标—感知匹配—行为	家庭实施成本是发展类家庭文化消费的内部情境条件 它调节目标—感知匹配之间的关系强度和关系方向(调节效应)
家庭文化导向 ↓ 目标—感知匹配—行为	家庭文化导向是发展类家庭文化消费的内部情境条件 它调节目标—感知匹配之间的关系强度和关系方向(调节效应)
文化产品供给 ↓ 目标—感知匹配—行为	文化产品供给是发展类家庭文化消费的外部情境条件 它调节目标—感知匹配之间的关系强度和关系方向(调节效应)
社会文化氛围 ↓ 目标—感知匹配—行为	社会文化氛围是发展类家庭文化消费的外部情境条件 它调节目标—感知匹配之间的关系强度和关系方向(调节效应)

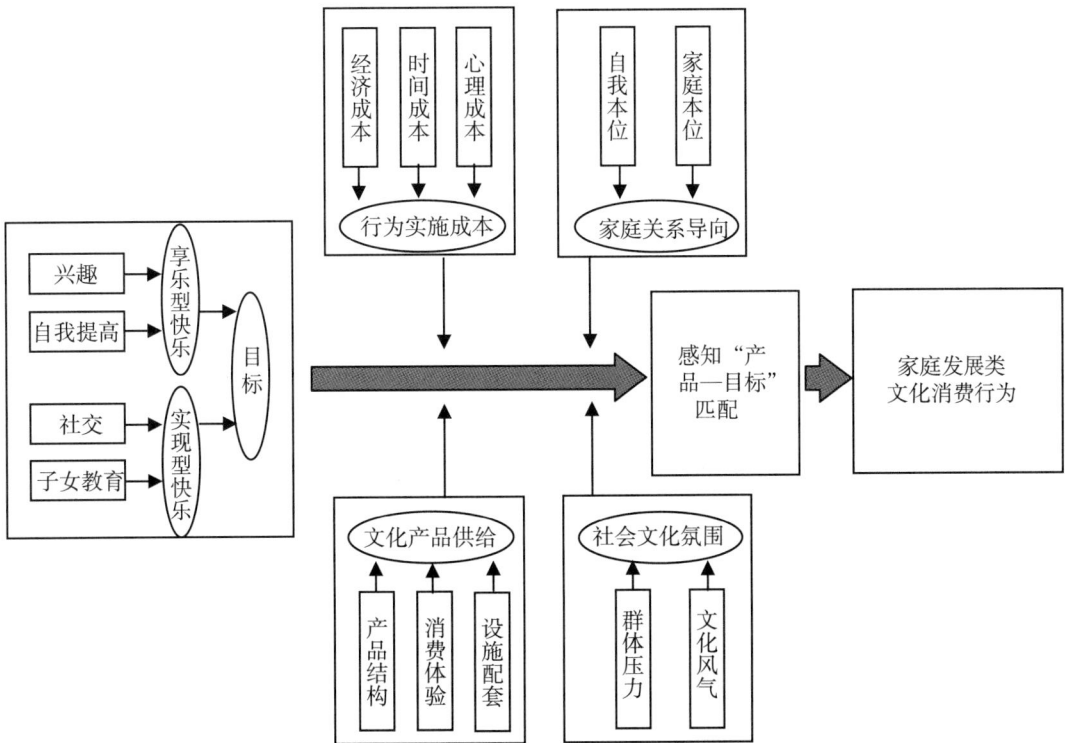

图1　家庭发展类文化消费决策
目标—情境—匹配—行为整合模型

4.4 理论饱和度检验

本研究用另1/3的访谈记录进行理论饱和度检验。结果显示，模型中的范畴已经发得足够丰富，对于影响家庭发展类文化消费的6个主范畴：快乐目标(享乐型/实现型)、行为实施成本、家庭关系导向、文化产品供给、社会文化氛围、感知"产品—目标"匹配，均没有发现形成新的重要范畴和关系，6个主范畴内部也没有发现新的构成因子。由此可以认为，上述"目标—情境—匹配—行为整合模型"在理论上是饱和的。

5. 家庭发展类文化消费决策行为影响因素模型阐释

5.1. 主效应分析

通过前面的分析发现，用"目标—情境—匹配—行为整合模型"可以有效地解释家庭发展类文化消费决策行为的形成机理。具体来说，家庭发展类文化消费决策行为的影响因素可以归纳为以下6个主范畴：快乐目标(享乐型/实现型)、行为实施成本、家庭关系导向、文化产品供给、社会文化氛围、感知"产品—目标"匹配，但它们对家庭发展类文化消费决策行为的作用机制(即它们影响家庭发展类文化消费决策行为的方式和路径)并不完全一致。快乐目标(享乐型/实现)(由兴趣、自我提高、社交、子女教育等因子决定)是产生家庭发展类文化消费动机或愿望的内因，它通过影响家庭成员对发展类文化消费的心理偏好以及感知"产品—目标"匹配度(中介因素)，从而促进行为发生(主效应)，是家庭发展类文化消费行为的前置因素或诱致因素(predisposing factor)。其中，快乐目标又可划分为享乐型(兴趣和自我提高)和实现型(社交和子女教育)。按照幸福学(well-being)(奚恺元等人，2003)的观点，幸福来自于享乐性(hedonic)快乐感和实现性(eudemonia)快乐感，是体验价值在人们内心的深层次综合感受。享乐型快乐是指在活动中体验到自己的生活或心理需要得到满足；而实现型快乐是指个人根据真实的自我努力实现自身各种潜能，从而体验到一种自我实现的快乐。以往研究大多强调顾客的满意和评价，关注顾客对经济价值和物质需求的追求，却忽略了当下消费者追求幸福体验和长久欣慰的高层次心理需求。本文通过深度访谈和实证研究发现，家庭发展类文化消费行为不完全是享乐型快乐目标(个人兴趣或自我提高)单方面主导的，而是一个二维的概念，还会受到实现型快乐目标(社交需要和子女教育)的主导，中国文化中关系导向和子女导向的普遍存在，使得"实现型快乐目标"构成家庭发展类文化消费决策行为的重要前置因素。另外，我们还发现，目标和行为的一致性取决于家庭成员快乐目标的类型和强度特征。

5.1.1 快乐目标的类型会影响目标—行为一致性

当家庭成员快乐目标包含更多的实现型快乐成分时，即以社交和子女教育为主要目标时，目标对家庭发展类文化消费决策行为的预测效果会显得更加显著。反之，当家庭成员快乐目标包含更多享乐型快乐成分时，即以兴趣和自我提高为主要目标时，目标对家庭发展类文化消费决策行为的预测效果会减弱。受访者的一些代表性观点如下："A03 现在都是独生子女，只要是为了孩子，父母省吃俭用，也不能亏了孩子培养"；"A15 如果只是自己的爱好，则还可以忍一忍，犹豫下，但如果女儿需要，则咬着牙也要支持”；“A28社交圈子里的事，不将就也不行啊，有舍有得嘛”，等等。

5.1.2　达成快乐目标的强度会影响目标—行为一致性

当快乐消费目标相对较弱时，家庭发展类文化消费行为实现也会相应减弱。在我们深度访谈中，很多受访者反复强调这一点，如“A11 我们都想看，但不是特别有兴趣的，会权衡下其他因素”；“A30 孩子是学艺术的，跟她专业越相关的，去买票的可能性越大嘛”，等等。可见，快乐消费目标要真正导致家庭发展类文化消费行为的发生，还需要达到一定的强度“阈值”。当家庭成员的快乐消费目标动机达到一定的阈值后，随着强度的增加，目标—行为一致性会显著提高。

5.2　调节效应分析

行为实施成本(由经济成本、时间成本和心理成本等因子决定)和家庭关系导向(由自我本位和家庭本位等因子决定)是影响家庭发展类文化消费决策行为的内部情境因素，是家庭发展类文化消费行为的启动因素(enabling factor)。文化产品供给(由产品结构和设施配套因子决定)和社会文化氛围(由群体压力和文化风气因子决定)是影响家庭发展类文化消费决策行为的外部情境因素，是家庭发展类文化消费决策行为的强化因素(reinforcing factor)。行为实施成本、家庭关系导向、文化产品供给和社会文化氛围这 4 个情境变量都通过感知“产品—目标”匹配度的中介作用影响快乐消费目标与家庭发展类文化消费行为之间的关系强度或关系方向，属于调节变量(moderator)。当这些情境变量的影响微弱(或者说中性)时，家庭发展类文化消费行为主要受快乐消费目标(享乐型和实现型)的影响(此时，目标和行为之间的联结关系相对最强)；当情境因素的影响非常显著时，则可能会大大促进或抑制家庭发展类文化消费行为的发生，此时目标—行为之间的联结关系显著变弱，家庭发展类文化消费决策行为受情境因素的影响则大大增加。进一步说，情境变量和“目标—行为一致性程度”之间呈倒 U 函数关系。

关于情境变量的调节效应，我们从深度访谈中还得出两点极有启发意义的结论：一是，调节效应受快乐消费目标(强度、结构)的影响。当快乐消费目标的强度较弱(如目标导向不明确或未到达一定阈值时)，或目标结构主要是享乐型快乐(即个人兴趣和自我提高目标)时，情境变量的调节效应相对较强(即家庭发展类文化消费决策行为更多地受情境因素的左右)；反之，情境变量的调节效应相对较弱。由此，特定情境变量对不同家庭发展类文化消费行为的调节效应并不一致。进一步说，情境变量的调节效应与快乐消费目标(享乐型或实现型)之间存在此消彼长的关系，目标越强则调节效应弱，目标越弱则调节效应强。根据海德的“归因理论”(attribution theory)，行为的原因可以归为两大类别：内部归因和外部归因。内部归因包括：个体的性格、动机、情绪、态度和努力程度等，外部归因包括周围环境气氛、运气等。根据我们的深度访谈，一些受访者倾向将行为绩效不佳(如未能实施家庭发展类文化消费)归于情境因素(外因)的制约。本文的研究则表明，实际上这主要与其消费目标(动机、意愿等)缺乏或强度不够有直接关系。二是，调节效应大小还受情境变量特征(强度、来源和结构)的影响。特别值得关注的是家庭关系导向这一内部情境变量，当家庭成员之间互动关系表现为自我本位导向时，家庭成员结伴实施发展类文化消费行为的机会明显减少，即目标—行为一致性减弱，家庭成员之间互动关系表现为家庭本位导向时，家庭成员结伴实施发展类文化消费行为的机会明显增加，即目标—行为一致性增强。因此，家庭关系导向可能是造成家庭间消费行为差异以及家庭消费决策与个体消费决策之间差异的一个重要变量。由此也可以推断，不同情境变量对特定家庭消费行为的调节效应并不一致。

6. 结论与管理启示

本文研究表明，快乐消费目标、行为实施成本、家庭关系导向、文化产品供给和社会文化氛围、感知"产品—目标"匹配这6个主范畴对家庭发展类文化消费决策行为存在显著影响。其中，快乐消费目标是前置变量，行为实施成本和家庭关系导向是内部情境变量，文化产品供给和社会文化氛围是外部情境变量。在此基础上，本文探索性地构建了上述6个主范畴对家庭发展类文化消费决策行为的作用机制模型（目标—情境—匹配—行为整合模型）。这一模型进一步证实了 Guagnano 等人（1995）的态度—情境—行为（Attitude-context-behavior，ABC）理论。态度—情境—行为理论认为，行为（B）是态度变量（Attitudinal variables，A）和情境因素（Contextual factors，C）相互作用的结果。与 Guagnano（1995）的模型不同的是，本研究在"态度—情境—行为"理论基础上进行了如下拓展：（1）本研究认为，快乐消费目标—家庭发展类文化消费行为之间的关系不仅受到外部情境因素（文化产品供给和社会文化氛围）的调节，而且受到内部情境因素（行为实施成本和家庭关系导向）的调节。（2）本研究进一步分析了目标对行为的影响机制和情境变量的调节机理。快乐目标通过感知"产品—目标"匹配影响家庭发展类文化消费行为的实现，目标的强度和结构会影响目标对行为的预测效力，情境变量的强度、来源和结构则调节着目标—行为的一致性程度。特定情境变量对不同家庭文化消费行为的调节效应不尽一致，如家庭关系导向的自我本位和家庭本位对目标—行为一致性具有相反的调节效应；文化产品供给和社会文化氛围两个情境变量与行为实施成本之间对目标—行为一致性也具有相反的调节效应。（3）本研究还探索了快乐消费目标、行为实施成本、家庭关系导向、文化产品供给和社会文化氛围等主范畴的形成机制和构成因子。有的构成因子范畴是以往发达国家研究文献还没有被普遍关注或重视的。例如，快乐目标中的实现型目标（社交和子女教育），家庭关系导向以及社会文化氛围中的文化风气范畴等，可能都与中国传统文化和社会规范有着特殊的联系。

本文的研究可以为政府制定文化产业发展政策，促进城镇家庭发展类文化消费，提高文化企业营销绩效提供有针对性的治理思路和管理逻辑。

（1）引导自觉性文化消费，释放文化需求潜力。文化消费具有很强的意识形态属性，文化消费水平的提高不仅依赖于文化产业的发展，而且还取决于公众文化消费需求偏好的培养。要推动文化生产和消费由精英文化向大众文化、由阶层文化向大众文化的转型，提高文化消费产品质量，不仅应关注消费者的偏好、行为、动机，而且还应关注文化产品消费者的满意程度和消费体验学习效应，从根本上实现公民文化消费由自发盲从向自觉消费的转变。

(2)增加发展类文化产品供给，降低文化消费成本。政府和文化艺术企业要在发展类文化产品的供给上下大力气。一方面，增加剧院、场馆等发展类文化消费基础设施建设，为文化产品供给提供物质平台；另一方面，提高文化产品质量和多样性，创作开发适合不同年龄或文化结构消费者的文化产品。同时，通过扩大文化产品消费市场和增加文化产品供给，不断降低发展类文化产品消费的时间、心理和时间成本，使得家庭发展类文化消费形成"气候"。

(3)提升媒介传播效果，针对家庭特点开展营销活动。文化产品要通过一定媒介才可以传播，文化市场满足消费需求的过程也是文化实现传播的过程。文化企业要扩大消费者对发展类文化产品的知晓度，借助现代媒体和口碑效应，形成大众对消费发展类文化产品的良好氛围。同时，文化企业要针对中国城镇家庭结构以及对发展类文化消费的目标动机进行营销组合策略设计，不断扩大家庭发展类文化消费的市场容量。

◎ 参考文献

[1]符国群，彭泗清.中国城镇家庭消费报告[M].北京：北京大学出版社，2015.

[2]管敏媛，魏丽云，窦维杨，等.江苏省农村家庭文化消费结构及影响因素研究——苏南、苏中、苏北地区的比较[J].中国农学通报，2014(17).

[3]胡雅蓓，张为付.基于供给、流通与需求的文化消费研究[J].南京社会科学，2014(8).

[4]金世和.对中国文化消费结构问题的探讨[J].长白学刊，1998(2).

[5]金晓彤，王天新，闫超.中国居民文化消费对经济增长的贡献有多大？——兼论扩大文化消费的路径选择[J].社会科学战线，2013(8).

[6]刘洁，陈宝峰.家庭消费决策行为研究探析[J].前沿，2011(18).

[7]李蕊.中国居民文化消费：地区差距、结构性差异及其改进[J].财贸经济，2013(7).

[8]马永斌，晁钢令.同伴的一致评价对个体消费享乐体验的影响——基于共同消费享乐产品过程中同伴之间影响的不对称性的视角[J].现代管理科学，2011(3).

[9]彭真善，王海英.对发展农村精神文化消费的思考[J].经济问题探索，1999(8).

[10]谭延博，吴宗杰.山东省城镇居民文化消费结构探析[J].山东理工大学学报(社会科学版)，2010(2).

[11]奚恺元，张国华，张岩.从经济学到幸福学[J].上海管理科学，2003(3).

[12]叶德珠，连玉君，黄有光，等.消费文化、认知偏差与消费行为偏差[J].经济研究，2012(2).

[13]资树荣.国外文化消费研究述评[J].消费经济，2013(1).

[14]Baumol, W., Bowen, W. *Performing arts. The economic dilemma — a study of problems common to theater, Opera, Music and dance*[M]. New York：Periodicals Service Co., 1966.

[15]Brakus, Joško Bernd, H., Schmitt, Zarantonello, L. Brand experience：What is it? How is it measured? Does it affect loyalty？[J]. *Journal of Marketing May*, 2009 (3).

[16]Brito, P. Learning-by-consuming and the dynamics of the demand and prices of cultural

goods [J]. *Journal of Cultural Economics*, 2005(29).

[17]Bruce, A., Seaman. Empirical studies of demand for the performing arts [J]. *Handbook on the Economics of Art and Culture*, 2006(1).

[18]Diniz, S.. Analysis of the consumption of artistic-cultural goods and services in Brazil [J]. *Journal of Cultural Economics*, 2011(35).

[19]Levy-Garboua, L., Montmarquette, C. A micro-econometric study of theater demand [J]. *Journal of Cultural Economics*, 1996(20).

[20] Luksetich, W., Partridge, M. Demand functions for museum services [J]. *Applied Economics*, 1997(29).

[21]Sisto, A., Zanola, A. Rational addiction to cinema: A dynamic panel analysis of european countries [D]. Working paper, 2004 (4).

[22]Victoria Ateca-Amestoy. Cultural capital and demand[J]. *Economics Bulletin*, 2007(26).

[23] Withers, G. A. Unbalanced growth and the demand for performing arts: An econometric analysis [J]. *Southern Economic Journal*, 1980(46).

The Influencing Factor Model of Chinese Urban Families' Decision Making Behavior of Developmental Culture Consumption
—An Exploratory Study based on Grounded Theory

Yao Qi[1,2]   Fu Guoqun[2]

(1. Economics and Management School of Chongqing Jiaotong University, Chongqing, 400074;

2. Guanghua School of Management, Peking University, Beijing, 100871)

Abstract: Through in-depth interview and focus group and apply Grounded Theory, this paper studied the influencing factors on families' decision-making behavior of developmental culture consumption. It was found that there is significant influence of six main categories (Goal of happy, perceived product-goal fit, cost of implementing behavior, relationship-orientation of families, supply of cultural product and atmosphere of social culture) on families' developmental culture consumption. Happy-goal (Hedonic and Eudemonia) is antecedent factor, perceived product-goal fit is mediator, cost of implementing behavior and families' relationship-orientation are internal context variables, supply of cultural product and social cultural atmosphere are external context variables, but their influencing approach and route on families' developmental cultural consumption are inconsistency. On the base of prior research, this paper explored content factors of six main categories and mechanism model of their impact on families' developmental cultural consumption. This research can provide theoretical reference about cultural developing policy and marketing strategy from the side of supply for government and enterprise.

Key words: Cultural consumption; Family consumption; Decision-making grounded-theory

专业主编：曾伏娥

产品伤害危机背景下企业联想对消费者
负面口碑传播的影响
——以食品行业为例*

● 王晓明[1]　　徐莹莹[2]　　刘贝贝[3]

（1，2，3 华中农业大学经济管理学院　武汉　430070）

【摘　要】产品伤害危机发生后，危机企业的整体印象对降低消费者负面口碑具有重要意义。以产品伤害事件为背景，将企业联想划分为企业能力联想与企业社会责任联想，建立消费者负面口碑传播模型。运用情境实验法分析产品伤害事件发生后企业联想对消费者负面口碑传播的影响，并探讨危机发生后消费者负面口碑传播的内在影响机制。结果表明产品伤害危机发生后，企业能力联想易降低消费者中心型负面口碑传播意愿；企业社会责任联想易降低消费者边缘型负面口碑传播意愿；企业联想是通过消费者感知风险的中介效应影响负面口碑传播意愿。研究阐明了企业在生产经营过程中，应树立积极的企业形象，同时在危机事件的处理过程中应积极采取措施减轻消费者的感知风险，以降低负面口碑传播行为的可能性。

【关键词】产品伤害危机　企业联想　感知风险　负面口碑
中图分类号：C93　　　　　文献标识码：A

1. 引言

中国是全球食品消费支出第一大国。但是，近年来食品安全事故时有发生，涉及食品质量与食品安全的问题也不断被曝光，如 2008 年"三鹿奶粉"事件，2010 年"真功夫排骨门"事件，2012 年"白酒行业塑化剂超标"事件，2014 年"上海福喜过期肉"事件以及 2016年"饿了么黑心作坊"事件等。现阶段消费者对与日常生活息息相关的食品安全问题表现出了越来越多的焦虑与不安。因此，当发生产品伤害事件后，消费者通常会在第一时间和

* 基金项目：国家自然科学基金项目"农产品伤害事件的外溢效应对产业集体品牌资产的损害与品牌补救研究"（71073064）和"农产品伤害危机的网络外溢效应、公共危机事件演化机理与社会应急管理研究"（71273106）的阶段性成果。
　　通讯作者：王晓明，E-mail：xiaomingwang@ webmail. hzau. edu. cn

周围的亲朋好友分享不满意的购买经验或者不认可产品（Richins，1983）。对于危机企业来说，消费者的负面口碑就如同"雪上加霜"，一方面，负面口碑的传播成本低且传播速度快，不利于企业前期树立积极形象；另一方面，企业对消费者的负面口碑无法进行有效的控制。前人的大量研究发现积极与消极的口碑产生的影响力是不对称的，由于消费者和企业之间存在着严重的"信息不对称"问题，消极的口碑对于消费者的影响要远远大于积极的口碑对于消费者的影响（Arndt，1967）。那么产品伤害危机爆发前后，管理者该如何预防和控制现实环境中消费者可能产生的负面口碑，是当前我们亟待解决的重要问题。

国内外学者很早就开始研究正负性口碑之间的差异，但是只针对负面口碑进行研究的文章还是偏少（毕继东和胡正明，2010）。负面口碑是指传播者将购买特定产品的不愉快经历传播给其他个体或群体（Luo，2009）。尽管已有文献探讨了影响消费者产生负面口碑的因素，主要包括个体情感因素和情景因素（Wangenheim，2005；Lau & Ng，2001）。另外，有部分学者也探讨了负面口碑对于其他消费者态度和行为的影响（Haywood，1989；Engel et al.，1969；Arndt，1967）。以往的研究大多是围绕着消费者去探讨负面口碑的发生机制和影响机制，但是专门站在企业的角度去考虑如何预防和控制负面口碑的实证研究还比较少。因此，本文主要探讨危机企业的企业联想是如何影响消费者负面口碑传播以及消费者进行行为决策的内在机制。

由于前人的大多数研究发现传播者的特质、传播者的态度、对产品的介入程度和对购买决策的介入程度等都会影响负面口碑传播（Lau & Ng，2001），较少有研究关注负面口碑的具体内容。有部分学者依据不同的方法对口碑信息进行划分，如 Hobbrook（1978）将口碑信息划分为客观型和主观型；Moore 和 Harris（1996）将网络口碑分为理性的网络口碑与感性的网络口碑；国内学者郑有为（2011）将口碑信息划分为属性评价型和单纯评价型，本质上都是依据信息的主客观程度进行划分。基于此，本文借用社会心理学的 ELM 模型（Elaboration Likelihood Model）进一步对口碑信息的研究进行拓展和延伸，将负面口碑划分为中心型和边缘型，并在此基础上进一步探讨其内部的发生机制，以丰富负面口碑领域的研究。另外，由于事实表明企业在危机前已树立积极的企业声誉或企业联想，能减轻危机造成的负面影响（Klein & Dawar，2004；Grunwald & Hempelmann，2010；Coombs & Holladay，2006），这对于规模普遍较小、利润较低且地域特征比较明显的食品企业来说，无疑是雪中送炭。当产品伤害危机发生后，危机企业可利用良好声誉或积极联想的杠杆效应来抑制负面口碑的发生。基于此，本文借用前人对企业联想的划分方式将企业联想划分为企业能力型和企业社会责任型（Brown & Dacin，1997），并进一步探讨不同类型的企业联想影响不同类型负面口碑的内在机制，期望在实践上为企业的危机管理提供一些建议。

2. 文献回顾

2.1 企业联想

企业联想的概念来自于对企业形象和企业声誉的研究，是消费者在接受一家企业的信息后对企业的整体印象，可能包括对企业的情感，企业过去的行为信息和企业所具有的属性特征的感知等(Brown & Dacin，1997)。因此企业联想常常离不开利益相关者基于记忆的心理联想、企业的价值评估以及企业整体的声誉等（Kim，2010；Brown & Dacin，1997；Grund，1996）。前人主要从企业社会期望的角度来探索企业形象的构成，因此企业联想一直以来被分成两个维度：企业能力和企业社会责任（Brown & Dacin，1997；Kim，2010；Biehal & Sheinin，2007）。企业能力联想(corporate ability)常常和一个公司的能力有关，具体指企业能够生产产品和提供产品或服务的专业能力，中国消费者常常把一些好的形容词与能力联系在一起(田阳等人，2009)。而企业社会责任联想(corporate social responsibility association)则和企业的社会状况有关，作为社会中的一员在面对社会、环境、伦理或政治问题时，所散发出来的道德感(Kim，2010；Biehal & Sheinin，2007；Sen & Bhattacharya，2001)，在行为上表现为企业提升社会福利、环境保护、支持社区建设、赞助文化活动、参与公益慈善等(田阳等人，2009)。基于此，本文也将企业联想分为能力型和社会责任型。由于企业能力联想和企业社会责任联想都是直接和企业产品或服务相关，无所谓优劣之分，只是侧重点不同。消费者可能会通过产品使用、媒体报告或沟通交流来获得相关的经历，这两种联想类型在现实中都是较普遍存在的，因此本研究将比较这两种企业联想类型的差异，揭示其影响消费者负面口碑传播行为的内在机制。

2.2　负面口碑

产品伤害事件是指偶尔出现并被广泛宣传的关于某个产品有缺陷或是对消费者有危险的事件(Siomkos & Kurzbard，1994)。面对伤害性产品，消费者的购买欲望可能会变得比较弱，同时消费者还可能产生抱怨行为或者负面口碑。负面口碑指传播者将购买特定产品的不愉快经历传播给其他个体或群体(Luo，2009)。通常来说，消费者的口碑会显著影响企业的品牌资产、销售额、经营成本、忠诚度以及股票价格等。国内外学者很早就开始研究正负性口碑之间的差异，同时也发现消费者的正面口碑有利于企业绩效的提升，而负面口碑却会损害企业绩效。产品伤害危机发生后，负面信息对消费者的影响是非常大的，因为对于消费者来说负面信息有更大的价值和诊断性(Kahneman & Tversky，1987)，所以消费者对负面口碑的信息关注度要比正面口碑的信息关注度要高。通过对前人的研究进行梳理发现口碑领域的研究比较关注口碑的方向和特征，较少关注口碑信息的内容和类别。口碑除了存在正负性的差异外，口碑信息也存在不同。Holbrook(1978)根据口碑的特征将口碑信息分为客观事实型和主观评价型，前者以客观存在的事实为基础，后者则以个体的主观感受为基础。与 Holbrook 的分类相似，Moore and Harris(1996)将网络口碑分为理性的网络口碑和感性的网络口碑。国内学者郑有为(2011)则将口碑信息划分为属性评价型和单纯评价型，其中属性评价型包含更多具体的信息，具有更大的参考价值。不同学者所提出的划分标准从本质上讲都是围绕着口碑信息的主客观程度进行划分。为了增加这方面研究，本文依据社会心理学的 ELM 模型(Elaboration Likelihood Model)进一步对口碑信息的研究进行拓展和延伸，将负面口碑分为中心型负面口碑和边缘型负面口碑(张莹等人，2015)。这两种负面口碑信息的侧重点有所不同，中心型负面口碑主要是传播和阐述产品客观存在的缺点和缺陷，大多是关于产品本身的信息，而边缘型负面口碑却集中传播有缺陷产品之外的信息，很少传播关于产品本身的质量问题，消费者可能进行消极情绪的宣泄或者是针对企业或是行业进行感性的评论。现阶段，随着通信技术的发展，信息传递的及时性、匿名性、跨时空等特性，使得负面口碑的传播速度和范围进一步扩大，这可能会对企业的品牌和声誉造成巨大的破坏。基于此，对于企业而言，尽力去预防或控制负面口碑所带来的消极影响，具有非常重要的现实意义。

3. 研究假设与模型

先前的研究发现，产品伤害危机会形成感知风险（王晓玉和晁钢令，2008）。Cunningham（1967）认为感知风险是由"结果的不确定性"和"后果的严重性"两个部分的函数组成，前者是指个体对于产品的主观认知的不确定性，与产品本身所提供的讯息有关，即事前感知到的消费的不确定性，而后者是指对购买产品后，个体感受到的损失，即购买后商品本身给消费者客观上带来的不利后果。由于感知风险的概念逐渐受到重视，学者们从不同的角度出发来研究感知风险，其中关于感知风险维度的研究一直是该领域非常重要的一个方面。Cox（1967）是最早提出感知风险具有多维度结构特征的学者，他认为消费者的感知风险与财务（financial）、社会心理（social psychology）有关。随后，很多学者又按照不同的标准将感知风险划分为不同的维度（Jacoby & Kaplan，1972；Woodside & Delozier，1976；Roselius，1971）。感知风险通常有六个不同的类别，分别为财务风险、功能风险、身体风险、心理风险、社会风险和时间风险等（Chaudhuri，2000；Stone & Grønhaug，1993；Mitchell，1999）。其中，心理风险表现最为显著，Fombrun and Riel（1997）进一步发现心理风险是一个非常重要的中间变量，在其他维度的风险与总风险水平之间起到了一个桥梁作用。另外，近年来产品伤害事件频发，尤其是食品行业，消费者日益关注食品本身的安全性。与此同时，国内学者吕彦氚（2011）在绿色食品感知风险构面实证研究中发现绿色食品的感知风险包括身心安全风险；杨伊侬和何浏（2013）在有机食品感知风险的实证研究中同样发现有机食品感知风险中囊括身心健康风险。因此，本文主要关注食品伤害事件发生后，消费者感知到的身体风险和心理风险这两个维度，其中身体风险（physical risk）是指购买的产品本身有问题而对消费者造成人身安全或者其他健康上构成伤害的情形，心理风险（psychological risk）是指消费者购买的产品达不到心理预期的标准时所造成的心理上的落差（Jacoby & Kaplan，1972）。

3.1 企业联想对消费者负面口碑传播的影响

在产品伤害危机过程中，外部信息能够影响消费者对目标产品的感知风险（Siomkos & Kurzbard，1994）。与此同时，Standop（2006）的研究结果肯定了企业声誉在一定程度上能够缓冲危机企业对消费者造成的负面影响。企业长期以来树立的形象向消费者传递了有关该企业、产品和服务的信息，对消费者来说具有一定的参考价值。当发生产品伤害危机时，消费者会依据自身过去的经验、现实情境中的各方面知觉，选择和自己认知相符合的信息（Herr et al.，1991）。参照信息可获得与可诊断模型，如果消费者对品牌抱有负面偏见时，消费者更容易获得品牌负面的认知信息；如果消费者对企业形象存有好感时，则消费者更容易获得企业正面的认知信息。企业能力是指一家公司的专业能力和胜任能力，对消费者来说有一定的参考价值。因此，当消费者对企业产品质量和企业本身进行评价时，企业能力常常有着积极的影响(Brown & Dacin, 1997)。忠实的消费者往往对企业能力有着很强的感知，被认为有更强的动机去反驳负面宣传并拒绝那些和积极企业能力背道而驰的信息(Dean, 2004)。产品伤害危机发生后，由于消费者存在着强烈的补偿机制，当消费者能够感知到较高的企业能力时，消费者更有可能缓解由企业负面信息所触发的不安感，尤其是担心自己的身体是否会受伤害。当消费者对危机企业树立了信心并感知较低的身体风险时，消费者往往不会有很强的动机去传播产品质量有缺陷或者产品有伤害的负面信息，即消费者会减少中心型负面口碑传播。另外，Fombrun and Shanley (1990)认为，企业社会责任举措(如慈善活动和募集基金)对企业的评价有着积极的影响。同时企业社会责任可以提高企业与其利益相关者之间的友好关系，因为企业社会责任有助于"识别"过程，利益相关者能感受到自己与企业价值观的匹配(Brammer & Pavelin, 2004)。产品伤害事件发生后，企业社会责任会影响消费者的归因，并能降低消费者对企业不满，特别是发生可辩解的危机事件并和晕轮源没有关系时，企业的"晕轮效应"最显著(Klein & Dawar, 2004)。如果人们对某人或某组织形成了正面印象，就容易忽略与这一印象相对立的负面信息(Nisbett & Wilson, 1977; Balzer & Sulsky, 1992)。当消费者感知到较强劲的企业社会责任时，他们会试图减少认知失调，尤其是信任、情感认同失调，通过合理化有关企业的任何信息和自身的行为，缓解产品伤害事件带来的感知风险。尤其是担心当危机企业的产品达不到心理预期的标准时，消费者会试图为自己或者企业辩解，从而减少感知到的心理风险。当消费者对危机企业有好感并感知到较低的心理风险时，消费者对产品、企业以及行业的情感性评议和不满的宣泄会相对比较少。基于此，本文提出如下假设：

H1：相较于企业社会责任联想，企业能力联想易降低消费者中心型负面口碑传播意愿

H2：相较于企业能力联想，企业社会责任联想易降低消费者边缘型负面口碑传播意愿

3.2 身体风险与心理风险的中介作用

产品伤害事件发生后，企业声誉或企业形象都会影响消费者的风险感知(Standop, 2006; Siomkos & Kurzbard, 1994; Gilber, 1996)。而国内外学者在研究中均发现，消费者对风险的感知影响着口碑的传播意愿。例如，Richins(1984)验证了许多感知风险高的产品往往会伴随着大量的评论、国内学者黄孝俊和徐伟青(2004)认为影响口碑传播的五个因素中，感知风险是一个非常重要的因素、Wangenheim (2005)以电信行业为例，研究结果表明了感知风险对负面口碑传播是有影响的。在此基础上，本研究可以进一步推测感知风险可能是企业联想影响负面口碑的中介变量。当产品伤害事件发生后，消费者感知到的企业能力越强，往往趋向于对企业持有较为肯定的态度，与此同时，消费者感知到的身体风险会偏低。而身体风险(physical risk)是指购买的产品本身有问题而对消费者造成人身安全或者其他健康上构成伤害的情形。由于消费者感知较低的身体风险，消费者会减少与产品相关质量方面有缺陷的中心型负面口碑传播。当产品伤害事件发生后，消费者感知到的企业社会责任越强，消费者往往能感受到自身与企业价值观的匹配(Brammer & Pavelin,

2004)，这对公司评价有着积极的影响，与此同时，消费者感知到的心理风险会偏低。心理风险是指消费者购买的产品达不到心理预期的标准时所造成的心理上的落差（Jacoby & Kaplan，1972）。因此，在产品伤害事件发生后，消费者所感知到的心理风险越低，对产品、企业以及行业的情感性评议和不满的宣泄比较少，即边缘型负面口碑的传播就会相应的减少。基于此，本文提出如下假设：

H3：消费者感知的身体风险在企业能力联想与消费者中心型负面口碑传播意愿的关系中起中介作用

H4：消费者感知的心理风险在企业社会责任联想与消费者边缘型负面口碑传播意愿的关系中起中介作用

综合假设 H1 至 H4，本文提出了如下研究模型（见图1），假设企业联想对降低消费者负面口碑传播具有积极影响，消费者的感知风险在企业联想与消费者负面口碑传播意愿的关系中起到中介作用。

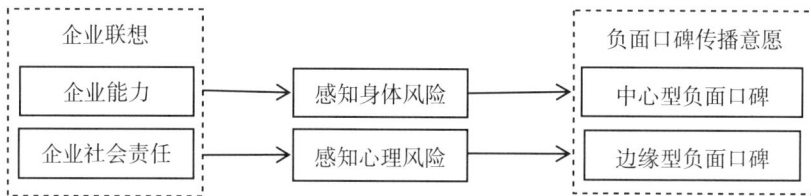

图1　负面口碑传播意愿模型

4. 实验

本研究通过两个实验对上述研究假设进行验证，其中实验一检验企业联想对消费者负面口碑传播的影响，实验二检验了消费者感知风险的中介作用。本文根据现实中发生的危机事件改编形成模拟的情景材料，通过实验材料刺激消费者，观察不同类型的企业联想对消费者负面口碑传播的影响。

4.1 实验一

4.1.1 前测

实验一的目的是考察企业联想对消费者负面口碑传播的影响。实验一将研究行业定位为乳制品行业，为了检验被试能否区分企业能力联想与企业社会责任联想，本研究邀请36名本科生进行了预实验。被试被提供有关企业能力联想和企业社会责任联想的定义以及两则不同的企业联想的描述性材料。被试阅读完材料后，被要求对材料和相关定义进行配对。结果显示，36名被试都能够识别出企业能力联想和企业社会责任联想，说明对于企业能力型联想和企业社会责任型联想的操控是成功的。

4.1.2 被试与实验设计

该实验以蒙牛"黄曲霉素超标事件"为原型改编形成模拟情境材料，通过问卷星网站共发放了240份问卷。问卷由该网站随机向网民推送，排除填写不完整、对事件原型熟悉及企业联想类型操控失败的，剩余有效问卷 219 份，回收率 91.25%。其中，企业能力联想有 130 份，企业社会责任联想有 89 份。有效数据中被试的平均年龄为 30.69 岁（SD = 8.75），其中，男性占 43.4%，女性占 56.6%。实验采用 2（企业联想：能力、社会责任）的组间实验设计，其中，企业联想为自变量，负面口碑传播意愿为因变量。要求被试首先阅读在前测中设计的食品危机事件的材料，随后完成对负面口碑传播意愿的测量，最后回答操作性检验的问题。

4.1.3 变量操纵与测量

负面口碑传播意愿的测量问卷改编自 Alexandrov 等人（2013）的《负面口碑》问卷，被试阅读描述性材料后，对自己将进行的负面口碑传播内容的可能性进行打分，问卷共包含 6 道题，其中，3 题测量中心型负面口碑，如"警告朋友和亲属不要去购买该公司产品"、"向朋友和亲属抱怨该公司产品的质量有问题"；还有 3 题测量边缘型负面口碑，如"跟朋友和亲属说该公司不讲诚信"、"向朋友和亲属抱怨该公司没有良知和道德"。测量均采用 7 点李克特评分，1 代表完全不同意，7 代表完全同意。中心型负面口碑和边缘型负面口碑的 Cronbach's α 系数值分别为 0.89、0.88，表明问卷有较高的信度。

4.1.4 分析与结果

首先对自变量的操纵进行检验，操控过程是在被试阅读完刺激材料后提供企业能力联想和社会责任联想的定义来判定以上的刺激材料所属哪种类型。结果发现 219 名被试均能够正确判定刺激材料的类型，说明对于企业联想的操纵是成功的。为了检验企业联想对负面口碑的影响，以企业联想为自变量，中心型负面口碑和边缘型负面口碑为因变量进行独立样本 t 检验。结果发现，企业能力联想所引发的中心型负面口碑传播意愿显著低于企业社会责任联想（$t = -2.82$，$M_{能力} = 4.59 < M_{社会责任} = 4.93$，$p < 0.05$），因此假设 H1 得到验证；企业社会责任联想所引发的边缘型负面口碑传播意愿显著低于企业能力联想（$t = 4.02$，$M_{能力} = 4.84 > M_{社会责任} = 4.37$，$p < 0.05$），因此假设 H2 得到验证。

4.2 实验二

4.2.1 被试与实验设计

实验二的目的是验证消费者感知风险的中介作用。为了提高研究结果的普适性，本实验以汇源"瞎果事件"为原型，以果汁饮品行业危机事件为背景，观察消费者负面口碑传播意愿。该实验以汇源果汁事件为原型改编形成模拟的刺激材料，并招募 200 名本科生参加了此次实验。同样，问卷由实验员随机向被试发放，其中，有效问卷 177 份，回收率 88.50%，其中，企业能力联想有 91 份，企业社会责任联想有 86 份。有效数据中被试的平均年龄为 21.27 岁（SD = 2.26），其中，女性占 42.9%，男性占 57.1%。具体的实验操作程序为：要求被试首先阅读食品危机事件的材料，随后完成对身体风险和心理风险的测量，接着完成负面口碑传播意愿的测量，最后回答操作性检验的问题。

4.2.2 变量操纵与测量

使用与实验一相同的问卷来测量中心型负面口碑和边缘型负面口碑，在本实验中中心型负面口碑和边缘型负面口碑的 Cronbach's α 系数值分别为 0.86、0.89，表明问卷具有较好的信度。身体风险和心理风险的测量问卷改编自 Stone 和 Grønhaug（1993）、方正等人

（2011）的《感知风险》问卷，问卷共包含6题，其中，3题测量身体风险，如"对本产品的购买行为可能导致身体伤害事件的发生"、"本产品与人的健康有关，我必须慎重选择"；还有3题测量心理风险，如"使用该产品让我产生焦虑感"、"我在使用该产品时会产生很多担心"。测量均采用7点李克特评分，1代表完全不同意，7代表完全同意。身体风险与心理风险的Cronbach's α 系数值分别为0.86、0.89，表明量表具有很高的信度。

4.2.3 分析与结果

首先对自变量的操纵进行检验，操控过程是在被试阅读完刺激材料后提供企业能力联想和社会责任联想的定义来判定以上的刺激材料所属哪种类型。结果发现177名被试均能够正确判定刺激材料的类型，说明对于企业联想的操纵是成功的。为了检验企业联想对负面口碑的影响，以企业联想为自变量，中心型负面口碑和边缘型负面口碑为因变量进行独立样本 t 检验。结果发现，企业能力联想所引发的中心型负面口碑传播意愿显著低于企业社会责任联想（$t=-4.41$，$M_{能力}=4.51<M_{社会责任}=5.16$，$p<0.05$），因此假设H1得到验证；企业社会责任联想所引发的边缘型负面口碑传播意愿显著低于企业能力联想（$t=3.73$，$M_{能力}=5.01>M_{社会责任}=4.50$，$p<0.05$），因此假设H2得到验证。

为了检验感知风险的中介效应。本文先检验企业联想对感知风险的影响，以企业联想为自变量，身体风险和心理风险为因变量进行独立样本 t 检验。结果发现，企业能力联想所引起的身体风险显著低于企业社会责任联想（$t=-5.20$，$M_{能力}=4.57<M_{社会责任}=5.17$，$p<0.05$）；企业社会责任联想所引起的心理风险显著低于企业能力联想（$t=3.12$，$M_{能力}=4.99>M_{社会责任}=4.47$，$p<0.05$）。接着为检验感知风险对负面口碑的影响，本文采用逐步线性回归分析的方法进行检验。首先，研究以中心型负面口碑传播意愿为因变量，身体风险为自变量进行一元线性回归。自变量标准回归系数 b 为0.42，t 值为6.09，显著水平 $p<0.001$。随后，添加心理风险为新的自变量做线性回归分析，心理风险的 t 值为0.61，显著性水平 $p>0.05$。同理，以边缘型负面口碑传播意愿为因变量，心理风险为自变量进行一元线性回归，回归方程结果显示，自变量标准回归系数 b 为0.35，t 值为4.93，显著水平 $p<0.001$。随后，添加身体风险为新的自变量做线性回归分析，身体风险的 t 值为1.20，显著水平 $p>0.05$。

表1　　　　　　　　身体风险、心理风险对负面口碑传播行为的逐步回归分析

模型	自变量	非标准化系数		标准系数	t 值	Sig.
		系数值	标准误差	系数值		
因变量：中心型负面口碑	常数项	2.30	0.42		5.48	
	身体风险	0.52	0.09	0.42	6.09	0.000
	常数项	2.12	0.50		4.26	
	身体风险	0.52	0.09	0.42	6.05	0.000
	心理风险	0.04	0.06	0.04	0.61	0.54

模型	自变量	非标准化系数		标准系数	t 值	Sig.
		系数值	标准误差	系数值		
因变量： 边缘型负面口碑	常数项	3.39	0.29		11.82	
	心理风险	0.29	0.06	0.35	4.93	0.000
	常数项	2.93	0.48		6.14	
	心理风险	0.29	0.06	0.35	4.87	0.000
	身体风险	0.10	0.08	0.09	1.20	0.23

为了进一步检验心理风险和身体风险的中介效应。实验二借鉴温忠麟等人(2005)提出的方法进行检验，第一步检验自变量对因变量的回归系数(c)的显著性，第二步检验自变量对中介变量回归系数(b)的显著性，第三步检验中介变量对因变量回归系数(a)的显著性，第四步在控制中介变量的情况下，检验自变量对因变量回归系数(c')的显著性。通过逐步回归结果可知，身体风险在企业能力联想对中心型负面口碑的影响中的中介作用存在；心理风险在企业社会责任联想对边缘型负面口碑的影响中的中介作用存在。因此假设H3、H4得到验证，结果如表2所示。

表2　　　　　　　　　**身体风险和心理风险的中介作用检验**

回归系数	自变量	因变量	c	a	b	c'
身体风险	企业能力联想	中心型负面口碑	0.32***	0.42***	0.37***	0.19**
心理风险	企业社会责任联想	边缘型负面口碑	−0.27***	0.35***	−0.23**	−0.20**

注：* 表示 $p<0.05$，** 表示 $p<0.01$，*** 表示 $p<0.001$。

5. 结论与启示

5.1　研究结论

本文主要是以消费者的感知风险作为中介机制，用实验法收集了研究数据，实证分析了企业联想对消费者负面口碑传播意愿的影响，得出的主要的研究结论有：

首先，危机企业的企业联想对降低消费者的负面口碑传播意愿有积极影响。相较于企业社会责任联想，企业能力联想易降低消费者中心型负面口碑传播意愿；而相较于企业能力联想，企业社会责任联想易降低消费者边缘型负面口碑传播意愿。产品伤害事件发生后，企业形象越好越容易产生晕轮效应，消费者容易进行外部归因，并降低对企业的不满与不适，因此进行负面宣传的可能性就会降低。消费者在对企业产品质量或企业本身进行评价时，企业能力有着积极的影响(Brown & Dacin, 1997)。因此消费者感知到企业能力越强，那么对负面宣传的抵御能力就越强，所以产品伤害事件发生后，消费者会减少与产品相关质量方面有缺陷的中心型负面口碑传播。周延风等人（2007）研究表明，企业承担社会责任的情况会影响消费者对企业产品质量的感知。同时，企业社会责任举措对企业评价有积极的影响（Fombrun & Shanley，1990）。因此，消费者越认同该企业的价值观，那么危机事件发生后消费者对产品、企业以及行业的情感性评议和不满的宣泄会相对较少，即边缘型负面口碑的传播就会相应的减少。

其次，消费者的感知风险在危机企业联想与负面口碑传播意愿的关系中起中介作用。消费者感知的身体风险在企业能力联想与消费者中心型负面口碑传播的关系中起中介作用；消费者感知的心理风险在企业社会责任联想与消费者边缘型负面口碑传播的关系中起中介作用。企业形象是企业宝贵的无形资产（Weigelt & Camerer，1988），是企业争取持续竞争优势的基本前提。产品伤害事件发生后，企业声誉或企业形象会对消费者的风险感知产生影响（Gilber，1996），而且很多高风险的产品往往会伴随着大量的评论（Richins，1984）。这也间接证明了在信息处理过程中，感知风险的中介作用。当产品伤害事件发生后，消费者感知到的企业能力越强，往往趋向于对企业持有较为肯定的态度，与此同时消费者感知到的身体风险偏低。由于消费者感知到较低的身体风险，消费者会减少与产品相关质量方面有缺陷的中心型负面口碑传播。当产品伤害事件发生后，消费者感知到的企业社会责任越强，消费者往往能感受到自身与企业价值观的匹配（Brammer & Pavelin，2004），对公司评价有着积极的影响，与此同时消费者感知到的心理风险偏低。因此，在产品伤害事件发生后，消费者所感知到的心理风险越低，对产品、企业以及行业的情感性评议和不满的宣泄越少，即边缘型负面口碑的传播就会相应的减少。

5.2 理论贡献

本文理论贡献主要有：首先，丰富了负面口碑的研究。由于国内外学者一直关注正负性口碑之间的差异，对负面口碑的研究相对较少（毕继东和胡正明，2010）。尽管已有文献探讨了消费者产生负面口碑的影响因素（Wangenheim，2005；Lau & Ng，2001），也探讨了负面口碑对于其他消费者态度和行为的影响（Haywood，1989；Engel et al.，1969；Arndt，1967）。但是本研究专门从企业的角度出发去探讨产品伤害事件中消费者进行负面口碑传播的内在机制，试图为预测和控制消费者的负面口碑提供一定的参考。

其次，本文对负面口碑信息的划分也是一次有价值的理论尝试。前人依据不同的方法对口碑信息进行划分，本质上都是依据信息的主客观程度进行划分，如 Hobbrook（1978）将口碑信息划分为客观型和主观型、Moore and Harris（1996）将网络口碑分为理性型与感性型、郑有为（2011）将口碑信息划分为属性评价型和单纯评价型，而本文借用其他学科的理论进一步对口碑信息的研究进行拓展和延伸。本文结合社会心理学的 ELM 模型尝试将负面口碑划分为中心型负面口碑和边缘型负面口碑，同时本文的研究结论正好也揭示了这两类负面口碑传播行为的差异。另外，由于大量事实表明企业在危机前已树立积极的企业声誉或企业联想，能减轻危机造成的负面影响（Dawar & Pillutla，2000；Klein & Dawar，2004；Grunwald & Hempelmann，2010）。基于此，本文借用前人的划分方式将企业联想划分为企业能力型和企业社会责任型（Brown & Dacin，1997），探讨了企业联想对消费者负面口碑的影响并揭示了内在机制，进一步补充和验证了积极的企业声誉对危机具有一定的缓冲作用。

5.3 管理启示

本研究关于企业联想如何影响消费者负面口碑传播的结论发现，为危机企业有效预测和控制负面口碑传播行为提供了两点管理启示：

第一，企业应当对自己的品牌形象进行长期的管理。不管何时，有关企业整体形象的信息对消费者而言是非常重要的。一方面，企业形象往往和产品属性、质量联系在一起。在信息不对称的情况下，消费者更多的是借助企业形象和品牌来进行评价并选择产品。一个好的企业形象会产生"晕轮效应"（Klein & Dawar，2004），消费者常常也会因为信赖该企业而去购买相关的产品或服务。另一方面，产品伤害危机发生后，积极的企业形象在一定程度上能够缓解负面口碑带来的影响，从而减少因产品伤害危机而带来的财务损失或声誉损失（Grunwald & Hempelmann，2010）。同样，本文研究发现危机发生后企业联想对降低消费者的负面口碑传播意愿有着较为积极的影响，而且不同的企业联想往往会对消费者的口碑传播意愿产生不同的影响。相较于企业社会责任联想，企业能力联想易降低消费者中心型负面口碑传播意愿。因此，在发生产品伤害事件后，能力较强的企业一定要强调自己的优势以帮助消费者树立信心，从而使消费者减少中心型的负面口碑（主要是传播和阐述商品客观存在的缺点和缺陷，大多是关于产品本身的信息）。而相较于企业能力联想，企业社会责任联想易降低消费者边缘型负面口碑传播意愿。因此，在发生产品伤害事件后，社会责任履行较好的企业一定要强调自己的社会责任举措使消费者认同企业的价值观，以提高企业和消费者之间的友好关系，从而使消费者减少边缘型的负面口碑（主要对产品、企业以及行业的情感性评议或不满情绪的宣泄）。因此企业要加大对自身形象的投资与管理，包括增强企业的研发能力、创新能力、社区建设、员工福利等，以至于能充分发挥企业品牌在提高其产品市场地位方面以及危机管理方面的作用。

第二，企业应当降低消费者感知到的身体风险和心理风险来影响其行为决策。企业能力联想和企业社会责任联想会影响消费者的风险感知，尤其是身体风险和心理风险，继而会影响消费者的负面口碑传播行为。产品伤害事件发生过后，企业应该及时采取相应的措施来缓解消费者的感知风险，进而降低消费者负面口碑的传播意愿。因为在现实生活中不管是对企业还是消费者来说负面口碑和正面口碑的影响不是对称的，负面口碑的杀伤力和有用性往往是显著地高于正面口碑的（王晓玉和晁钢令，2008）。企业能力和企业社会责任在影响企业品牌资产方面是存在行业差异的。因此，在发生产品伤害事件后，企业可以根据自己所处的行业特点而采取一定的应对策略缓解消费者的感知风险或控制消费者的负面口碑。能力强的企业一定要突出自己的市场地位和企业所具备的技术能力，帮助消费者树立信心。消费者感知到的企业能力越强，往往趋向于对企业持有较为肯定的态度，与此同时，消费者感知到的身体风险偏低。由于消费者感知较低的身体风险，消费者会减少中心型负面口碑传播。当产品伤害事件发生后，社会责任履行较好的企业一定要突出企业的核心优势、企业价值观与相关社会责任举措。消费者感知到的企业社会责任越强，消费者往往越容易对企业产生积极的评价，与此同时，消费者感知到的心理风险偏低。在产品伤害事件发生后，消费者所感知到的心理风险较低，因此边缘型负面口碑的传播就会相应的减少。

5.4 研究不足与展望

本研究通过实证方法得到了一些结论，但这些结论主要是基于食品伤害危机背景下取得的，对其他行业产品的适用性有待考证。在未来的研究中，在结合我国实际情况的基础上，可选用不同行业的产品伤害事件作为实验刺激材料来进行调查研究以验证本文结论的可靠性。另外，本文采用的是情境研究法，被调查者是用自我报告的方式来测量要研究的关键变量，虽然自我报告提供了一定的有效信息，但是与实际情况相比还是存在区别。未来的研究可以在现实环境下进行以提高数据的外部信度和研究结论的可信度。

◎ 参考文献

[1]毕继东，胡正明．网络口碑传播研究综述[J].情报杂志，2010，29(1).

[2]方正，杨洋，江明华，等．可辩解型产品伤害危机应对策略对品牌资产的影响研究：调节变量和中介变量的作用[J].南开管理评论，2011，14(4).

[3]黄孝俊，徐伟青．口碑传播的基本研究取向[J].浙江大学学报(人文社会科学版)，2004，34(1).

[4]吕彦氤．绿色食品感知风险构面实证研究[J].天津农业科学，2011，17(3).

[5]田阳，王海忠，陈增祥．公司形象对消费者信任和购买意向的影响机制[J].商业经济与管理，2009，1(9).

[6]王晓玉，晁钢令．产品危机中口碑方向对消费者态度的影响[J].营销科学学报，2008(4).

[7]温忠麟，侯杰泰，张雷．调节效应与中介效应的比较和应用[J].心理学报，2005，37(2).

[8]杨伊侬，何浏．有机食品感知风险的实证研究：基于城镇居民的调查[J].农业技术经济，2013(8).

[9]张莹，青平，向微露．网络负面信息类型对消费者补救期望影响的实证研究[J].华中农业大学学报(社会科学版)，2015(1).

[10]郑有为．网络口碑类型对消费决策的影响机制研究[D].上海：上海交通大学，2011.

[11]周延风，罗文恩，肖文建．企业社会责任行为与消费者响应——消费者个人特征和价格信号的调节[J].中国工业经济，2007(3).

[12]Alexandrov, A., Lilly, B. Babakus, E. The effects of social- and self-motives on the intentions to share positive and negative word of mouth [J]. *Journal of the Academy of Marketing Science*, 2013, 41(5).

[13]Arndt, J. Role of product-related conversations in the diffusion of a new product [J]. *Journal of Marketing Research*, 1967, 4(3).

[14]Balzer, W. K., Sulsky, L. M. Halo and performance appraisal research: A critical

examination[J]. *Journal of Applied Psychology*, 1992, 77(77).

[15] Biehal, G. J., Sheinin, D. A. The influence of corporate messages on the product portfolio [J]. *Journal of Marketing*, 2007, 71(2).

[16] Brammer, S., Pavelin, S. Building a good, reputation [J]. *European Management Journal*, 2004, 22(6).

[17] Brown, T. J., Dacin, P. A. The company and the product: Corporate associations and consumer product responses[J]. *Journal of Marketing*, 1997, 61(1).

[18] Chaudhuri, A. A macro analysis of the relationship of product involvement and information search: The role of risk[J]. *Journal of Marketing Theory & Practice*, 2000, 8(1).

[19] Coombs, W. T., Holladay, S. J. Unpacking the halo effect: Reputation and crisis management. [J]. *Journal of Communication Management*, 2006, 10(2).

[20] Dawar, N., Pillutla, M. M. Impact ofproduct-harm crises on brand equity: The moderating role of consumer expectations[J]. *Journal of Marketing Research*, 2013, 37(2).

[21] Dean, D. H. Consumerreaction to negative publicity effects of corporate reputation, response, and responsibility for a crisis event[J]. *Journal of Business Communication*, 2004, 41(2).

[22] Engel, J. F., Kegerreis, R. J., Blackwell, R. D. Word-of-Mouth Communication by the Innovator[J]. *Journal of Marketing*, 1969, 33(3).

[23] Feldman, J. M., Lynch, J. G. Self-generated validity and other effects of measurement on belief, attitude, intention and behavior[J]. *Journal of Applied Psychology*, 1988, 73(3).

[24] Fombrun, C., Shanley, M. What's in a name? Reputation building and corporate strategy [J]. *Academy of Management Journal*, 1990, 33(2).

[25] Fombrun, C. J., Riel, C. V. The reputational landscape [J]. *Corporate Reputation Review*, 1997, 1(2).

[26] Gilber, W. Quichua pottery: Cultural identity and the market[J]. *Journal of Occupational Science*, 1996, 3(2).

[27] Grund, N. E. Reputation: Realizing value from the corporate image [J]. *Academy of Management Executive*, 1996, 10(1).

[28] Grunwald, G., Hempelmann, B. Impacts of reputation for quality on perceptions of company responsibility and product-related dangers in times of product-recall and public complaints crises: Results from an empirical investigation[J]. *Corporate Reputation Review*, 2010, 13(4).

[29] Haywood, K. M. Managingword of mouth communications [J]. *Journal of Services Marketing*, 1989, 3(2).

[30] Herr, P. M., Kardes, F. R., Kim, J. Effects of word-of-mouth and product-attribute information on persuasion: An accessibility-diagnosticity perspective [J]. *Journal of Consumer Research*, 1991, 17(4).

[31] Holbrook, M. B. Beyondattitude structure: Toward the informational determinants of

attitude[J]. *Journal of Marketing Research*, 1978, 15(4).

[32] Kahneman, D., Tversky, A. Prospective theory: An analysis of decision under risk[J]. *Estudios de Psicología*, 1987, 8(29-30).

[33] Kaplan, L. B., Szybillo, G. J., Jacoby, J. Components of perceived risk in product purchase: A cross-validation. [J]. *Journal of Applied Psychology*, 1974, 59(3).

[34] Klein, J., Dawar, N. Corporate social responsibility and consumers' attributions and brand evaluations in a product-harm crisis[J]. *International Journal of Research in Marketing*, 2004, 21(3).

[35] Lau, G. T., Ng, S. Individual and situational factors influencing negative word-of-mouth behaviour[J]. *Canadian Journal of Administrative Sciences / Revue Canadienne des Sciences de l'Administration*, 2001, 18(3).

[36] Luo, X. Quantifying the long-term impact of negative word of mouth on cash flows and stock prices. [J]. *Marketing Science*, 2009, 28(1).

[37] Mitchell, V. W. Consumer perceived risk: Conceptualisations and models[J]. *European Journal of Marketing*, 1999, 33(1/2).

[38] Moore, D. J., Harris, W. D. Affect intensity and the consumer's attitude toward high impact emotional advertising appeals[J]. *Journal of Advertising*, 1996, 25(2).

[39] Nisbett, R. E., Wilson, T. D. Telling more than we can know: Verbal reports on mental processes[J]. *Psychological Review*, 1977, 84(3).

[40] Richins, M. L. Word of mouth communication as negative information[J]. *NA-Advances in Consumer Research*. 1984(11).

[41] Roselius, T. Consumer Rankings of Risk Reduction Methods[J]. *Journal of Marketing*, 1971, 35(1).

[42] Sen, S., Bhattacharya, C. B. Does doing good always lead to doing better? Consumer reactions to corporate social responsibility[J]. *Journal of Marketing Research*, 2001, 38(2).

[43] Siomkos, G. J., Kurzbard, G. The hidden crisis in product-harm crisis management[J]. *European Journal of Marketing*, 1994, 28(2).

[44] Stone, R. N., Grønhaug, K. Perceived risk: Further considerations for the marketing discipline[J]. *European Journal of Marketing*, 1993, 27(3).

[45] Wangenheim, F. V. Postswitching negative word of mouth[J]. *Journal of Service Research*, 2005, 8(1).

[46] Woodside, A. G., Delozier, M. W. Effects of word of mouth advertising on consumer risk taking[J]. *Journal of Advertising*, 1976, 5(4).

The Effects of Corporate Association on Consumer's Negative Word-of-Mouth in Product Harm Crisis: The Case of Food Industry

Wang Xiaoming[1]   Xu Yingying[2]   Liu Beibei[3]

(1, 2, 3   Economics and Management College ofHuazhong Agricultural University, Wuhan, 430070)

Abstract: After the product harm crisis, the overall impression of the crisis corporate is of great significance in reducing consumer's negative word-of-mouth. This study focuses on how corporate association influences the consumer's negative word-of-mouth in product harm crisis. The corporate association is divided into corporate ability association and corporate social responsibility association. This paper uses the method of situational experiment to analyze the effects of corporate association on the consumer's negative word-of-mouth and discuss the inside mechanism of consumer's negative word-of-mouth after the product harm crisis. The results are as follows: after the product harm crisis, corporate ability association is more likely to reduce consumer's central negative word-of-mouth; corporate social responsibility association is more likely to reduce consumer's peripheral negative word-of-mouth; consumer's perceived risk acts as the mediator between corporate association and consumer's negative word-of-mouth. This study demonstrates that enterprise should establish a positive corporate image in production and operation and actively take measures to mitigate consumer's perceived risk in crisis management, which may reduce the possibility of negative word-of-mouth.

Key words: Product harm crisis; Corporate association; Perceived risk; Negative word-of-mouth

专业主编：曾伏娥

基于百度图片的湖北旅游网络形象可视化研究[*]

● 柴海燕[1]　郑妮靖[2]

(1，2　中国地质大学(武汉)经济管理学院　武汉　430062)

【摘　要】互联网环境下，来自旅游者和旅游组织的目的地网络图片建构了潜在旅游者对目的地的感知形象，影响其在目的地的行为。采用内容分析—符号学分析的综合研究方法，对百度图片中 300 幅湖北旅游图片进行可视化分析，并与"灵秀湖北"的官方旅游形象定位进行对比研究，可以发现山、水是湖北旅游的核心元素，其中一江两山、黄鹤楼是代表性符号。因此，可以强化一江两山和黄鹤楼的湖北旅游符号地位，增加其他吸引物的网络营销力度，打造景区盆景型景物，以增强湖北旅游的吸引力。

【关键词】湖北　旅游目的地网络形象　图片　可视化分析

中图分类号：C93　　　　文献标识码：A

1. 湖北省旅游形象定位的演变

有"九省通衢""千湖之省"美誉的湖北，自然和人文旅游资源丰富。21 世纪来，湖北省将旅游业作为国民经济的重要增长点，旅游形象定位几经更改。2001 年，受官方委托，中山大学旅游规划与发展研究中心编制了《湖北旅游发展总体规划(2001—2020)》，设计了第一个湖北旅游主题形象方案，即"一江两山·神奇浪漫"、"凤舞江汉·浪漫荆楚"，突出了当时湖北省重点打造的旅游精品"一江两山"(长江三峡、武当山、神农架)和以"凤"为图腾的楚文化。此后，在湖北旅游"十一五"规划中，为避免"一江两山"定位的狭窄，传递湖北旅游多样性特色，扩大市场覆盖面，改用"极目楚天舒，浪漫湖北游"的旅游宣传主题。这一主题非常模糊，未能切实点出湖北旅游的核心产品和特色。2008 年，为进一步扩大湖北旅游的影响力，湖北省旅游局在央视推出了"游三峡、登武当、探神农、品三国、逛武汉，湖北欢迎您"的旅游广告，将山水旅游、宗教文化、生态旅游、三国文化及都市旅游集于一身，点明了湖北省的主要旅游吸引物。但依据定位理论，成功的

* 本文是国家自然科学青年基金项目"环城游憩体验价值的多层结构体系对游客行为意向的影响机制研究(41301156)"研究成果。

通讯作者：柴海燕，E-mail：59822406@qq.com

定位和广告宣传诉求点不能太多，否则容易给旅游者造成认知混乱，且不利于旅游者的记忆。"游三峡"等旅游主题宣传在不到一分钟的时间里将五个主题产品依次呈现，不能给观众留下深刻印象。同年，湖北省政府提出建设"武汉都市旅游圈"和"鄂西生态文化旅游圈"的目标，鄂西土家风情成为继一江两山、三国文化和武汉都市旅游后湖北旅游主推的产品。为精练、浓缩湖北旅游特色并与各省的旅游宣传口号相一致，2010 年 10 月，湖北省政府将"灵秀湖北"确定为湖北旅游形象宣传主题口号，并由湖北省旅游局设计了形象标志。

在官方旅游形象不断修改的同时，学者们基于湖北旅游资源状况提出了多样化的旅游形象定位和口号。如熊元斌（2004）根据湖北省水体旅游资源丰富的特点，提出打造"千湖之省，水上王国"的湖北旅游整体形象；吴必虎、宋治清（2000）提出了"水与浪漫、新天下之中"的理念；曹诗图、曹君、王燕（2010）根据湖北的地脉、文脉、商脉的分析，认为湖北旅游应定位于"神奇江山·浪漫楚风"。曹诗图、韩国威（2012）认为"灵秀"二字并不能总括湖北旅游的特色，"灵秀湖北"四字略显单薄，与时下流行的省级旅游宣传口号不大一致，建议塑造"骄美湖北——神奇江山·浪漫楚风"的旅游整体形象。

综观对湖北旅游形象的各种看法，可以发现两个共同点：其一，无论官方或学界，其旅游形象定位及主题口号的提出都是基于文献和资源禀赋分析，鲜见可视化信息资料的运用；其二，山、水、浪漫楚文化是官方和学界旅游形象定位的关键词。

2. 图片传播在旅游目的地形象建构中的重要地位

20 世纪 30 年代，德国哲学家海德格尔提出了"世界图像时代"的著名论断，认为世界将作为图像被理解和把握。詹明信在论及后现代主义特征时，认为在时间发生断裂之际，"视频"与"图像"上升为主导性的文化样式，现实由此被转化为无所不在的影像或形象，神秘感、距离感也便随之消失。认知心理学的研究表明，一张图片胜过千言万语（a picture is more than a thousand words），并将其称之为"图片优势效应"。该理论认为，人类拥有巨大、无限的可视记忆，图片比文字能更好地、更长久地被人们记忆。直观、形象、表现力丰富的图像可以跨越任何阶层、文化、民族造成的传播障碍，传递稳定、一致的信息。此后，Paivio 的"双重编码理论"、Mayer 的"多媒体学习理论"和 Daft 与 Lenger 的"媒体丰富理论"都强调了图片、视频等多媒体表达方式对提升人类对信息的注意力、理解力和信息恢复方面的巨大作用（De Angeli et al.，2005；Hum et al.，2011；Hsieh and Chen，2011；Daft and Lenger，1986）。

图片与旅游之间存在着天然的、密不可分的关系，如果一个人在旅行中不拍摄一些照片就不是旅行。它作为旅游者旅行体验的证据和备忘录，帮助旅游者建构旅游记忆，形成旅游故事，维持社会关系，并通过不断地向观众传递"我做过的事"来形成自我的塑造。Urry（2009）的"游客凝视"理论认为，旅游中隐含着一个解释学的怪圈。人们在假日中寻找的不过是一组摄影图片，而这些图片人们早已在旅游公司的旅游手册、地方的旅游明信片或电视（影）节目中看到过。一旦旅游者踏上行程，他就开始搜寻并捕获那些图像。因此，Urry 认为，旅游本质上就是视觉性的消费地方的活动。Urry 的"解释学怪圈"被许多学者的实证研究结果所证明，说明图片建构了旅游者的期望结构、旅游凝视的方式及他们旅行图片的创造（Albers & James，1998；Markwick，2001；Kim & Richardson，2003；Hunter & Suh，2007；Caton & Santos，2008；Snow，2012；Stylianou-lambert，2012）。互联网技术的日臻完善，使视觉化的消费和促销目的地成为必然。旅游者通过论坛、博客、空间、微信朋友圈等媒体上传旅行图片表达旅行感受，使目的地的形象创造和扩散民主化，不再被目的地营销组织所控制。这些网络图片不再是"镜像化"的被动复制与展现，而是渗入了拍摄者强烈的认知意图和目的性，真实反映了他们对目的地的感知，也使诱致形象和感知形象之间的差异变得十分模糊（Lo & Mckercher，2015；Kim & Stepchenkova，2015）。而旅游作为享乐型的体验产品，信息的可视化能够帮助旅游者克服因无形性、异地购买而产生的购买疑虑，降低目的地的神秘感和距离感，建构其旅游目的地或产品形象，提高购买兴趣和意图。特别是其语言的直观性和感染力是文字无法比拟的，更多地与生命体验与感悟联系在一起（Kim & Stepchenkova，2015；Matteucci，2013；Katieet al.，2013；Rompay et al.，2010；Lin & Huang，2006）。越来越多的旅游学者也认识到词语有限的解释力，并更多地关注旅游中的可视证据，从人类学、社会学、心理学等多重视角研究旅游图片，剖析旅游者意图，建构目的地形象（Bandyopadhyay，2011；Hum et al.，2011；Stylianou-lambert，2012；Lo et al.，2011；Lee & Gretzel，2012；Kim & Stepchenkova，2015）。

以上的研究说明，旅游图片已成为剖析旅游者和目的地旅游组织看法和意图的重要资料，在目的地形象建构中产生重要影响。本文对互联网上关于湖北旅游的图片进行分析，剖析旅游者和相关旅游组织关于湖北旅游的形象感知及定位的侧重点，将其与"灵秀湖北"的官方定位作比较，进而提出策略建议。

3. 研究对象与研究方法

3.1 研究对象

截至 2015 年 12 月，百度搜索在搜索引擎用户中的渗透率为 93.1%。因此，本文选择以百度图片搜索为信息检索工具，于 2016 年 9 月 28 日以"湖北旅游"为关键词进行搜索，共得到 547000000 张图片。而根据已有学者的研究，网民不可能对所有检索到的信息进行浏览，而只可能浏览检索结果的前 1~2 页。百度图片检索结果的呈现也是按页码呈现，但第一次呈现时会有 3 页的内容，为更全面地分析湖北旅游网络图片，本文在进行样本选择时，选择了前 300 个图片，并将其复制于一个 word 文本中，对其中的每一幅图片进行相关分析。

3.2 研究方法

图片是旅游者表达旅游体验和想法的符号，我们可以从图片表现的内容、重点、方式来分析图片作者的思想感情和行为意志。因此，本文在对选择的 300 幅图片分析时采用了内容分析方法和符号分析方法相结合的综合研究方法。内容分析方法是对显现传播内容做客观、系统、定量的描述的一种研究技术，通过分析特定的词语、对象、人物及概念出现的频率，以总结材料中所表现的内容、特点及规律。该方法是进行旅游图片研究中最常用的方法。首先，本文利用内容分析方法根据图片展现的湖北旅游内容对图片进行命名；其次，根据旅游要素对相关内容进行归类并计算其出现的频次；最后，给出样本范围内湖北旅游图片结构。

符号学理论认为，人的意识过程就是一个符号化的过程，思维是对符号的一种组合、转换和再生的操作过程，这让符号成为人类认识事物的媒介。旅游是旅游营销者基于目的地旅游吸引物，利用符号在旅游广告、手册等旅游宣传品中表达、定位旅游目的地过程，同时，也是旅游者通过旅游体验活动解释这些旅游符号的过程。旅游图片就是旅游目的地组织定位、传播目的地的符号，也是旅游者表达旅行体验的符号。但正如巴尔特所言，符号的显意过程有两个层面组成，即原意（denotation）和增意（connotation）。原意直接指向符号所指代事物的物理存在或现实状态，而增意的过程则是主观任意的，受读者的教育程度、性格等多方面的影响，导致不同的读者对图片的解读是不同的。为了尽量减少编辑者个人在图片解读中的主观因素影响，在对所选图片进行编码时组成了 10 人小组，每个成员单独对图片进行编码，并对结果进行统计分析，对差异较大的进行讨论、确定。最后，根据表述内容进行分类，计算不同代码出现的频率，并综合所有案例，对可能的数据单元进行综合分类，发现其潜在的规律，分析明示含义和隐藏含义。

4. 研究结果

4.1 内容分析的归类研究

通过百度图片搜索获得的 300 幅图片中，有 54 幅图片与湖北旅游无关，主要涉及周边省份的旅游景点。本文首先利用内容分析方法对 246 幅图片进行了命名和归类，结果见表 1：

表 1 湖北旅游百度图片分类表

类别	数量	比例
旅游吸引物（景点）	160	65%
旅游地图	32	13%
旅游 LOGO	10	4%
旅游职能部门主导旅游活动	17	6.9%
旅游交通	4	1.6%
旅游特产、美食	8	3.4%
旅游企业资质、图书、专业学习、旅游者活动、其他	15	6.1%

关于湖北旅游的图片主要来自湖北旅游官方网站、旅行企业网站、网络媒体网站和个人博客、空间及旅游论坛等，这些图片作为展示湖北旅游形象的符号出现，从中折射出旅

游组织、个人对湖北旅游的总体看法和定位。表1展示了整体的图片分布情况,旅游吸引物、旅游地图、旅游LOGO和湖北旅游职能部门的活动是湖北旅游图片的核心。除旅游吸引物外,旅游地图、LOGO和旅游局活动之所以能进入旅游图片检索排名的前列,并占相当重要的比重,可能是因为百度搜索引擎是依据相关性来检索,而湖北旅游地图、湖北旅游LOGO以及湖北旅游局活动与"湖北旅游"关键词密切相关,增加了其被检索到的可能性。其中,"灵秀湖北"的旅游LOGO图片有8幅,分别来自不同的网站,其多次出现客观上宣传了湖北旅游形象官方定位,增加了网民对湖北旅游形象口号的认知。而32幅湖北旅游地图,包括旅游景点分布图、旅游交通地图、旅游圈分布图及各地市旅游地图和湖北省行政区划图,以地图的形式将湖北旅游资源或吸引物概况进行了全面介绍,并明确了其具体的区位,是一种概况介绍,结果见表2:

表2 湖北旅游吸引物图片分类表

旅游圈	具体吸引物	数量	比例
武汉都市旅游圈	黄鹤楼	16	6.5%
	湖北省博物馆	8	3.3%
	东湖	4	1.6%
	木兰山(含山、湖、天池)	7	2.8%
	武汉市景(含长江大桥、江滩、江汉路等)	7	2.8%
	武汉市内大学美景	10	4.1%
	大别山(天堂寨)	5	2.0%
	温泉度假区	4	1.6%
	其他	18	7.3%
	总计	79	32%
鄂西生态文化旅游圈	神农架	16	6.5%
	武当山	16	6.5%
	三峡及三峡大坝	16	6.5%
	清江画廊	4	1.6%
	恩施景点(含腾龙洞、恩施大峡谷)	10	4.1%
	其他	19	7.7%
	总计	81	33%

湖北旅游图片中最多的类别是具体旅游吸引物的图片,共160幅,占图片总量的65%。在表2中,本文根据湖北省旅游"十二五"规划中"以武汉为龙头,加快建设武汉城市圈,积极构建鄂西生态文化旅游圈"的一城两圈的旅游发展战略,将160幅关于湖北旅游的图片按其所在旅游圈,分为两大部分:武汉都市旅游圈和鄂西生态文化旅游圈。武汉

都市旅游圈以武汉为中心，涵盖孝感、咸宁、鄂州、黄冈、仙桃、黄石、潜江、天门等"1+8"城市圈，根据内容分析和统计数据来看，该旅游圈核心旅游吸引物是以武汉市的标志景点，如黄鹤楼、湖北省博物馆、东湖、木兰山及红色旅游吸引物——大别山为主，还包括几个周边地区的景点，如孝感的双峰山、观音湖、咸宁温泉等。但除核心吸引物外，其他吸引物的图片出现次数多为 1 次或 2 次，知名度和影响力有限。鄂西生态旅游圈是湖北旅游"十二五"期间重点打造的旅游圈，涵盖鄂西、南的所有地区，旅游资源丰富。由图片分析和统计来看，该圈的核心吸引物还是"一江两山(长江三峡及三峡大坝、武当山和神农架)"。近年来，旅游发展迅猛的恩施地区的吸引物图片也多次出现，如腾龙洞、恩施大峡谷及相邻的清江画廊。

2011 年，湖北省在提出"灵秀湖北"旅游形象定位时，曾推出"灵秀湖北十大名片"和"灵秀湖北十大新秀"，重点推介省内知名和新兴的旅游吸引物(见表3)。从检索图片来看，灵秀湖北十大旅游名片中涉及的旅游吸引物除随州炎帝神农故里外，其他景区都多次

表3　　　　　　　　　**灵秀湖北十大名片和十大新秀检索图片对比表**

	旅游吸引物	所属地区	检索数量		旅游吸引物	所属地区	检索数量
灵秀湖北十大名片	三峡大坝、三峡人家、巴东神农溪	宜昌	16	灵秀湖北十大新秀	大洪山——明显陵	随州钟祥	0
	黄鹤楼公园——辛亥首义	武汉	16		洪湖旅游区——瞿家湾镇、蓝田生态园、悦兮·半岛温泉	洪湖	0
	随州炎帝神农故里	随州	0		黄梅禅宗文化——四祖、五祖和妙乐寺	黄梅	0
	武汉东湖——省博物馆	武汉	12		麻城红杜鹃——龟峰山	麻城	0
	三国文化——襄阳古隆中、荆州古城、赤壁古战场、当阳关陵、鄂州吴王城	襄阳荆州赤壁当阳鄂州	6		秭归屈原故里	秭归	2
	恩施大峡谷——利川腾龙洞	恩施	6		宜昌柴埠溪峡谷	宜昌	0
	咸宁温泉	咸宁	4		长阳清江画廊	长阳	4
	武当山	十堰	16		梁子湖生态旅游区	武汉鄂州	0
	神农架	神农架	16		武昌户部巷	武汉	0
	大别山红色旅游——红安黄麻纪念园	黄冈	6		通山九宫山——隐水洞	咸宁通山	1

出现，说明湖北旅游网络形象构成的元素与官方建构"灵秀湖北"这一品牌形象的元素是一致的。同时，推出的灵秀湖北十大新秀作为湖北旅游的重点扶持对象和未来旅游经济的生长点，从统计数据来看，除长阳清江画廊、秭归屈原故里和通山九宫山外，其他旅游吸引物在246幅湖北旅游图片中都未出现，甚至世界文化遗产——钟祥明显陵，也未有一张图片出现。相反南漳香水河、黄陂的木兰山、孝感的观音湖等却有多张图片出现，这说明作为灵秀湖北的新秀产品，相关旅游地在营销宣传，特别是网络营销宣传方面有待提升，而旅游官方组织在推出新秀产品时更多地考虑旅游产品的丰富性和地区平衡，与市场的接受度存在一定距离。

从整个湖北省来看，旅游图片中排名前列的旅游吸引物是：神农架、黄鹤楼、武当山、三峡及三峡大坝，即传统的"一江两山+黄鹤楼"仍是湖北旅游的代表性符号。其他的旅游吸引物图片都未超过10幅，其中，湖北省博物馆、木兰山、大鄂西（清江、腾龙洞、恩施大峡谷）等吸引物图片虽出现频次不高，但从数量上看，是湖北旅游的第二梯队。

4.2 符号学分析

4.2.1 山水是湖北旅游的核心元素

根据符号学理论，符号分为三种类型：像符（icon）是符号与对象之间存在相似关系，如图片、地图、照片、图表、明信片；征像（index）是符号与对象之间存在因果关系；象征（symbol）是符号与对象之间通过社会认同来建立关系，它们之间没有相似或因果关系。在湖北旅游图片中，哪些元素构成了湖北旅游的核心吸引力？本文基于符号学的分析表明，山、水是湖北旅游图片中传递的核心元素（见表4）。

表4　　　　　　　　　　山水元素在湖北旅游图片表现统计表

名称	数量	名称	数量	名称	数量
仅含"山"	42	"山水"共有	66	仅"水"	34

湖北旅游图片中关于山、水的表现主要是通过像符来表现，如直接的山景、水景或山水景展示。有的是以旅游地图或旅游景区地图或图例说明的形式存在。在246幅图片中，有142幅图片以山、水为景观核心，以人工建筑为景观核心的图片仅有45幅，其中主要展示的人文建筑景观有：黄鹤楼（16）、湖北省博物馆（7）、襄阳城楼（2）、荆州古城（1）、武当山道教建筑（10）、秭归屈原祠（2）、木兰山门景（3）、报恩寺（2）、莲花山建筑（1）、恩施土司城（1）。由此可见，山水是湖北旅游图片中主要表达的元素，山水湖北是湖北旅游的主要吸引物，这与湖北"七山二水一分田"的地貌特征和千湖之省、两江汇流的地理特征是十分吻合的。因此，灵山秀水是灵秀湖北旅游定位的基础，山水是湖北旅游的核心吸引物。

与山水作为湖北旅游吸引物的核心元素相比，人文要素在检索到的湖北旅游图片中所占比重较低。除武汉的地标建筑黄鹤楼、武当山道教古建筑和湖北省博物馆多次出现外，在灵秀湖北旅游名片中提及的三国文化、神农文化、屈原文化、明显陵墓葬文化、禅宗文化等代表旅游吸引物都是偶尔出现，有的根本未出现，折射出湖北旅游人文要素的欠缺。究其原因，不是湖北没有特色的区域文化和历史名人，而是人文旅游资源发掘、包装和宣传的不足。楚文化是滥觞、发展、繁荣于湖北的区域文化，被称为华夏文化的南支。虽然历经 2000 多年历史变迁，楚文化地上遗址都已湮没，但半个世纪以来多座楚墓的发掘，特别是曾侯乙墓出土了大量国宝级文物，使楚文化再次进入世人的视野。湖北省博物馆作为馆藏楚文化文物最多的博物馆多次出现在检索结果中，就是楚文化被各地游客接受的证据。楚文化地面遗址虽已不存在，但楚文化的各种元素还在，可以楚文化为载体开发旅游产品，或以楚文化为内核包装旅游产品。但湖北旅游界对楚文化的开发力度较弱，除东湖磨山楚城外，检索结果中未出现其他的表现楚文化元素的人文吸引物。而以神农炎帝、屈原、陆羽、李时珍、公安三袁等为代表的湖北名人文化也在检索的图片中很少出现，特别是屈原作为中国首位浪漫主义诗人所代表的楚辞文化、爱国思想和端午习俗文化本应大力发扬，但除秭归的屈原故里外，未见其他的旅游活动和纪念场所。

4.2.2 以武当山和黄鹤楼图片拍摄技法为例的符号学分析

图片是镜头拍摄的产物，图片不同的拍摄角度和取景范围表达了拍摄者对景物的看法和态度。本文以检索结果中的黄鹤楼、武当山图片为例，剖析这两个核心吸引物镜头符号的意义，统计、总结湖北旅游镜头符号文化。黄鹤楼图片共 16 幅，展现主楼风采的有 10 幅，基本使用仰拍技巧，因为黄鹤楼楼体高大，拍摄者如没有一定的距离或使用仰拍技术是无法取其全景的。5 幅是主楼前门景区，采用俯拍的技术，呈现黄鹤楼门牌坊和附属建筑景观、长江大桥、长江及对岸的龟山和电视塔，清楚交代了黄鹤楼的地理区位。1 幅是黄鹤楼附属池塘的图片，采用平视的拍摄技法。黄鹤楼公园的核心吸引物就是黄鹤楼，对黄鹤楼主楼采用仰拍的技巧展现了黄鹤楼巍峨、雄壮的风采，而站在黄鹤楼顶层俯拍黄鹤楼门景区，拍摄范围扩大，将黄鹤楼周边景物纳入其中，展现了"极目楚天舒"、"风墙动，龟蛇静，起宏图。一桥飞架南北，天堑变通途"的美景。而平视拍摄的小桥流水画面给人以江南水乡的宁静，与黄鹤楼主楼的巍峨阴阳互补，增添更多的生机和情趣。但图片以仰拍和俯拍为主要拍摄手段，呈现黄鹤楼全景照为主，并未出现黄鹤楼公园内的细部景物特写景，说明黄鹤楼仅是一个供远观的仿古建筑，内部缺乏可供游人细细品味的精致景物，除了主楼以外，没有打动游人的其他景观。

武当山的图片共 16 幅，其中，以航拍俯视拍摄武当山全景图 5 幅，5 幅中有 3 幅云雾缭绕，展现了武当山仙山琼阁的魅力，另 2 幅清晰地展现了武当山沿路道观建筑密布的情况。另有 6 幅展示武当山道观建筑(含金殿)，2 幅真武像、2 幅武当山景区牌匾和 1 幅游客活动图片。武当山是道教文化圣地，道教古建筑群是世界文化遗产，其俯拍全景、仰拍金殿、拉远镜头拍摄山中道观、近距离拍摄真武像都展现了武当山道教建筑的胜景和仙山琼阁的魅力，烘托出深山古寺的意境。同时，武当山图片中大部分是展示武当山道教古建筑的，特别是金殿，仅在一幅图片中出现了武当山道士，说明古建筑欣赏是武当山旅游的主要体验活动，而武当道教文化，如武当武术、武当道教活动等都还未形成对游客的吸引力，或特色道教体验性活动还未在旅游产品设计中占据重要地位。

总体而言，湖北旅游图片中俯拍较多，主要因为湖北旅游吸引物的核心是山水景观，为全面展现山水景观的特质，拍摄的角度都选用了航空俯拍或在更高的高度俯拍的效果，这进一步说明山水景观在湖北旅游的地位。同时，过多的远景拍摄也反映出湖北旅游在景区细部打造上较为粗糙。

5. 结论与建议

5.1 山水景观是湖北旅游的核心吸引物，强化一江两山和黄鹤楼的湖北旅游符号地位

从上文对湖北旅游网络图片的内容分析和符号分析的结果来看，山水景观是湖北旅游的核心吸引物，传统的一江两山和黄鹤楼在网上拥有更高的认识度，理应将其作为湖北旅游的符号加以强化，使其成为湖北旅游的代表。黄鹤楼一直以来都是武汉旅游的地标，但武汉的旅游地标同样也可作为湖北旅游的地标。一江两山是湖北旅游长期推介的核心旅游产品，现在仍然拥有很高的知名度和影响力，也应作为湖北旅游的代表和符号进一步强化。但长江三峡、武当山、神农架景区面积大、吸引物众多，在选择其作为湖北旅游符号时，必须注意核心吸引物的提取。从百度搜索图片结果来看，黄鹤楼吸引物单一，就是黄鹤楼的主楼，辨识度很高。长江三峡则有三峡大坝、三峡峡谷景观等多种表现，本文建议以三峡大坝作为三峡旅游的代表，因其拥有很高的唯一性和辨识度。武当山图片以武当山俯拍全景图和各道观为主，其中武当山全景图充分展现了武当山仙山琼阁的魅力，本文建议将其作为湖北旅游的符号。神农架因野人之谜和原始森林风光而充满神秘色彩，百度图片检索结果中关于神农架的图片最为分散，有神农顶、大九湖、红坪等，主题不集中，多个吸引物辨识度不够。本文建议以神农顶神农头部雕像为神农架的代表，并在以后的旅游宣传中强化它的地位。如此，湖北旅游的符号就精练为黄鹤楼主楼、武当山全景、神农顶和三峡大坝，辨识度高，唯一性强，自然美景和文化底蕴并重。

5.2 增加湖北旅游新秀的网络营销宣传力度

在抽取的 246 幅图片中，虽然涉及的旅游吸引物达 50 多个，但灵秀湖北推介的旅游新秀景区图片寥寥无几，其认知度和影响力微弱，也说明对扶持景区的宣传力度有限，如大部分旅游新秀景区都没有专门的旅游网站(页)，地方政府官网中也很少针对景区或目的地的宣传。有鉴于此，本文建议十大旅游名片和新秀景区均应开设自己专门的网站，将吸引物的多侧面美景以图片的形式上传。同时，利用官方微博、旅游论坛等社交媒体进行图片或文字宣传，增加其认知度和影响力。还要与旅行社、旅游网站合作，在包含本景点的旅游线路宣传中增加图片宣传的分量。

5.3 增强景区细部景物的打造，增加游客的可游性

从 246 幅湖北旅游图片及黄鹤楼、武当山案例图片的拍摄技法来看，利用俯拍、仰拍展现景区全景概貌的图片占大部分，鲜见景区内部细致的特写景，这可能与湖北旅游以山、水景物为主有关。但在一定程度上也反映出湖北旅游景区中很少有能抓住游客注意力和镜头，或打动旅游组织将该景物作为景区代表的特写景。如果只有宏观的景色，而缺乏精致的盆景型景点，则必然大大弱化景区的可游性，减少游客的旅游兴致。因此，建议在

景区维护和建设时，增加盆景型精致吸引物的打造，提高景区的可游性，烘托主景物的魅力。

◎ 参考文献

[1] 曹诗图，曹君，王燕. 试论湖北旅游形象的定位与塑造[J]. 旅游论坛，2010，3(6).

[2] 曹诗图，韩国威. 对"灵秀湖北"旅游形象主题口号与标志的商榷[J]. 三峡论坛，2012(3).

[3] 湖北省旅游局、中山大学旅游发展与规划研究中心(编制). 湖北省旅游发展总体规划：2001—2020[M]. 北京：中国旅游出版社，2003.

[4] 刘庆林，段晓宇. 服务业开放模式与中国的路径选择[J]. 济南大学学报(社会科学版)，2016(4).

[5] 马秋芳，孙根年. 基于符号学的秦俑馆名牌景点形成研究[J]. 旅游学刊，2009(8).

[6] 吴必虎，宋治清. 湖北省旅游形象初探——新天下之中[J]. 人文地理，2000，15(5).

[7] 熊元斌. 湖北省水体旅游资源的特色、价值与开发对策[J]. 水利经济，2004，22(5).

[8] Iohn Urry. 游客凝视[M]. 杨慧，赵玉中，王庆玲，刘永青，译. 桂林：广西师范大学出版社，2009.

[9] 杨振之，邹积艺. 旅游的"符号化"和"符号化"旅游[J]. 旅游学刊，2006，21(5).

[10] 周常春，唐雪琼. 符号学方法和内容分析方法在旅游手册研究中的应用[J]. 生态经济，2005(6).

[11] 中国互联网络信息中心. 2015 年中国搜索引擎市场研究报告[EB/OL]. http://www. cnnic. net. cn/hlwfzyj/hlwxzbg/ssbg/201607/P020160726510595928401. pdf.

[12] Caton, S. Closimg the hermeneutic circle? Photographic encounters with the other [J]. *Annals of Tourism Research*, 2008, 35(1).

[13] Chen, H. How Different Information Types Affect Viewer's Attention on Internet Advertising [J]. *Computers in Human Behavior*, 2011(27).

[14] Daft, L. Organizational Information Requirements, Media Richness and Structural Design [J]. *Management Science*, 1986, 32(5).

[15] De Angeli, C., Johnson, R. Is a Picture Really Worth a Thousand Words? Exploring the Feasibility of Graphical Authentication Systems [J]. *Int. J. Human-Computer Studies*, 2005 (63).

[16] Garrod. Understanding the Relationship between Tourism Destination Imagery and Tourist Photography[J]. *Journal of Travel Research*, 2009. 47(3).

[17] Hum, C. et al. A Picture is Worth a Thousand Words：A Content Analysis of Facebook Profile Photographs [J]. *Computers in Human Behavior*, 2011(27).

[18] Spink, J.. How are We Searching the World Wide Web? A Comparison of Nine Search Engine Transaction Logs [J]. *Information Processing & Management*, 2006, 42(1).

[19] Kim, S. Effect of tourist photographs on attitudes towards destination, manifest and latent

content [J]. *Tourism Management*, 2015(49).

[20] Lee, G. Designing Persuasive Destination Websites: a Mental Imagery Processing Perspective [J]. *Tourism Management*, 2012(33).

[21] Lin, H. Internet Blogs as a Tourism Marketing Medium: a Case Study [J]. *Journal of Business Research*, 2006(59).

[22] Lo, M., Lo, C., Law. Tourism and online photography [J]. *Tourism Management*, 2011 (32).

[23] Lo, M. Ideal image in process: online tourist photography and impression management [J]. *Annals of Tourism Research*, 2015(52).

[24] Markwick. Postcards from malta: Image, consumption, context [J]. *Annals of Tourism Research*, 2001, 28(2).

[25] Michaelidou, S., Moraes, M. Do marketers use visual representations of destinations that tourists value? Comparing visitors' image of a destination with marketer-controlled images online [J]. *Journal of Travel Research*, 2013, 52(6).

[26] Rompay, de Vries, V. More than words: On the important of picture-text congruence in the online enviroment [J]. *Journal o Interactive Marketing*, 2010(24).

[27] Snow, S. By the way: Individuality and convention in tourists' photographs from the United States, 1880-1940 [J]. *Annals of Tourism Research*, 2012, 39(4).

[28] Spink, W., Jansen, S. Searching the web: The public and their queries [J]. *Journal of the American Society for Information Science and Technology*, 2001, 52(3).

[29] Stylianou, L. Tourists with cameras: Reproducing or producing? [J]. *Annals of Tourism Research*, 2012, 39(4).

[30] Zhang, W. N. Clustering user queries of a search engine [C]. Proceeding of the 10th International Conference on World Wide Web. New York: ACM, 2001.

A Visual Analysis of Hubei Province Online Destination Image: Based on Photographs from Baidu Search Engine

Chai Haiyan[1]   Zheng Nijing[2]

(1, 2   Economics and Management School of China University of Geoscience, Wuhan, 430062)

Abstract: The studies of destination image to Hubei province are very rare to use visual information, especially photographs. Online photographs that are from tourists and tourism organize lead and shape tourists' perceived image to destination, and influence their behavior. The paper was based on compound content analysis-semiotic analysis method and a purposive sample of 300 photographs gathered from Baidu search engine. It was found that mountains and rivers was the nucleus of Hubei province online destination image, in which "one river and two mountains" and Yellow Crane Tower were representational travel symbol. The suggesting is as following: to strength the status of travel symbol about "one river and two mountains" and yellow crane pavilion; broaden online marketing to other travel attractions; build exquisite miniature garden spots.

Key words: Hubei province; Online destination image; Photograph; Visual analysis

专业主编：曾伏娥

基于要素品牌战略的间接广告补贴和动态合作广告策略研究*

● 许明辉[1] 刘晚霞[2]

（1，2 武汉大学经济与管理学院 武汉 430072）

【摘　要】 在要素品牌战略背景下，本文研究要素供应商为制造商提供间接广告补贴模式下的动态合作广告策略，运用微分博弈方法，得到供应商与制造商实施要素品牌战略的条件及最优决策，并用数值算例进一步分析供应商品牌"光环效应"对供应链成员最优决策、商誉和利润现值的影响。研究结果表明，当供应商的边际利润超过一定阈值，且制造商广告对销量和商誉的影响较大时，供应商和制造商才会合作实施要素品牌战略。实施要素品牌战略不仅可以激励供应链成员投入更多广告，还能提高各成员的品牌商誉、利润水平以及系统整体性能。

【关键词】 要素品牌 合作广告 间接广告补贴 微分博弈

中图分类号：F273；F224　　　　　文献标识码：A

1. 引言

经济腾飞带来的物质空前富足，产品高度同质化，市场竞争异常激烈，使品牌成为企业间的重要竞争手段。在多数情况下，直接面向消费者的供应链下游成员（如制造商或零售商）往往更容易获得顾客认可和品牌知名度，而离消费者较远的上游成员（如供应商）则多不为人知。因此，核心零部件供应商和最终产品制造商之间的广告博弈，往往以后者的屈服或失败而告终。1991 年，英特尔实施"Intel Inside"计划，与 IBM、康柏、捷威和戴尔等制造商合作，鼓励它们将"Intel Inside"标志融入广告和计算机。该计划实施的条件是英特尔为其下游合作企业承担部分合作广告费用，数额为这些企业售出的包含英特尔产品的销售收入的 3%（若包装上也添加该标志，则是 5%）①。该计划成就了电脑要素供应商与消费者的首次直接沟通，实施的首个年度，英特尔全球销量就飙升了 63%，终端用户认

---

*　基金项目：国家自然科学基金资助项目"最优动态库存控制、定价与广告联合决策研究"（71371146），武汉大学人文社会科学青年学者团队建设计划资助。

通讯作者：许明辉，E-mail：mhxu@ whu. edu. cn

①　Aaker，D. A. 创建强势品牌［M］. 北京：机械工程出版社，2012：5-18.

可度也翻了一番①。英特尔这一营销计划就是要素品牌战略，即最终产品制造商将核心零部件供应商的品牌标志融入自己的品牌广告中，以宣传供应商要素品牌的一类市场实践，合作广告问题常伴随这类实践产生。

"Intel Inside"计划不仅使英特尔成功打造全球知名度和创造巨额利润，而且更重要的贡献是颠覆了人们对要素营销理念的认识，让市场营销者受到了品牌营销的启发②。那么有效实施要素品牌战略，对企业自身有何要求？企业应该如何作出科学的广告决策？这对企业绩效又会产生何种影响？为探索上述问题，本文以要素品牌战略为背景，根据英特尔与 IBM 和戴尔等公司合作的实际情况建立动态广告模型，运用微分博弈的方法，研究要素供应商与制造商之间采用间接广告补贴模式下的合作广告策略问题，以得到供应链成员的最优广告决策，以及实施要素品牌战略对供应链成员的决策、利润和系统整体性能的影响。

2. 文献综述

国内外学者对合作广告和要素品牌战略的相关研究由来已久。其中，合作广告相关研究最早是从广告决策不随时间变化的静态模型分析开始的。Berger（1972）将合作广告问题模型化，研究制造商为零售商提供基于零售商销量的间接广告补贴（价格折扣）时的广告策略，发现制造商和零售商均能从中获益。Berger（1973）在此基础上考虑上游成员为下游成员提供直接广告补贴，并说明了广告参与率决策的重要性。此后许多合作广告相关文献均将广告参与率作为重要的决策变量来研究，如 Xie 和 Ai（2006），胡本勇和彭其渊（2008）等。王磊等人（2006）还比较了直接费用分摊和价格折扣两种不同的广告补贴方式，研究表明供应链成员双方更倾向于直接广告补贴方式。徐建忠等人（2008）同样考虑促销费用分摊和价格折扣间接补贴两种联合促销策略，发现两种策略适用条件不同，均能使供应链成员效益达到最优。

相对于上述静态模型分析，动态模型分析同时考虑广告的短期影响和长期影响，且供应链成员以最大化长期利润为目标进行决策，更符合可持续发展的思想。Nerlove 和 Arrow（1962）构建了经典的 Nerlove-Arrow 模型描述广告对商誉的影响，该模型被 Tapiero（1979），Jorgensen 等人（2001）及众多学者引用并进行拓展。Amrouch 等人（2008）在 Nerlove-Arrow 模型基础上，研究制造商品牌和零售商自有品牌并存时的动态广告决策以及价格决策。吕芹和霍佳震（2011）用微分博弈的方法研究了 Stackelberg 主从博弈和纳什非合作博弈两种不同情形下的最优广告投入决策和广告参与率决策，发现前一种情形下的决策更优。Amrouch 等人（2008），吕芹和霍佳震（2011）等动态合作广告文献均假设上游成员提供的广告补贴是基于下游成员投入的实际广告费用，而本文在要素品牌战略背景下，

---

① 菲利普・科特勒，瓦得马・弗沃德. 要素品牌战略：B2B2C 的差异化竞争之道［M］. 李戎，译. 上海：复旦大学出版社，2010：12-49.

② Norris, D. G. "Intel inside" branding a component in a business market［J］. *Journal of Business & Industrial Marketing*, 1993, 8(1)：14-24.

研究要素供应商基于制造商的销售额为制造商提供间接广告补贴时的动态合作广告决策。

要素品牌战略早已成为有效的市场营销策略，许多学者进行了相关研究。Norris（1992）较早研究要素品牌战略对供应商和制造商品牌的积极作用，Norris（1993）还着重分析了"Intel Inside"计划对英特尔和市场营销实践的重大影响。除了建立品牌优势，Giakoumaki（2016）通过实证研究证实要素供应商的广告有利于消费者建立品牌忠诚度，增加消费者对最终产品的购买意向和购买概率。国内学者赵先智（2012）、王海忠等人（2012）、李桂华等人（2014）发现要素品牌战略可以刺激品牌要素和最终产品的需求，提高供应商和制造商的利润和商誉，以达到双赢。以上文献，包括 Tiwari 和 Singh（2012）、Radighieri 等人（2014）均说明实施要素品牌战略不仅能实现品牌差异化，还能创造消费者需求，但是它们多为实证研究和定性分析。Zhang 等人（2013）建立模型研究由要素供应商与 OEM 构成的供应链中的动态合作广告策略，但是以广告参与率（直接广告成本分担）作为决策变量，且未考虑实施要素品牌战略时供应商广告对最终产品需求的刺激作用。本文所考虑的动态合作广告模型中，不仅同时考虑了制造商和供应商广告对销量的影响，而且更重要的是研究了要素品牌供应商采用间接广告补贴模式，即供应商基于制造商的销售额按照一定的百分比进行广告补贴所产生的相关影响。据我们所知，这是第一次在要素品牌供应商采用间接广告补贴模式下，采用微分博弈方法研究动态合作广告问题，分析要素品牌战略对供应链成员广告决策、品牌商誉以及利润的影响。为便于阅读，命题证明和相关计算放于附录中。

3. 问题描述与模型构建

考虑由一个供应商和一个制造商组成的供应链系统：制造商从供应商处购买核心零部件用于最终产品的生产，投入广告建立其品牌，并将最终产品销售给消费者。而供应商为了打造自己的品牌，与制造商合作实施要素品牌战略，不仅直接对最终消费者做广告，还主动分摊制造商的广告费用，数额为制造商所售出的包含供应商核心零部件的最终产品的销售额的一定百分比（与直接分担制造商的广告费用相比，称之为间接广告补贴方式），而制造商将供应商品牌元素融入其最终产品以及广告中。

要素供应商通过决策其广告努力水平 A_S 和广告补贴率 θ 来实现利润现值最大化。其中广告补贴率 θ 表示供应商为制造商提供的广告补贴费用占制造商售出的最终产品的销售收入的百分比。制造商的决策变量为其广告努力水平 A_M。

与 Zhang 等人（2013）类似，根据拓展的 Nerlove-Arrow 模型，构建制造商与供应商品牌商誉状态变化微分方程：

$$\dot{M}(t) = \alpha_M A_M(t) + \beta_M S(t) - \delta M(t), \ M(0) = M_0 \tag{1}$$

$$\dot{S}(t) = \alpha_S A_S(t) + \beta_S A_M(t) - \delta S(t), \ S(0) = S_0 \tag{2}$$

这里，δ 为品牌商誉的消逝率，正常数 α_M 和 α_S 分别代表制造商和供应商的广告对自身品牌商誉的影响程度，M_0 和 S_0 分别表示开始时刻制造商和供应商的品牌商誉水平，正常数 β_M 和 β_S 分别用来标识供应商品牌的"光环效应"程度，以及制造商广告的"溢出效应"程度。β_M 越大，意味着供应商零部件对最终产品越关键；β_S 越大，说明制造商广告对供应商要素品牌商誉的促进作用越大。

实施要素品牌战略时，最终产品的销售量同时受到供应商和制造商的广告以及制造商的商誉影响，因此销量函数可表示为

$$Q(t) = aA_M(t) + bM(t) + cA_S(t) \tag{3}$$

其中 a，b，c 为非负常数，a 和 c 分别表示制造商和供应商广告对需求的影响程度，b 反映了制造商广告刺激商誉从而对需求产生的拉动作用，即制造商广告对需求的长期影响。不失一般性，假设每单位最终产品使用一单位的供应商所提供的零部件，则供应商的销量 Q_S 满足 $Q_S = Q$。

制造商与供应商的广告成本为其广告投入的递增凸函数，具有边际递增特征。为得到问题的解析解并更好地揭示管理意义，假设制造商与供应商的广告成本分别为：

$$C(A_M(t)) = \frac{1}{2}(A_M(t))^2, \quad C(A_S(t)) = \frac{1}{2}(A_S(t))^2 \tag{4}$$

令制造商的最终产品销售价格为 p，且为外生的。制造商和供应商的固定边际利润分别记为 ρ_M 和 ρ_S，两者 t 时刻的利润分别为

$$\pi_M(t) = (\rho_M + \theta p)Q(t) - C(A_M(t)) \tag{5}$$

$$\pi_S(t) = (\rho_S - \theta p)Q(t) - C(A_S(t)) \tag{6}$$

其中，$\theta p Q(t)$ 为供应商为制造商提供的基于制造商销售收入的广告补贴，这是一种间接的合作广告补贴方式。与王磊等（2006），徐建忠等（2008）相比，相当于每销售出一单位最终产品，供应商为制造商提供数额为 θp 的批发价格折扣。显然，间接广告补贴率 θ 需满足条件 $0 \leqslant \theta < \rho_S/p$。下文中，在不出现混淆的情况下，书写将省略时间指标 t。

在无限时间段中，制造商与供应商均以实现利润现值最大化为目标。记贴现率为 r，则制造商和供应商的利润现值动态优化问题为：

$$\max_{A_M} J_M(A_M, A_S, \theta) = \int_0^{+\infty} e^{-rt}\pi_M(t)\,dt \tag{7}$$

$$\max_{A_S, \theta} J_S(A_M, A_S, \theta) = \int_0^{\infty} e^{-rt}\pi_S(t)\,dt \tag{8}$$

4. 模型分析

假设要素供应商和下游制造商进行以供应商为主导者的 Stackelberg 博弈。首先，供应商确定提供给制造商的间接广告补贴率 θ；然后，供应商与制造商同时决策各自最优广告努力水平 A_S 和 A_M。根据式（7）和式（8）构建现值哈密顿函数，给定广告补贴率 θ（$0 \leqslant \theta < \rho_S/p$），可求得制造商与供应商的最优广告努力水平关于 θ 的反应函数（参见命题 1 的证明）：

$$A_M(\theta) = (\rho_M + \theta p)\left[a + \frac{\alpha_M b}{r+\delta} + \frac{\beta_S \beta_M b}{(r+\delta)^2}\right] \tag{9}$$

$$A_S(\theta) = (\rho_S - \theta p)\left[c + \frac{\alpha_S \beta_M b}{(r+\delta)^2}\right] \tag{10}$$

由式(9)和式(10)可知，制造商和供应商的最优广告努力水平并不随时间 t 的变化而变化。供应商的广告投入与其提供的广告补贴率成负相关关系，而制造商的广告投入受到广告补贴率的正向影响。将式(9)和式(10)代入式(1)和式(2)，可得到制造商和供应商的商誉水平关于广告补贴率 θ 的反应函数；再将制造商和供应商的广告以及商誉反应函数代入式(5)和式(6)，得到供应链各成员的利润反应函数。为使利润现值最大化，供应商和制造商各自做出最优广告决策，由下面的命题1给出。

命题1 当且仅当 $F > I$，$\rho_S > (F^2\rho_M + rG)/(F^2 - I^2)$ 时，供应商与制造商一致同意合作实施要素品牌战略。此时，供应商提供的基于制造商销售额的最优广告补贴率为：

$$\theta^* = \frac{(F^2 - I^2)\rho_S - F^2\rho_M - rG}{(2F^2 - I^2)p} \tag{11}$$

制造商与供应商的最优广告努力水平分别为：

$$A_M^* = \frac{(F^2 - I^2)(\rho_M + \rho_S) - rG}{2F^2 - I^2}F \tag{12}$$

$$A_S^* = \frac{F^2(\rho_M + \rho_S) + rG}{2F^2 - I^2}I \tag{13}$$

其中 $F = a + \dfrac{\alpha_M b}{r + \delta} + \dfrac{\beta_S \beta_M b}{(r + \delta)^2}$，$I = c + \dfrac{\alpha_S \beta_M b}{(r + \delta)^2}$，$G = \dfrac{M_0 b}{r + \delta} + \dfrac{\beta_M b S_0}{(r + \delta)^2}$。

当 $a > c$ 和 $\dfrac{\alpha_M b}{r + \delta} + \dfrac{\beta_S \beta_M b}{(r + \delta)^2} > \dfrac{\alpha_S \beta_M b}{(r + \delta)^2}$ 时，即融入供应商要素品牌的制造商广告对销量的促进作用足够大，对其商誉的影响程度足够大及其"溢出效应"足够显著时，命题1中条件 $F > I$ 成立。这一条件要求制造商的广告对需求的拉动作用和对品牌知名度的影响必须足够大，这和供应商与制造商合作实施要素品牌战略的目标相一致。通常销售力强的广告能够有效刺激消费，有艺术性的广告可以提升品牌好感度，实现品牌差异化。首个条件即为要求制造商广告具备较强的销售力和艺术性。此外，与供应商提供直接广告补贴的传统合作广告文献(如 Xie & Ai(2006)，吕芹和霍佳震(2011)，Zhang 等人(2013))类似，仅当供应商的边际利润超过一定的阈值时($\rho_S > (F^2\rho_M + rG)/(F^2 - I^2)$)，供应商才会考虑实施要素品牌战略，为制造商提供间接广告补贴。但不同的是，采用间接广告补贴方式，对供应商的要求更高，其边际利润必须比制造商的边际利润大得多。因为供应商实施品牌营销计划需要资金的支持和保证，若制造商的边际利润相对供应商更高，供应商认为制造商有足够的资金投入广告，而不愿意提供广告补贴。该阈值不仅与制造商的边际利润相关，还受到供应商和制造商的系统参数的双重影响。有趣的一点是，该阈值还与供应商和制造商的初始商誉水平正相关，这与直接广告补贴的情形不同。若在初始时刻供应商的要素品牌的商誉水平非常高，意味着供应商已经具备较大的知名度，则不再需要通过要素品牌战略来打造要素品牌。

由命题1给出的最优广告策略可知，由于供应商为制造商提供基于制造商销售收入的广告补贴，最优广告补贴率与最终产品的销售价格成反比(给定边际利润情形下)。两位供应链成员的最优广告努力水平却不受销售价格的直接影响。此外，供应商和制造商的边际利润均会影响广告补贴率以及两者的广告投入决策。

当供应商的边际利润增加时，制造商和供应商均会增加广告投入，给制造商的广告补贴也会更多。因为此时供应商有更多的资本投入广告以及为制造商提供广告补贴，制造商受到广告补贴的激励而投入更多广告。当制造商的边际利润越高，制造商的最优广告努力水平越高，供应商会降低给制造商的广告补贴水平来增加自身广告投入。供应链成员的最优决策还受到其他系统参数的影响，具体由下面的命题 2 给出。

命题 2 当供应商与制造商合作实施要素品牌战略时，

(i) $\dfrac{\partial \theta^*}{\partial a} > 0$，$\dfrac{\partial A_M^*}{\partial a} > 0$，$\dfrac{\partial A_S^*}{\partial a} < 0$；(ii) $\dfrac{\partial \theta^*}{\partial \alpha_M} > 0$，$\dfrac{\partial A_M^*}{\partial \alpha_M} > 0$，$\dfrac{\partial A_S^*}{\partial \alpha_M} < 0$；

(iii) $\dfrac{\partial \theta^*}{\partial \beta_S} > 0$，$\dfrac{\partial A_M^*}{\partial \beta_S} > 0$，$\dfrac{\partial A_S^*}{\partial \beta_S} < 0$；(iv) $\dfrac{\partial \theta^*}{\partial c} < 0$，$\dfrac{\partial A_M^*}{\partial c} < 0$，$\dfrac{\partial A_S^*}{\partial c} > 0$；

(v) $\dfrac{\partial \theta^*}{\partial \alpha_S} < 0$，$\dfrac{\partial A_M^*}{\partial \alpha_S} < 0$，$\dfrac{\partial A_S^*}{\partial \alpha_S} > 0$；(vi) $\dfrac{\partial \theta^*}{\partial M_0} < 0$，$\dfrac{\partial A_M^*}{\partial M_0} < 0$，$\dfrac{\partial A_S^*}{\partial M_0} > 0$；

(vii) $\dfrac{\partial \theta^*}{\partial S_0} < 0$，$\dfrac{\partial A_M^*}{\partial S_0} < 0$，$\dfrac{\partial A_S^*}{\partial S_0} > 0$。

命题 2 中(i)、(ii)和(iii)意味着制造商广告对销量的促进作用越大，对自身商誉的促进作用越大，"溢出效应"越明显，即对供应商商誉的促进作用越大，则制造商越有动力投入广告，而供应商会通过减少自己的广告投资，来为制造商提供更高的广告补贴，鼓励制造商进行广告投资。

命题 2 中(iv)和(v)表明供应商广告对需求的影响程度，对自身商誉的促进作用，均正向影响供应商的最优广告努力水平，却负向影响制造的广告努力水平和供应商的广告补贴率。因此，当供应商的广告有效性(对商誉或销量)增加时，供应商便会降低对制造商广告提高产品销量和自身商誉水平的依赖，而是加大自身广告投入；同时，通过减少给予制造商的广告补贴，从而诱使制造商相应降低其广告的投入水平。

由命题 2 中(vi)和(vii)可知，供应链成员初始商誉水平同样影响最优决策(这与直接广告补贴情形不同)。两位成员初始时刻的品牌知名度越低，则供应商应为制造商提供更多的广告补贴，制造商受激励而投入越多广告；对于供应商而言，其商誉水平或知名度更多是通过制造商的广告而不是通过其自身的高水平广告投放得以提升。这说明初始时刻的品牌知名度较低时，供应商更倾向于要素品牌战略的推式策略，即通过激励制造商投入广告打开市场和建立品牌知名度；而当初始时刻的商誉水平较高时，供应商更倾向于要素品牌战略的拉式策略，即越过制造商直接对消费者打广告推广其要素品牌。

命题 2 说明了对系统参数的准确识别对要素品牌战略的成功实践具有重要意义。需要指出的一点是，在间接广告补贴情形下，反映供应商的品牌"光环效应"程度的参数 β_M 对供应链成员的最优广告决策以及广告补贴率的影响，与直接广告补贴情形下的结果显著不同(Zhang et al.，2013)。在间接广告补贴情形下，供应商和制造商的最优广告决策关于 β_M 单调递增，广告补贴率与 β_M 无关；在间接广告补贴情形下，广告补贴率与 β_M 密切相关，但不一定具有单调关系，与其他参数的具体取值有关。在下一节，我们通过数值算例

详细分析 β_M 的影响。

当命题 1 中的条件满足时,供应商与制造商合作实施要素品牌战略,制造商在其产品和广告中添加供应商的要素品牌,供应商按照最终产品销售额的一定百分比为制造商提供广告补贴。若此时供应商与制造商做出错误决策,不实施要素品牌战略($\beta_M = \beta_S = c = 0$),则供应商的广告补贴率 $\theta^* = 0$,最优广告努力水平 $A_S^* = 0$,意味着供应商不直接对终端用户做广告,而制造商的最优广告努力水平 $A_M^* = \rho_M [a + \alpha_M b / (r + \delta)]$ (参见式(1)和(2))。显然实施要素品牌战略能够激励供应商和制造商投入更多广告。

供应商与制造商为提高品牌知名度,刺激需求,使得利润现值最大化而合作实施要素品牌战略。命题 3 给出要素品牌战略对供应商与制造商商誉水平的影响。

命题 3 当供应商与制造商同意合作实施要素品牌战略时, t 时刻供应商与制造商的均衡商誉水平分别为:

$$S(t) = Xe^{-\delta t} + S_{SS} \tag{14}$$

$$M(t) = X\beta_M t e^{-\delta t} + Ye^{-\delta t} + M_{SS} \tag{15}$$

其中 $S_{SS}^* = (\alpha_S A_S^* + \beta_S A_M^*)/\delta$, $M_{SS}^* = (\alpha_M A_M^* + \beta_M S_{SS}^*)/\delta$; $X = S_0 - S_{SS}^*$, $Y = M_0 - M_{SS}^*$ 。

命题 3 中的结果与直接广告补贴情形下的结果就形式上而言是类似的。由命题 3 可知,当 t 趋于无穷大时,供应商和制造商的商誉水平分别趋近于供应商和制造商的平稳态商誉水平 S_{SS}^* 和 M_{SS}^* 。供应商的平稳态商誉水平不仅与自己投入的广告正相关,还与制造商的最优广告努力水平正相关。制造商投入的广告可以通过其广告"溢出效应"提升供应商的品牌知名度,这也是供应商愿意为制造商提供广告补贴以支持制造商加大广告投入的重要原因。同时,制造商的平稳态商誉水平受供应商的平稳态商誉水平的正向影响,这是制造商与供应商寻求广告合作的重要目的之一。制造商更愿意选择知名度高的供应商实施要素品牌战略,通过供应商的"品牌光环效应"使自己获得更高的商誉水平。实施要素品牌战略能够激励供应商和制造商投入更多广告,从而使供应商和制造商收获更高的品牌知名度并增加产品销量,获得更多利润。综上可知,满足一定条件时,实施要素品牌战略对供应链中各个成员以及系统整体效益均有益处。

5. 数值算例

本节主要通过数值算例讨论供应商的品牌"光环效应"程度 β_M 对供应链各成员的广告决策、商誉水平以及利润现值的影响。参数选取如下: $r = 0.3, \delta = 0.2, a = 3.6, b = 1.1, c = 0.6, \alpha_M = 0.25, \alpha_S = 1.5, \beta_S = 3.5, p = 6, \rho_M = 5, \rho_S = 6, S_0 = 10, M_0 = 12$ 。

图 1 展示了实施要素品牌战略时,供应商的品牌"光环效应"程度 β_M 对供应链成员广告决策的影响。供应商为制造商提供的广告补贴率,随着"光环效应"程度先增加后减小,而供应商和制造商的广告努力水平都随之增大。当供应商的零部件对制造商的最终产品的重要性非常小时,供应商更多地依赖制造商来投入广告,自己投入的广告非常少。此时当品牌"光环效应"越来越明显时,供应商会加大补贴力度,鼓励制造商投入广告,进一步提升其品牌知名度。而当零部件对最终产品比较重要时,供应商反而会减少广告补贴。由

于此时供应商的品牌影响力较大，其零部件对最终产品非常关键，即使供应商降低广告补贴，制造商也会增大广告投资，借着供应商的品牌优势来推广最终产品。

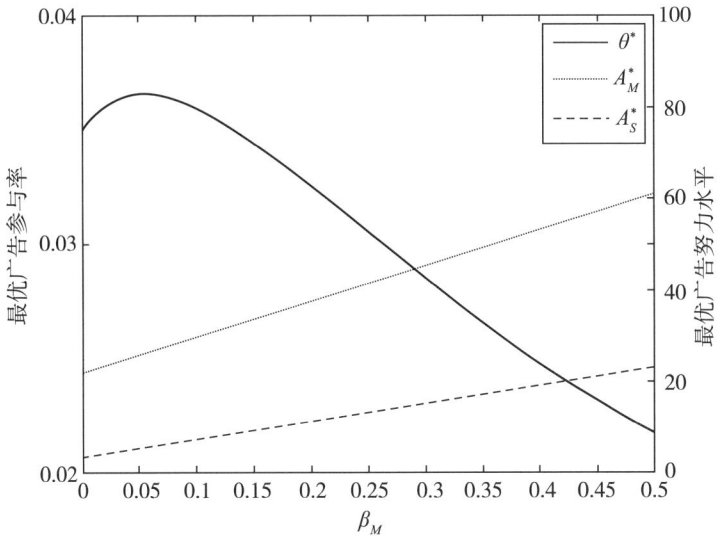

图1 供应商品牌"光环效应"程度对供应链各成员决策的影响

图2和图3分别描述了供应链成员的平稳态商誉水平和利润现值以及系统总利润现值（由J_T^*表示）随供应商的品牌"光环效应"程度的变化趋势。制造商和供应商的利润现值和商誉水平均与β_M正相关，因此系统的总利润现值也与之正相关。随着品牌"光环效应"程度β_M的增加，制造商的商誉水平相对增加更快，其利润现值却相对增加较慢。在"光环效

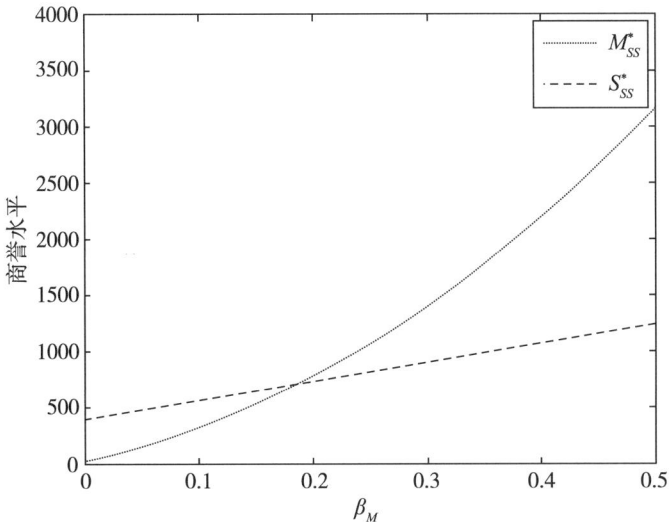

图2 供应商品牌"光环效应"程度对平稳态商誉的影响

137

应"非常弱时，实施要素品牌战略并不能让制造商获得较高的商誉水平和利润水平，因为此时供应商的零部件可能不是最终产品的核心零部件，并不能让最终产品实现高度差异化，在与同类产品的竞争中脱颖而出。同样供应商的品牌知名度和获利情况也不容乐观。对供应商和制造商而言，此时并不适合实施要素品牌战略。

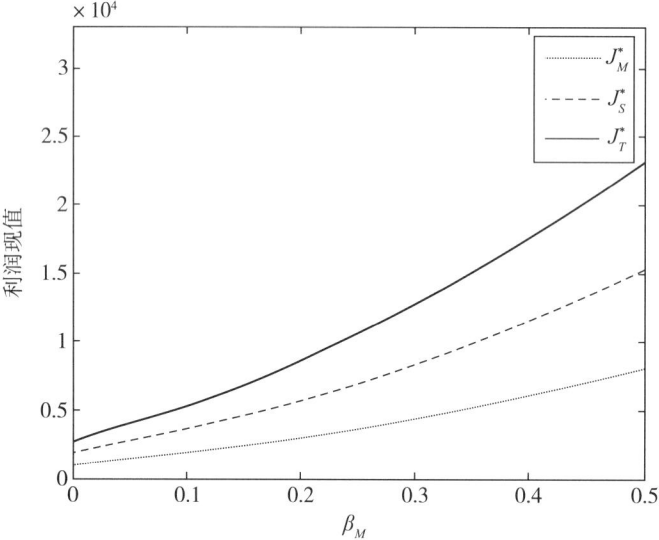

图 3　供应商品牌"光环效应"程度对利润现值的影响

当零部件能够显著改善最终产品的质量和性能，增强其产品差异性和市场竞争力时，实施要素品牌战略使得制造商的知名度迅速提升，获得的利润也随之增加。正是由于供应商的零部件对最终产品的贡献变大，供应商也因此获得较高的利润和商誉水平，此时制造商和供应商合作实施要素品牌战略，可谓名利双收。

6. 结语

本文根据拓展的 Nerlove-Arrow 模型，研究要素供应商与制造商合作实施要素品牌战略，并采用间接广告补贴模式时的动态合作广告问题。与传统合作广告问题中的直接广告费用分摊模式不同，本文模型中，供应商根据制造商最终产品的销售收入按照一定的百分比为其提供广告补贴。论文采用微分博弈的方法，得到了供应链成员的最优广告投入决策以及最优的间接广告补贴率，并分析了系统参数的变化对最优决策及各成员利润的影响。

主要研究结果包括：(1)并非所有企业都适合实施要素品牌战略。只有当供应商的零部件是最终产品的核心零部件，制造商的广告中融入要素品牌后能够显著提升供应链成员的商誉水平并能有效拉动需求，且供应商的边际利润足够大时，双方才能达成一致实施要素品牌战略。(2)供应链成员的最优决策及其利润现值受到供应商和制造商边际利润和系统参数的影响。例如，供应商的边际利润越高，制造商和供应商投入的广告越多，制造商获得的广告补贴也越多；若供应商边际利润较低，则供应商将减少广告补贴，甚至放弃实施要素品牌战略。制造商和供应商的广告有效性，供应商零部件对最终产品的重要性等参数，均影响两位成员的决策和效益。满足一定条件时，实施要素品牌战略对供应链成员和整个系统均有益处，促使制造商和供应商投入更多广告，不仅能够有效提升供应商和制造商的品牌知名度，还能够创造高额利润。(3)在直接广告补贴的情形下，最优广告补贴率只与供应商和制造商的边际利润相关；而在间接广告补贴情形下，要素品牌战略的实施需要更强的条件，并且最优广告补贴率的影响因素更多。此外，最优的广告补贴率与供应商的品牌"光环效应"程度相关，但二者之间没有单调关系。

本文研究中假设最终产品的销售价格是固定的，如果产品价格也是决策变量，在此时如何实施要素品牌战略值得进一步研究。此外，本文模型中假设需求是确定性的，如果市场需求是不确定的，并且决策者具有风险偏好的态度，那么如何实施要素品牌战略的问题也具有进一步研究的价值。

附录：

命题 1 的证明：

给定广告补贴率 θ 时，制造商为决策其最优广告努力水平，构建现值哈密顿函数为：

$$H_M = (\rho_M + \theta p)(aA_M + bM + cA_S) - \frac{1}{2}A_M^2 + \lambda_{1M}(\alpha_M A_M + \beta_M S - \delta M)$$
$$+ \lambda_{2M}(\alpha_S A_S + \beta_S A_M - \delta S) \tag{A-1}$$

其中 λ_{1M}，λ_{2M} 分别为关于制造商和供应商品牌商誉变化的协变量，代表制造商商誉和供应商商誉的边际价值(影子价格)。

制造商的动态优化问题的正则条件为：

$$\frac{\partial H_M}{\partial A_M} = 0, \ \frac{\partial H_M}{\partial \lambda_{1M}} = \dot{M}, \ \frac{\partial H_M}{\partial \lambda_{2M}} = \dot{S}, \ \dot{\lambda}_{1M} = r\lambda_{1M} - \frac{\partial H_M}{\partial M}, \ \dot{\lambda}_{2M} = r\lambda_{2M} - \frac{\partial H_M}{\partial S} \tag{A-2}$$

由式(A-2)可得：

$$\dot{A}_M = \alpha_M \lambda_{1M} + \beta_S \lambda_{2M} + a(\rho_M + \theta p) \tag{A-3}$$

$$\dot{\lambda}_{1M} = (r + \delta)\lambda_{1M} - (\rho_M + \theta p)b, \ \dot{\lambda}_{2M} = (r + \delta)\lambda_{2M} - \beta_M \lambda_{1M} \tag{A-4}$$

对式(A-3)两边同时对 t 求导，并将式(A-4)代入可得：

$$\dot{A}_M = (r + \delta)(\alpha_M \lambda_{1M} + \beta_S \lambda_{2M}) - \beta_S \beta_M \lambda_{1M} - (\rho_M + \theta p)\alpha_M b \tag{A-5}$$

再式(A-5)两边同时对 t 求导并化简可得：

$$\ddot{A}_M - 2(r + \delta)\dot{A}_M + (r + \delta)^2 A_M = (\rho_M + \theta p)(r + \delta)^2 a$$
$$+ (\rho_M + \theta p)(r + \delta)\alpha_M b + (\rho_M + \theta p)\beta_S \beta_M b \tag{A-6}$$

进一步求解式(A-6)的二阶常系数齐次微分方程可得：

$$A_M(\theta) = \eta_1 e^{(r+\delta)t} + \eta_2 t e^{(r+\delta)t} + (\rho_M + \theta p)\left(a + \frac{\alpha_M b}{r + \delta} + \frac{\beta_S \beta_M b}{(r + \delta)^2}\right) (\eta_1, \ \eta_2 \ 为常数)$$

$$\tag{A-7}$$

由于制造商的广告投入受到资金限制，故 $\eta_1 = \eta_2 = 0$（否则当 $t \to +\infty$ 时，$A_M(\theta)$ 将趋于无穷大，然而企业不可能无限投入广告），制造商的最优广告努力水平为：

$$A_M(\theta) = (\rho_M + \theta p)\left(a + \frac{\alpha_M b}{r + \delta} + \frac{\beta_S \beta_M b}{(r + \delta)^2}\right) \tag{A-8}$$

类似地，可求得供应商的最优广告反应函数为：

$$A_S(\theta) = (\rho_S - \theta p)\left[c + \frac{\alpha_S \beta_M b}{(r + \delta)^2}\right] \tag{A-9}$$

将 $A_M(\theta)$，$A_S(\theta)$ 代入式（1）和（2），得到

$$\dot{M}(t, \theta) = \alpha_M A_M(\theta) + \beta_M S(t, \theta) - \delta M(t, \theta), \quad M(0) = M_0 \tag{A-10}$$

$$\dot{S}(t, \theta) = \alpha_S A_S(\theta) + \beta_S A_M(\theta) - \delta S(t, \theta), \quad S(0) = S_0 \tag{A-11}$$

分别求解微分方程（A-10）和（A-11）可得

$$S(t, \theta) = Xe^{-\delta t} + S_{SS} \tag{A-12}$$

$$M(t, \theta) = X\beta_M t e^{-\delta t} + Ye^{-\delta t} + M_{SS} \tag{A-13}$$

其中 $S_{SS} = \dfrac{\alpha_S A_S(\theta) + \beta_S A_M(\theta)}{\delta}$，$X = S_0 - S_{SS}$，$M_{SS} = \dfrac{\alpha_M A_M(\theta) + \beta_M S_{SS}}{\delta}$，$Y = M_0 - M_{SS}$。

将得到的 $A_M(\theta)$，$A_S(\theta)$，$S(t, \theta)$ 和 $M(t, \theta)$ 代入供应商的利润函数可得：

$$\pi_S(t, \theta) = (\rho_S - \theta p)\left[aA_M(\theta) + bM(t, \theta) + cA_S(\theta)\right] - \frac{1}{2}(A_S(\theta))^2$$

供应商的利润现值函数为：

$$J_S(\theta) = (\rho_S - \theta p)\left[\frac{1}{r}\left(a + \frac{\alpha_M b}{r + \delta} + \frac{\beta_S \beta_M b}{(r + \delta)^2}\right)A_M + \frac{1}{2r}\left(\frac{\alpha_S \beta_M b}{(r + \delta)^2} + c\right)A_S + \frac{M_0 b}{r + \delta} + \frac{\beta_M b S_0}{(r + \delta)^2}\right]$$
$$\tag{A-14}$$

将式（A-14）左右同时对 θ 求一阶导数：

$$\frac{\partial J_S}{\partial \theta} = -p\left[\frac{1}{r}\theta p(2F^2 - I^2) + G + \frac{1}{r}F^2(\rho_M - \rho_S) + \frac{1}{r}I^2\rho_S\right]$$

其中 $F = a + \dfrac{\alpha_M b}{r + \delta} + \dfrac{\beta_S \beta_M b}{(r + \delta)^2}$，$I = c + \dfrac{\alpha_S \beta_M b}{(r + \delta)^2}$，$G = \dfrac{M_0 b}{r + \delta} + \dfrac{\beta_M b S_0}{(r + \delta)^2}$。令 $\dfrac{\partial J_S}{\partial \theta} = 0$，可得到

最优广告补贴率为 $\theta^* = \dfrac{(F^2 - I^2)\rho_S - F^2\rho_M - rG}{p(2F^2 - I^2)}$。

进一步将式（A-14）两边同时对 θ 求二阶导数：

$$\frac{\partial^2 J_S}{\partial \theta^2} = -\frac{1}{r}p^2(2F^2 - I^2)$$

当 $\sqrt{2}F > I$ 时，$\dfrac{\partial^2 J_S}{\partial \theta^2} < 0$，即 J_S 是关于 θ 的凹函数，因为广告补贴率非负，所以当

$\dfrac{(F^2 - I^2)\rho_S - F^2\rho_M - rG}{p(2F^2 - I^2)} > 0$，即 $F > I$ 且 $\rho_S > \dfrac{F^2\rho_M + rG}{F^2 - I^2}$，最优广告补贴率为 $\theta^* =$

$\dfrac{(F^2 - I^2)\rho_S - F^2\rho_M - rG}{p(2F^2 - I^2)}$，否则为 0。当 $\sqrt{2}F \leqslant I$ 时，$\dfrac{\partial^2 J_S}{\partial \theta^2} \geqslant 0$，此时最优广告补贴率 $\theta^* =$

0。因此最优广告补贴率为：

$$\theta^* = \begin{cases} \dfrac{(F^2 - I^2)\rho_S - F^2\rho_M - rG}{p(2F^2 - I^2)} & \text{如果 } F > I \text{ 且 } \rho_S > \dfrac{F^2\rho_M + rG}{F^2 - I^2} \\ 0 & \text{其他} \end{cases}$$

再将 θ^* 代入式（A-8）和（A-9），即得制造商和供应商的最优广告努力水平，命题 1 得证。

命题 2 和命题 3 的证明：

根据命题 1 中给出的最优广告策略及最优广告补贴率，通过对各参数求导得到命题 2。

将命题 1 中得到的 θ^* 代入式（A-12）和（A-13），可得到命题 3 中各成员的均衡商誉水平函数以及平稳态商誉水平。具体过程略去。

◎ **参考文献**

[1] 胡本勇，彭其渊. 基于广告—研发的供应链合作博弈分析[J]. 管理科学学报，2008，11(2).

[2] 李桂华，黄磊，卢宏亮. 要素品牌化研究进展述评[J]. 外国经济与管理，2014，36(6).

[3] 吕芹，霍佳震. 基于制造商和零售商自有品牌竞争的供应链广告决策[J]. 中国管理科学，2011，19(1).

[4] 王海忠，王骏旸，罗捷彬. 要素品牌策略与产品独特性评价：自我建构和产品性质的调节作用[J]. 南开管理评论，2012(4).

[5] 王磊，戴更新，钟永光. 广告分担、价格折扣与供应链的纵向合作广告[J]. 运筹与管理，2006，15(6).

[6] 徐建忠，张汉江，洪于巍. 供应链上两种不同促销策略[J]. 系统工程，2008，26(3).

[7] 赵先智. 要素品牌战略的实施思路[J]. 企业改革与管理，2012(9).

[8] Amrouche, N., Martín-Herrán, G., Zaccour, G. Pricing and advertising of private and national brands in a dynamic marketing channel[J]. *Journal of Optimization Theory and Applications*, 2008, 137(3).

[9] Berger, P. B. Statistical decision analysis of cooperative advertising ventures[J]. *Journal of the Operational Research Society*, 1973, 24(2).

[10] Berger, P. B. Vertical cooperative advertising ventures[J]. *Journal of Marketing Research*, 1972, 9(3).

[11] Giakoumaki, C., Avlonitis, G. J., Baltas G. Does ingredient advertising work? Some evidence on its impact[J]. *Journal of Business & Industrial Marketing*, 2016, 31(7).

[12] Jørgensen, S., Taboubi, S., Zaccour, G. Cooperative advertising in a marketing channel[J]. *Journal of Optimization Theory and Applications*, 2001, 110(1).

[13] Nerlove, M., Arrow, K. J. Optimal advertising policy under dynamic conditions[J]. *Economica*, 1962(2).

[14] Norris, D. G. Ingredient Branding: A strategy option with multiple beneficiaries[J]. *Journal of Consumer Marketing*, 1992, 9(3).

[15] Norris, D. G. "Intel inside" branding a component in a business market[J]. *Journal of Business & Industrial Marketing*, 1993, 8(1).

[16] Radighieri, J. P., Mariadoss, B. J., Grégoire, Y., et al. Ingredient branding and feedback effects: The impact of product outcomes, initial parent brand strength asymmetry, and parent brand role[J]. *Marketing Letters*, 2014, 25(2).

[17] Tapiero, C. S. A generalization of the Nerlove-Arrow model to multi-firms advertising under uncertainty[J]. *Management Science*, 1979, 25(9).

[18] Tiwari, K., Singh R. Perceived impact of ingredient branding on host brand equity[J]. *Journal of Marketing and Management*, 2012, 3(1).

[19] Xie, J., Ai S. A note on "cooperative advertising, game theory and manufacturer-retailer supply chains"[J]. *Omega*, 2006, 34(5).

[20] Zhang, J., Gou, Q., Liang, L., He, X. Ingredient branding strategies in an assembly supply chain: Models and analysis [J]. *International Journal of Production Research*, 2013, 51(23-24).

Dynamic Cooperative Advertising Strategy Based on Ingredient Branding Strategy with Indirect Advertising Subsidy

Xu Minghui[1]   Liu Wanxia[2]

(1, 2 Economics and Management School of Wuhan University, Wuhan, 430072)

Abstract: This paper studies the dynamic cooperative advertising strategy where an ingredient supplier implements Ingredient Branding Strategy and offers indirect advertising subsidies to its downstream manufacturer. By utilizing the method of differential game, it obtains the conditions under which the supplier would like to implement the Ingredient Branding Strategy, and derives the optimal advertising decisions of the supplier and the manufacturer as well as the optimal advertising subsidy rate. Numerical examples are conducted to further illustrate the impacts of "brand halo effect" of the supplier on the optimal decisions, goodwill and the present value of profits. The results show that the supplier and the manufacturer would like to cooperate to implement Ingredient Branding Strategy only when the marginal profit of the supplier exceeds a threshold and the effectiveness of the manufacturer's advertisement on sales (and goodwill) is relatively larger. The implementation of Ingredient Branding Strategy induces both channel members to invest more on advertising, and hence enhances the levels of goodwill and improves profitability for the two members.

Key words: Ingredient Branding; Cooperative advertisement; Indirect advertising subsidy; Differential game

专业主编：许明辉

并联元件系统的延长保修定价决策优化[*]

● 关　磊[1]　郝　清[2]　张莲民[3]

（1　北京理工大学管理与经济学院　北京　100081；

2　国网冀北电力有限公司　秦皇岛　066199；

3　南京大学工程管理学院　南京　210093）

【摘　要】在越发激烈的市场竞争中，延长保修服务已经成为企业获取竞争优势的重要渠道。本文针对存在某种并联元件的产品展开研究，考虑由一个生产商和一个零售商组成的供应链，在三种不同的模式下分析最优零售价格、延保服务价格、并联元件数量等决策。研究表明，在存在并联元件的系统里，消费者对产品质量敏感系数增加，必然会导致延保服务价格提高，并且生产商将会增加系统并联的元件数量；延保服务成本与元件质量水平的相关性越强，延保服务的价格越低，需要在系统中并联的元件数量越多。同时，对于分散决策的供应链系统，生产商更倾向于将延保服务全权授予零售商，以获得最大利润。

【关键词】延保服务　并联系统　元件数量　定价决策

中图分类号：F224　　　　　　　文献标志码：A

1. 引言

伴随着社会进步与技术发展，市场上的产品越来越丰富，消费者的选择越来越多。产品的售后保修服务已经成为企业获得差异化、提升竞争力的重要途径。而近年来，产品售后保修服务已经逐渐趋于完善，基本的售后保修服务已经作为产品的一部分和产品融合在一起，所以越来越多的消费者在购买产品之后希望获得更加长久、完善的维修服务。延长保修服务（后文简称"延保服务"或"延保"）就此诞生。为了留住老顾客、吸引新顾客，企业开始将越来越多的精力放在延保服务上，并且由此形成了使消费者和企业双向受益的现实，也使得提供"以客户为中心"的个性化延保服务逐渐成为延保服务发展的一种趋势。

目前，市场上提供的延保服务主要有以下三种方式：第一种是产品的生产商直接为消

*　基金项目：国家自然科学基金青年项目"考虑多销售方博弈的团购定价模式研究"（71401013）、"考虑时段费用的生产外包集成排序和协调机制设计研究"（71501093），江苏省自然科学青年基金项目（BK20150566）。

通讯作者：张莲民，E-mail：zhanglm@ nju. edu. cn

费者提供延保服务，如海尔、海信等家电制造企业；第二种是生产商将延保服务全权授予零售商进行延保，这种模式在国内通常是由京东、苏宁等电商提供的延保服务；而第三种则是与产品生产商和零售商合作的第三方延保服务，典型的有新可安、美延保等。

无论哪种形式的延保服务，通常只针对一个单一而完整的产品进行分析，从而给出延保服务的定价。但是，我们所接触到的绝大多数产品都是由多个零部件组成的，零部件的质量会直接对产品的质量和维修的成本造成影响。其中，存在一类特殊的产品，这类产品中含有多个并联元件，并联元件的数量对产品的质量水平有直接影响，如手机、电脑芯片中的某些元件。本文将针对这种特殊的产品在不同的延保模式下讨论供应链中的生产商和零售商的最优决策问题，并通过数值算例的方式对结果进行深入的分析。

近年来，很多学者对延保相关的问题进行了研究。首先，一些学者讨论了不同类型的延保模式的影响。Desai 等人（2004）采用 Stackelberg 博弈，研究了生产商协调解决其产品延保服务的制定、销售渠道问题，其研究结果表明选择双渠道的延保服务销售模式是生产商最愿意接受的、对产品生产商也是最有利的。Li 等人（2012）则在 Desai 的基础上进行了更深入的研究，主要是进一步研究生产商或零售商销售由第三方延保服务机构提供延保服务的时候，生产商和零售商所做出的最佳决策。李铮（2013）则根据零售商两种不同的产品零售价定价策略，结合保修策略、定价策略，将零售价定价策略和保修策略进行组合。对于每种策略，作者建立了最优化模型进行分析，并求解得出生产商和零售商的最优价格策略和零售商的保修服务策略。李杰和柳键（2013）从供应链管理的角度，应用博弈论构建产品延保服务制定、销售的 R 模式、M 模式、P3-R 模式、P3-M 模式 4 种模式最优化模型，同时引入了消费者对延保服务的需求敏感系数因素，进行研究分析，以比较不同模式下供应链成员利润及供应链系统的绩效，为供应链系统中各种角色选择相应延保服务制定、销售模式，做出最有利于自己的决策。此外，部分学者还讨论了产品质量水平与延保服务决策的相关关系。从产品角度出发，Murthy 和 Blischke（2005）综述了产品质量、产品保修与产品生产过程之间的相关问题。卢震和张剑（2013）则以延保服务价格和产品质量水平为决策变量，在两级供应链系统中，考虑消费者对产品质量的敏感系数、产品故障率与产品质量的相关程度两个参数变量，建立了利润最优化模型，并求解得到最优的产品延保价格和产品质量水平。聂佳佳和邓东方（2014）将产品质量水平作为内生变量，在生产商直接销售产品并提供延保服务和第三方提供延保服务两种情形下，建立了利润最优化模型并求出最优解。作者最终证明，只要提供延保服务，无论是哪种模式，其提供的产品质量水平都比没有延保服务时质量水平要高，而至于选择哪种模式提供延保服务，完全取决于何种模式下生产商的利润最大。

而对于并联元件的研究，则更多的是从质量与可靠性的角度切入，讨论对产品整体的影响。例如，钟波和孙永波（2011）用 Copula 函数对部件相依的并联系统进行分析，给出了 Copula 函数下并联系统可靠度、平均寿命和失效率的表达式，同时讨论了系统元件相关条件下的系统平均寿命和系统元件相互独立条件下系统平均寿命的关系，并且分析了并联元件数量对系统平均寿命的影响。郑铭海（2013）在并联系统开关不完全可靠的情况下，对并联系统进行状态分析，研究由 n 个相同部件组成的并联系统，假设修理时间服从指数分布，并进行建模分析。高文科等人（2015）则研究了在并联系统中两类故障同时存在时对维修计划和维修成本的影响，其研究表明，系统部件间的相关系数越大、更换部件的实施区间越大，系统维护成本也就越高，设备平均运行时间越短。

本文的研究借鉴了延保服务的经典文献（如 Li et al., 2012）中关于不同延保服务模式的基本设定。在此基础上，本文考虑了一类存在并联元件的产品的延保服务决策问题，这是已有的研究工作都未曾涉及的，也是本文最大的创新所在。

本文后续各节的安排如下：第 2 节给出了模型的基本设定；第 3 节对三种不同模式下生产商和零售商的最优决策进行了分析；第 4 节结合第 3 节的结果进行了相应的数值计算；最后一节总结了文章的结论并讨论了未来的研究方向。

2. 模型描述与符号说明

2.1 模型描述

本文针对一类最简单的并联元件系统进行研究。我们假设该并联系统有一种特定的元件，该元件的数量是可以变化的，并且元件数量的增减不会影响产品的性能，只会影响产品的质量水平或可靠性。

本文将并联系统中的元件数量作为主要的研究对象，针对图 1 所示的三种延保服务制定模式进行研究，分别站在生产商、零售商的角度建立最优化模型，进行求解，并进行灵敏度分析。

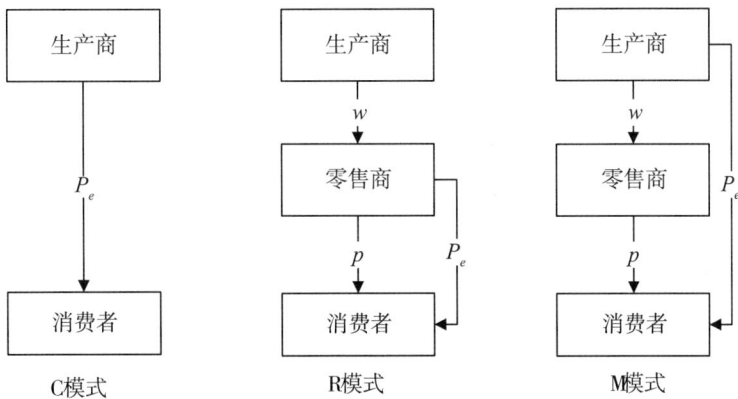

图 1 延保服务制定的三种模式

这里，C 模式指的是由生产商直接提供产品和延保服务给消费者。而 R 模式则由生产商将产品批发给零售商，产品及延保服务由零售商销售和提供。M 模式的延保服务由生产商销售和提供，产品由零售商进行销售。

2.2 符号说明

后文中涉及的主要数学符号的含义如下：

a：产品市场容量；

b：消费者对产品价格的敏感系数；

q：产品系统部件质量水平；

w：产品批发价格；

p：产品单位价格；

c：产品单位生产成本；

p_e：产品单位延保价格；

n：并联元件数量；

c_0：单个元件的成本；

c_e：延保服务的单位成本；

k_e：质量成本参数；

d：消费者对产品质量的敏感系数；

η：维修成本与元件质量的相关程度；

γ：消费者对产品延保服务价格的敏感系数。

2.3 基本假设

对于三种不同的模式，我们假设市场需求的形式如下：

$$D = a - bp + dnq \tag{1}$$

其中当系统元件质量水平越高时，产品的质量水平也就越高，具有高质量的产品将会吸引更多的消费者，最终需求量将会增加。

而产品延保服务的单位成本为：

$$c_e = k_e n (1 - \eta q) \tag{2}$$

其中当元件质量水平对维修成本的相关性 η 越大时，质量越好，故障率越低，维修成本降低。产品故障次数越低，产品延保服务的单位成本越低。

同时，产品的延保服务需求函数为：

$$D_e = a - bp + dnq - \gamma p_e \tag{3}$$

其中 p_e 是延保价格。可以发现，延保需求小于产品的市场需求。

此外，本文还有如下假设：

- 维修系统元件的费用不大于购买系统元件的费用，即：$nc_0 \geq c_e$。
- 在 R 模式和 M 模式下，生产商和零售商形成了一个 Stackelberg 博弈，其中生产商是领导者，零售商是追随者。

3. 模型分析与求解

3.1 C 模式

在 C 模式下，生产商直接将产品出售给消费者，并负责为其提供延保服务。此时，生产商的决策内容包括：产品零售价格、延保价格以及并联元件的数量。

生产商通过销售产品获得的利润为：

$$\prod_1 = (p - c - nc_0)D = (p - c - nc_0)(a - bp + dnq) \tag{4}$$

通过销售延保服务获得的利润为：

$$\prod_2 = (p_e - c_e)D_e = [p_e - k_e(1 - \eta q)](a - bp + dnq - \gamma p_e) \tag{5}$$

所以，生产商的利润函数是：

$$\prod = \prod_1 + \prod_2 = (p - c - nc_0)(a - bp + dnq) + (p_e - c_e)(a - bp + dnq - \gamma p_e) \tag{6}$$

定理 1 当 $d^2q^2 + b^2c_0^2 + 2b^2c_0k_e(1 - \eta q) + bk_e^2\gamma(1 - \eta q)^2 < 2dbqc_0 + dbqk_e(1 - \eta q)$ 且 $4\gamma > b$ 时，最优的延保服务价格 p_e 和系统元件数量 n 为：

$$p_e^* = \frac{k_e(a - bc)(1 - \eta q)[bc_0 + bk_e(1 - \eta q) - dq]}{2[d^2q^2 + b^2c_0^2 + b^2c_0k_e(1 - \eta q) + bk_e^2\gamma(1 - \eta q)^2 - 2dbqc_0 - dbqk_e(1 - \eta q)]} \tag{7}$$

$$n^* = \frac{(a - bc)[2bc_0 + bk_e(1 - \eta q) - 2dq]}{2[d^2q^2 + b^2c_0^2 + b^2c_0k_e(1 - \eta q) + bk_e^2\gamma(1 - \eta q)^2 - 2dbqc_0 - dbqk_e(1 - \eta q)]} \tag{8}$$

证明： 对生产商利润函数求一阶偏导得到：

$$\frac{\partial \prod}{\partial n} = k_e(\eta q - 1)(a - bp + dnq - \gamma p_e) - c_0(a - bp + dnq) \tag{9}$$

$$+ dq[p_e - k_e n(1 - \eta q)] + dq(p - c - nc_0)$$

$$\frac{\partial \prod}{\partial p_e} = a - bp - 2\gamma p_e + dnq + \gamma k_e n(1 - \eta q) \tag{10}$$

$$\frac{\partial \prod}{\partial p} = a + dnq + b(c + nc_0 + nk_e - 2p - k_e\eta nq - p_e) \tag{11}$$

当 $4\gamma > b$ 且 $d^2q^2 + b^2c_0^2 + 2b^2c_0k_e(1 - \eta q) + bk_e^2\gamma(1 - \eta q)^2 < 2dbqc_0 + dbqk_e(1 - \eta q)$ 时，容易证明，生产商利润函数对 p、p_e 和 n 的 Hessian 矩阵负定。也就是说，生产商的利润函数关于 p、p_e 和 n 联合凹。

此时，令式（9）、式（10）和式（11）分别等于 0，即可得到式（7）、式（8）的结果。

证毕。

对于定理 1 中给出的条件 $d^2q^2 + b^2c_0^2 + 2b^2c_0k_e(1 - \eta q) + bk_e^2\gamma(1 - \eta q)^2 < 2dbqc_0 + dbqk_e(1 - \eta q)$，通过一定的数学变换，可以得到该条件等价于 $\{dq - b[c_0 + k_e(1 - \eta q)]\}^2 < b(b - r)k_e^2(1 - \eta q)^2$。该不等式左侧式子 $dq - b[c_0 + k_e(1 - \eta q)]$ 相当于只有一个并联元件时，消费者对质量的敏感性以及对成本（价格）敏感性的差异。当此差异比较小的时候，该不等式容易成立。另外，观察该不等式右侧式子，可以发现，当市场需求敏感系数比延保需求敏感系数大很多时，或者市场需求敏感系数较大时，不等式成立的可能性更大。

根据得到的最优的延保服务价格 p_e^* 的函数表达式，有以下推论：

推论 1：

（a）产品生产成本 c 越大，延保服务价格越低。

（b）产品市场容量 a 越大，延保服务价格越高。

产品生产成本越大，产品价格越高，产品价格升高将会导致市场上消费者对产品的需求变小，相应地，对延保服务的需求也将降低。为了一定程度上提高对延保服务的需求，生产商将通过适当降低服务价格 p_e 来提升延保服务的需求，以获得最大的利润。

市场容量越大，消费者群体越大，购买产品及产品延保服务的数量相应地也会越大，由需求弹性理论可知，对延保服务的需求量变大，延保服务价格也将在一定范围内提高，以增加生产商的利润。

3.2　R 模式

在 R 模式下，生产商通过零售商将产品出售给消费者，同时零售商负责提供延保服务。此时，生产商先决定并联元件的数量 n 和产品的批发价格 w，然后，零售商再决定相应的零售价格 p 和延保服务价格 p_e。

此时，生产商的利润函数为：

$$\prod_M = (w - c - nc_0)(a - bp + dnq)$$

零售商向消费者提供产品的利润函数为：

$$\prod_3 = (p - w)(a - bp + dnq)$$

而零售商向消费者提供延保服务的利润为：

$$\prod_4 = (p_e - c_e)(a - bp + dnq - \gamma p_e)$$

因此，零售商的利润函数是 $\prod_R = \prod_3 + \prod_4$。

定理 2　当 $4\gamma > b$ 时，生产商和零售商的最优解如下：

$$p_e^* = \frac{a - k_e bn + 2k_e \gamma n + dnq + k_e \eta bnq - 2k_e \eta \gamma nq - bw}{4\gamma - b} \tag{12}$$

$$p^* = \frac{2a\gamma - ab + k_e \gamma bn - bdnq + 2\gamma dnq - k_e \eta \gamma bnq + 2\gamma bw}{b(4\gamma - b)} \tag{13}$$

$$w^* = \frac{2a + 2dnq + b(2c + 2nc_0 - k_e n + k_e \eta nq)}{4b} \tag{14}$$

$$n^* = 1 \ or \ \frac{2(a - bc)}{8k_e \gamma(1 - \eta q) - 2dq + b[2c_0 - k_e(1 - \eta q)]} \tag{15}$$

证明： 首先，以延保服务价格 p_e、产品价格 p 为决策变量对零售商利润函数进行优化：

对零售商利润函数求解关于延保服务价格 p_e、产品价格 p 的一阶偏导数：

$$\frac{\partial \prod_R}{\partial p} = a - bp + dnq - bp + bw - bp_e + bk_e n(1 - \eta q) \tag{16}$$

$$\frac{\partial \prod_R}{\partial p_e} = a - bp + dnq - 2\gamma p_e + \gamma k_e n(1 - \eta q) \tag{17}$$

当 $4\gamma > b$ 时，可以得到 $\prod_R$ 关于 p_e 和 p 的 Hessian 矩阵负定，即该利润函数关于 p_e

和 p 联合凹。令一阶导数为 0，即可得到式(12)和式(13)。

将得到的 p^* 代入 $\prod_M = (w - c - nc_0)(a - bp + dnq)$ 中，以 w、n 为决策变量对生产商利润函数进行分析。通过求导，可以发现生产商的利润函数关于 w 和 n 不是联合凹的，所以我们先分析 w，再讨论 n 的最优解。

此时，将由对零售商利润函数的研究得到的最优的 p^* 代入生产商利润函数，得到生产商利润函数 $\prod_{M1}$，以 w 为决策变量进行分析，可以得到：

$$\frac{\partial \prod_{M1}}{\partial w} = \frac{\gamma(2a + 2dnq + 2bc + 2bnc_0 - k_e bn + k_e \eta bnq - 4bw)}{4\gamma - b} \qquad (18)$$

$$\frac{\partial^2 \prod_{M1}}{\partial w^2} = -\frac{4b\gamma}{4\gamma - b} < 0 \qquad (19)$$

显然，生产商利润函数 $\prod_{M1}$ 存在极大值。令式(18)为 0，即可得到式(14)。

将得到的 p^*、w^* 代入生产商利润函数，得到新的利润函数表达形式 $\prod_{M2}$，以系统元件数量 n 为决策变量进行分析，得到二阶导数如下：

$$\frac{\partial^2 \prod_{M2}}{\partial n^2} = \frac{\gamma(2bc_0 + bk_e - k_e \eta bq - 2dq)^2}{4b(4\gamma - b)}$$

显然，此二阶导数大于 0，所以生产商利润函数 $\prod_{M2}$ 不是严格凹的。同时，由 $p_e - k_e n(1 - \eta q) \geq 0$ 得出 $1 \leq n \leq \dfrac{p_e}{k_e(1 - \eta q)}$，且 n 为离散型的整数。因此，将 p_e^*、w^* 代入得到：

$$1 \leq n \leq \frac{2(a - bc)}{8k_e \gamma(1 - \eta q) - 2dq + b[2c_0 - k_e(1 - \eta q)]},$$

即最大值将在 $\left[1, \dfrac{2(a - bc)}{8k_e \gamma(1 - \eta q) - 2dq + b[2c_0 - k_e(1 - \eta q)]}\right]$ 的区间两端取得。

证毕。

在 R 模式下，由于生产商和零售商分两步决策，存在 4 个决策变量，模型变得更加复杂。特别是对于并联元件数量的分析，只能利用其离散性特征来求解。

这里，生产商作为 Stackelberg 博弈的领导者，决定并联元件的数量时要在可行区间的两端进行选择，其主要的原因是：生产商此时没有零售价格和延保价格的制定权，只能通过确定并联元件数量和批发价格去影响市场。并联元件数量最少时（即 $n = 1$），市场潜在需求较低，同时生产成本也较低，生产商通过设计合适的批发价格可以获得更高的单位利润，进而获得更高的总利润。而并联元件数量较多时，市场需求更大，尽管生产成本增加，但生产商可以通过"薄利多销"的形式获得较大的总利润。

3.3 M 模式

在 M 模式下，生产商通过零售商将产品出售给消费者，同时，生产商为消费者提供延保服务。此时，生产商先决定批发价格、延保价格以及并联元件的数量，然后零售商再决定相应的零售价格。

此时，生产商的利润函数为：

$$\prod_M = (w - c - nc_0)(a - bp + dnq) + (p_e - c_e)(a - bp + dnq - \gamma p_e)$$

而零售商的利润函数为：

$$\prod_R = (p - w)(a - bp + dnq)$$

定理3 当 $d^2q^2 + b^2c_0(c_0 + k_e - k_e\eta q) - 2c_0bdq - k_ebdq(1 - \eta q) + 2b\eta k_e^2(1 - \eta q)^2 < 0$ 且 $4\gamma > b$ 时，生产商和零售商的最优决策如下：

$$p^* = \frac{a + dnq + bw}{2b} \tag{20}$$

$$w^* = \frac{4a\gamma - ab + 4bc\gamma + 4c_0\gamma bn + 2k_e\gamma bn - bdnq + 4\gamma dnq - 2k_e\gamma\eta bnq}{b(8\gamma - b)} \tag{21}$$

$$p_e^* = \frac{a - bc - bnc_0 - k_ebn + 4k_e\gamma n + dnq + k_e\eta bnq - 4k_e\gamma\eta nq}{(8\gamma - b)} \tag{22}$$

$$n^* = \frac{(a - bc)(2bc_0 + bk_e - bk_e\eta q - 2dq)}{2[d^2q^2 + b^2c_0(c_0 + k_e - k_e\eta q) - 2c_0bdq - k_ebdq(1 - \eta q) + 2b\eta k_e^2(1 - \eta q)^2]} \tag{23}$$

证明： 首先，对零售商的利润进行求导，有：

$$\frac{\partial \prod_R}{\partial p} = a - 2bp + dnq + bw$$

$$\frac{\partial^2 \prod_R}{\partial p^2} = -2b < 0$$

令一阶导数为0，即可得到式（20）。

将此结果代入生产商利润函数中，可以发现此函数关于 w、p_e、n 的 Hessian 矩阵不是负定矩阵。因此，将变量分开进行优化，首先以产品批发价格 w、延保服务价格 p_e 为决策变量，分析生产商利润。

此时，容易证明当 $4\gamma > b$ 时，生产商利润函数关于 w 和 p_e 的 Hessian 矩阵是负定的。令对应的一阶导数为0，即可解得式（21）和式（22）。

然后，将得到的最优解代入生产商利润函数中，分析生产商利润函数对 n 的导数。当 $d^2q^2 + b^2c_0(c_0 + k_e - k_e\eta q) - 2c_0bdq - k_ebdq(1 - \eta q) + 2b\eta k_e^2(1 - \eta q)^2 < 0$ 时，其二阶导数小于0。令其一阶数为0，即可得到式（23）。

证毕。

在 M 模式下，仍然存在4个决策变量。此时，零售商的决策内容仅有一个零售价格，而生产商要决定并联元件数量、批发价格和延保价格三个参数。在一定的条件下，生产商的利润是并联元件数量的凹函数，因此可以求得最优的并联元件数量。

与此同时，对于供应链系统中的生产商和零售商来说，仅仅得到最优解是远远不够的。它们更加关心的是，在不同的模式下能够获得的利润是多少。进而，生产商和零售商要在这两种模式下选择更加符合自身利益的模式。

一般说来，C 模式作为一种集中决策的形式，生产商能够实现的利润通常比分散决策更高。而对于 R 模式和 M 模式，在目前的模型下，我们很难直接获得生产商和零售商最优利润的表达式，也就很难对其利润进行直接比较。因此，在下一节中，我们将通过数值实验的方式对 R 模式和 M 模式下的结果进行比较分析，进而给出一些更具管理价值的结论。

4. 数值算例

在本节中，我们通过数值计算的方式，对 R 模式和 M 模式下的部分结论以及生产商和零售商的利润进行分析。

具体地，根据 Warranty Week(2005)以及李杰(2013)的数据及研究成果，结合本文的模型分析过程所涉及的一些不等式成立条件，数值计算中相关参数的取值如下：产品市场容量 $a = 2000$，消费者对产品的延保服务价格敏感系数 $\gamma = 15$，单位产品的延保服务成本 $k_e = 5$，产品单位生产成本 $c = 80$，单个系统元件的成本 $c_0 = 10$，消费者对产品价格敏感系数 $b = 10$，产品市场价格 $p = 100$，系统元件的质量水平 $q = 5$。

4.1 R 模式

在数值算例中，我们重点对生产商和零售商的几个决策以及它们所获得的利润进行分析，主要关注消费者对产品质量的敏感系数 d、维修成本与系统元件质量的相关程度 η 的影响。

注意到，在 R 模式下，决定最优的并联元件数量时，要考虑两个边界条件。因此，我们首先考虑 $n = 1$ 时的情况。

(1)对产品零售价格 p^* 的影响

由图 3 可以看出，产品的零售价格 p^* 随着消费者对产品质量的敏感系数 d 的增大而提高，即市场上的消费者越关注产品质量，产品的价格越高。这与现实中消费者直观认为产品的价格反映产品质量是一致的，某种产品的价格越高，消费者认为其质量越好，对于同类产品，消费者越在意产品质量，就越倾向购买价格高的产品。

此外，也可以发现，维修成本与系统元件质量的相关程度 η 对产品零售价格 p^* 没有影响。这是因为当并联元件数量确定后，零售价格与维修成本不直接相关，所以不会发生变化。

(2)对于延保服务价格 p_e^* 的影响

由图 3 可以看出，延保服务价格 p_e^* 随着消费者对产品质量的敏感系数 d 的增加而提高。消费者越关注产品的质量，就越有可能购买延保服务，导致需求增加，延保服务的定价也会随之提高。

另外，从图 3 中还可以看出，延保服务价格 p_e^* 随着 η 的增大而减小。当维修成本与系统元件质量的相关程度越高时，由于对延保服务的成本 c_e 的规定，η 越高，延保成本越低，所以延保服务价格也便随之降低。

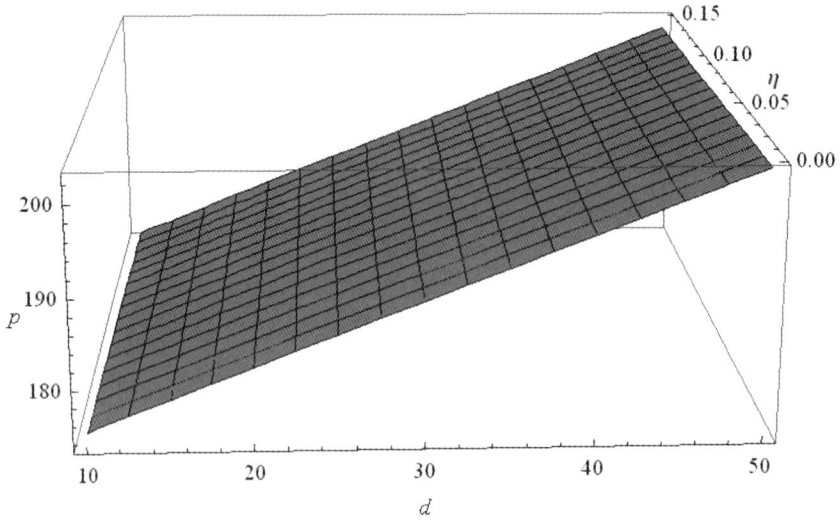

图 2　产品价格 p^* 关于 d、η 的三维图形

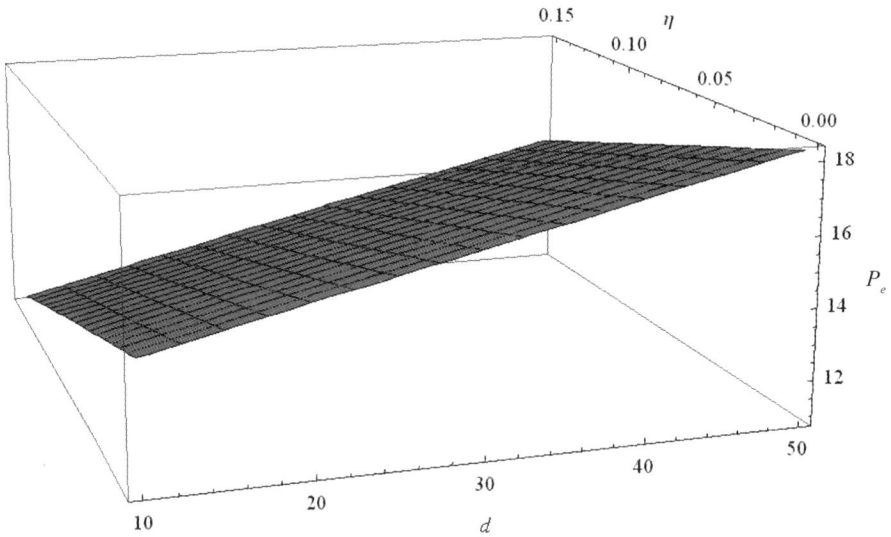

图 3　延保服务价格 p_e^* 关于 d、η 的三维图形

（3）对零售商最优利润的影响

从图 4 中，我们可以发现，零售商利润随着消费者对产品质量的敏感系数 d 的增大而增大，随着维修成本与系统元件质量的相关程度 η 的增大而增大。

（4）对生产商最优利润的影响

根据图 5，生产商利润随着消费者对产品质量的敏感系数 d 的增大而增大，随着维修成本与系统元件质量的相关程度 η 的增大而增大。

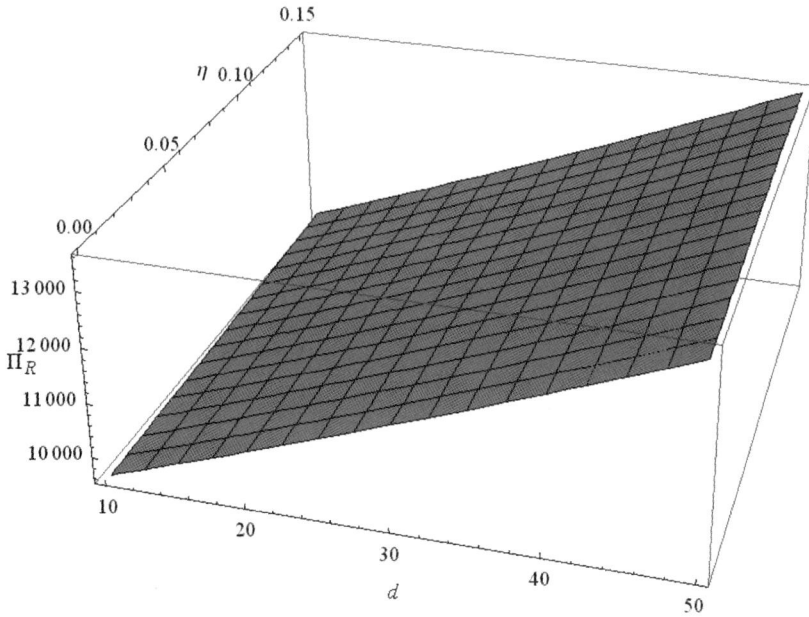

图 4　零售商利润函数 $\prod_R$ 关于 d、η 的三维图形

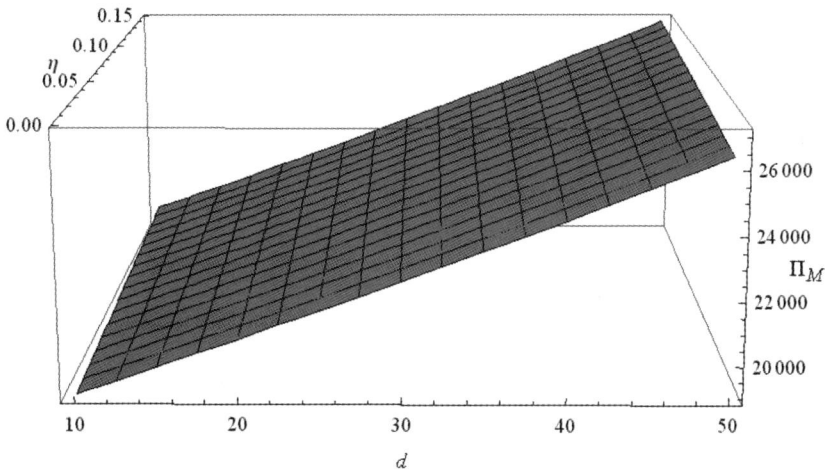

图 5　生产商利润函数 $\prod_M$ 关于 d、η 的三维图形

小结：随着消费者对产品质量的敏感系数 d 的增大，产品价格 p、延保价格 p_e 提高，生产商利润和零售商的利润都随之增加。对于维修成本与系统元件质量的相关程度 η，产品价格 p 不受其影响，延保服务价格 p_e 随之增大而降低，生产商利润与零售商利润也随之增大而增加。

然后，考虑 $n = \dfrac{2(a-bc)}{8k_e\gamma(1-\eta q) - 2dq + b[2c_0 - k_e(1-\eta q)]}$ 时的情况。我们将生产商的利润函数图形与当 $n=1$ 时得到的生产商最优利润放在一个三维坐标系上，以便于比较。具体结果如图 6 所示：

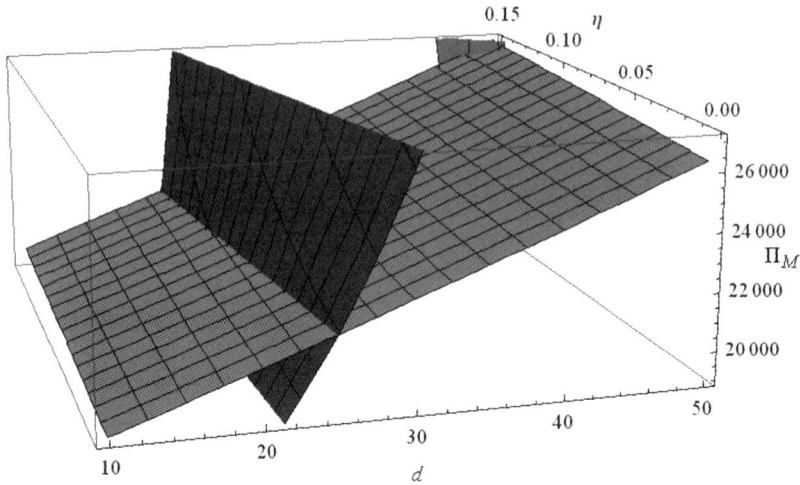

图 6　生产商利润 $\prod_M$ 关于 d、η 的三维图形

可以发现，由于 η 对利润影响不明显，我们只需考虑 d 的影响。当 $d > 24$ 时，系统元件数量为 1 时的生产商利润小于元件数量为 $\dfrac{2(a-bc)}{8k_e\gamma(1-\eta q) - 2dq + b[2c_0 - k_e(1-\eta q)]}$ 时的生产商利润，所以生产商可以根据消费者对产品质量水平的敏感系数，确定系统中需要并联的元件数量。

4.2　M 模式

类似地，这里我们仍然分析消费者对产品质量的敏感系数 d、维修成本与系统元件质量的相关程度 η 的影响。

（1）对系统中并联元件数量 n^* 的影响。

由图 7 可以看出，系统中并联的元件数量 n^*，随着消费者对产品质量的敏感系数 d 的增大而先增大后减小。当 d 较小时，消费者对于产品质量越敏感，产品质量提升导致的产品需求量提升的幅度越大，最终会增加企业的利润，提升产品质量可以通过增加并联系统中元件数量来实现。而当 d 比较大的时候，需求的增加可以不再依靠并联元件数量的增加，此时减少并联元件的数量可以降低成本，增加企业的利润。

同时，并联元件的数量随着维修成本与系统元件质量的相关程度 η 的增大而增加。这是由于 η 变大时，改进元件质量水平将会降低产品的维修成本，企业可以通过增加系统元件数量提高产品的质量水平，增加产品和延保服务的需求量，以提高企业效益。

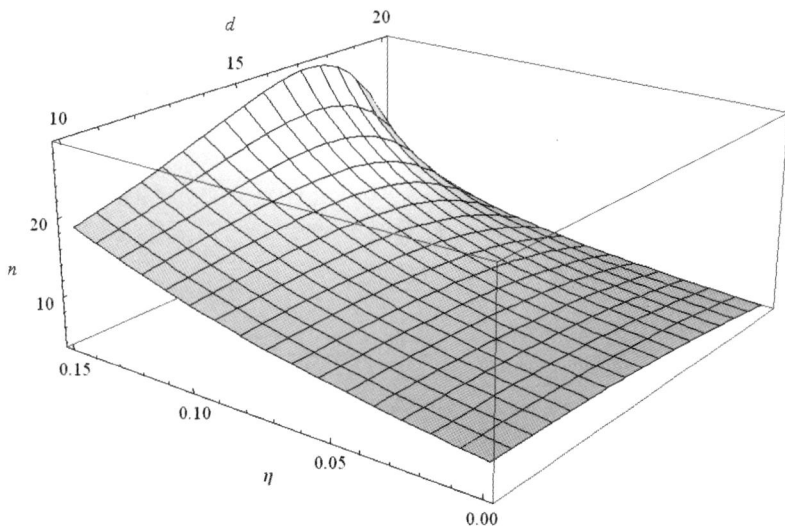

图 7　系统元件数量 n^* 关于 d、η 的三维图形

（2）对延保服务价格 p_e^* 的影响。

根据图 8，在大多数情况下，延保服务的价格 p_e^* 随着消费者对产品质量的敏感系数 d 的增大而提高。消费者对质量越敏感，越关注产品质量，就会增加购买延保服务的几率，以确保其购买的产品质量，因此延保服务价格 p_e^* 将会提高。只有当 d 很大时，p_e^* 会随着 d 的增加而减少。这里的原因与对图 7 的分析类似，此时并联元件数量减少，成本下降，所以减少 p_e^* 对单位延保服务利润影响较小，但同时可以增加延保服务的需求，进而增加生产商的利润。

延保服务价格随着维修成本与系统元件质量的相关程度 η 的增大而提升。系统元件质量

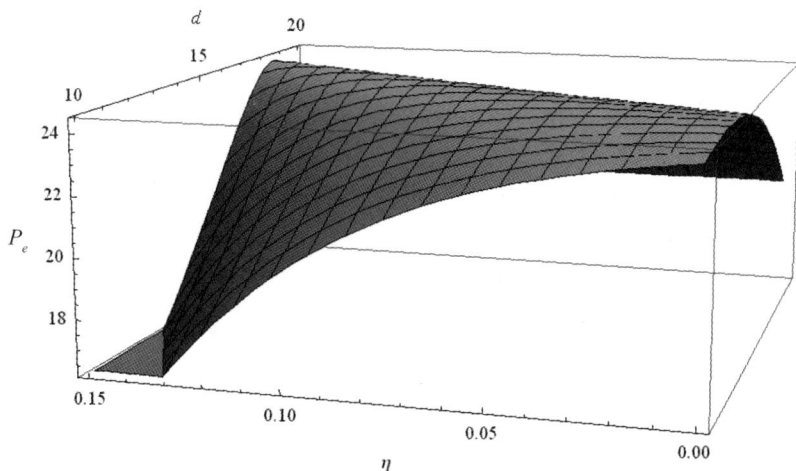

图 8　延保服务价格 p_e^* 关于 d、η 的三维图形

155

与维修成本相关程度越高，说明系统元件的质量水平对延保期间的维修活动影响越大，由于系统元件是外购的，其质量水平是外生的，质量水平过低将会导致维修成本过高，维修成本高将会导致延保服务价格提高。这与 R 模式下 $n=1$ 时，延保服务价格与 η 成反比并不矛盾，因为此时并联系统中只有一个元件，其质量水平对延保服务成本的影响不会那么大。

（3）对产品零售价格 p^* 的影响。

由图 9 可以发现，产品的零售价格 p^* 随着消费者对产品质量的敏感系数 d 的增大而先增加后少。这主要是因为 p^* 与并联元件数量 n^* 线性相关，而 n^* 随着消费者对产品质量的敏感系数 d 的增大也呈现先增加后少的趋势。

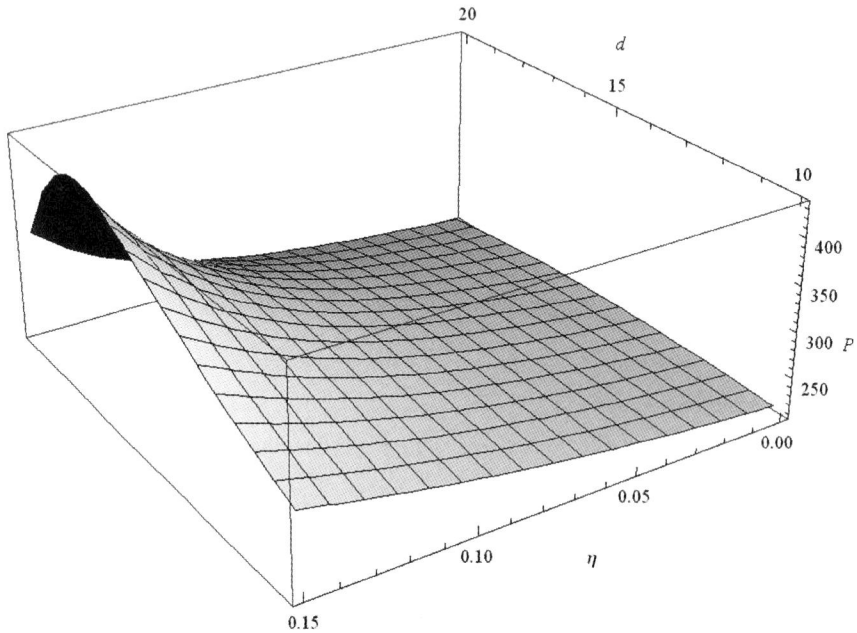

图 9　产品价格 p^* 关于 d、η 的三维图形

产品价格随着维修成本与系统元件质量的相关程度 η 的增大而提升，当系统元件质量水平一定时，η 增大将导致延保成本相对较低，相应的延保服务价格将降低，购买延保服务的消费者数量增多，延保服务需求变大，在一定程度上也将导致消费者对产品的需求量变大，产品的需求量变大，将会导致产品价格上升。

（4）对零售商最优利润 $\prod_R$ 的影响。

图 10 告诉我们零售商的利润随着消费者对产品质量的敏感系数 d 的增大而变大。零售商的利润随着维修成本与系统元件质量的相关程度 η 的变大而降低，η 增大，系统元件数量增加，产品成本增加，零售商利润减少。

（5）对生产商最优利润 $\prod_M$ 的影响。

由图 11 可以发现，生产商的利润 $\prod_M$ 随着消费者对产品质量的敏感系数 d 的增大而

156

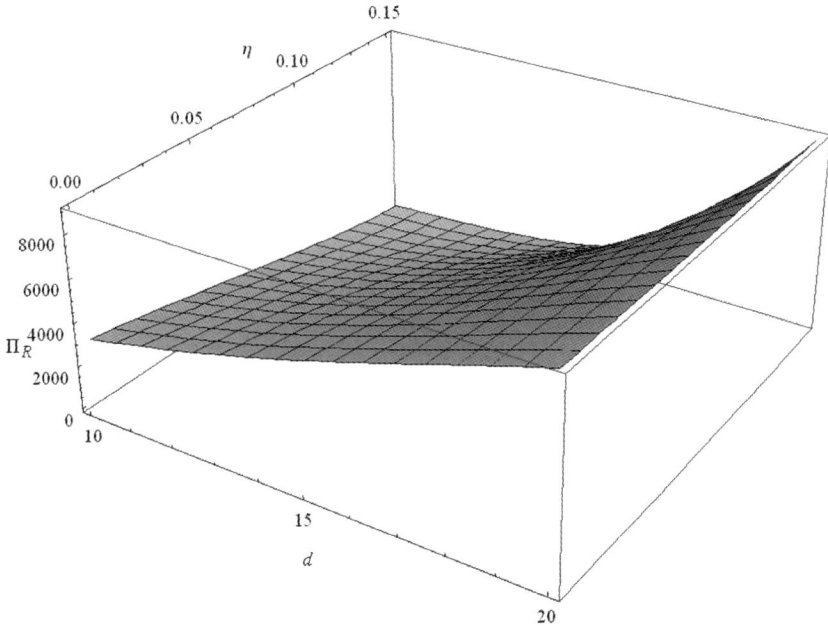

图 10　零售商利润 $\prod_R$ 关于 d、η 的三维图形

增大。消费者对产品质量敏感系数越大，产品价格与延保服务价格越高，价格提高，生产商的利润也就提高了；生产商的利润 $\prod_M$ 随着维修成本与系统元件质量的相关程度 η 增大而变小，但是其变化幅度不大。

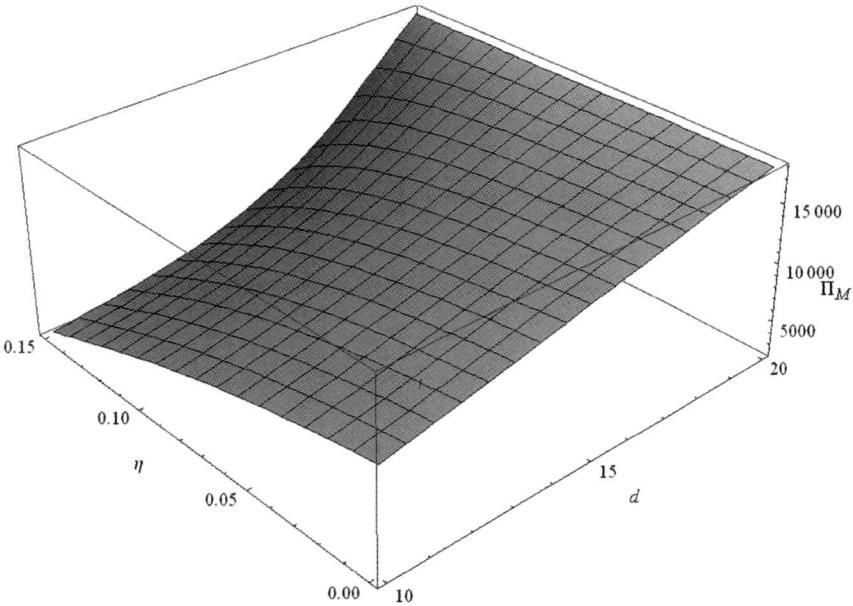

图 11　生产商利润 $\prod_M$ 关于 d、η 的三维图形

157

4.3 R 模式与 M 模式的比较

通过对 R 模式与 M 模式下不同参数的分析，我们可以发现，产品质量敏感系数 d、维修成本与产品质量的相关程度 η 对产品零售价格、延保服务价格、生产商利润和零售商利润的影响存在较多的一致性，即：延保服务价格 p_e^* 随着 η 的增大而减小；生产商利润和零售商利润随着消费者对产品质量的敏感系数 d 的增加而提高。

对 R 模式与 M 模式下的产品零售价格与延保服务价格进行比较，可以发现，在 d、η 分别取得相同的值时，M 模式下的零售价格和延保服务价格均高于 R 模式。当延保服务由生产商提供时，零售商无法获得延保服务所带来的利润，因此会在一定范围提高产品价格以增加其利润；零售商提高产品价格将导致产品的需求量降低，为平衡或减弱产品需求量降低的影响，生产商将提高产品的延保服务价格来提高其利润。

当然，生产商、零售商最关注的还是其本身获得的利润。通过数值算例的结果可以看出，在两种模式下，当 d、η 分别取得相同的值时，M 模式的生产商利润和零售商的利润都小于 R 模式下的生产商和零售商利润。因此，在分散决策供应链中，生产商更倾向于将产品的延保服务全权授予零售商来做，零售商在市场上更接近消费者，对消费者需求变化能快速做出响应，这对提高生产商利润、零售商利润都有正向的影响。

5. 结论与展望

本文对于一类具有并联元件产品的延保服务问题进行了研究。考虑仅有一个生产商和一个零售商组成的供应链系统，本文在 C 模式、R 模式和 M 模式三种不同情形下分析了生产商和零售商的最优决策，并通过数值算例对参数的性质进行了讨论。

通过研究，我们发现，在存在并联元件的系统里，消费者对产品质量敏感系数增加，必然会导致延保服务价格提高，并且生产商将会增加系统并联的元件；延保服务成本与元件质量水平的相关性越强，延保服务的价格越低，需要在系统中并联的元件数量越多。同时，对于分散决策的供应链系统，生产商更倾向于将延保服务全权授予给零售商来做，以获得最大利润。

本文作为一项考虑并联系统元件的延保服务决策理论研究，为继续深入探讨系统元件对延保服务的影响提供了参考。

但是本文还存在很多不足之处，对于在三种模型下求出的最优解，只是针对消费者对产品质量的敏感系数、维修成本与元件质量水平两个参数进行相关性分析，未考虑其他参数对于延保服务价格和系统元件数量的影响。同时，只存在元件并联的系统在现实生活中较少，对于延保服务策略的研究还需要针对多种更为复杂的系统来开展。未来可以在此基础上对存在串、并联的系统进行研究，还可以对存在两种或者多种不同元件组成的并联系统进行分析。此外，还可以考虑加入产品元件质量水平决策因素来建模，为延保服务理论的扩充和丰富提供更多参考。

◎ 参考文献

[1] 高文科, 张志胜, 刘飏, 陈霞. 故障相关的两部件并联系统可靠性建模及动态更换策略 [J]. 计算机集成制造系统, 2015 (2).

[2] 李杰. 供应链管理视角下产品延保服务模式选择与运营策略研究 [D]. 江西财经大学, 2013.

[3] 李杰, 柳键. 基于需求敏感指数的供应链延保服务模式分析 [J]. 控制与决策, 2013, 28 (7).

[4] 李铮. 不同零售定价策略下供应链的最优保修策略 [D]. 南京大学, 2013.

[5] 卢震, 张剑. 考虑质量成本的延保定价策略 [J]. 东北大学学报, 2013, 34 (5).

[6] 聂佳佳, 邓东方. 产品质量影响延保成本下的延保服务外包策略 [J]. 工业工程与管理, 2014, 19 (3).

[7] 郑铭海. 不同条件下并联系统的可靠性研究 [D]. 兰州理工大学, 2013.

[8] 钟波, 孙永波. 基于 Copula 的部件相依并联系统可靠性分析 [J]. 数理统计与管理, 2011 (2).

[9] Desai, P. S., Padmanabhan, P.. Durable good, extended warranty and channel coordination [J]. *Review of Marketing Science*, 2004, 2 (1).

[10] Li K., Chhajed D., Mallik S.. Design of extended warranties in supply chains under additive demand [J]. *Production and Operations Management*, 2012, 21 (4).

[11] Murthy D. N. P., Blischke W. R.. *Warranty and management and product manufacture* [M]. Berlin, Germany: Springer, 2005.

[12] Warranty Week. Extended Warranty Income [EB/OL]. The newsletter for warranty management professional, http: //www. warrantyweek. com/archive/ww20051025. html. 2017-01-24.

Optimal Extended Warranty Pricing Strategy of Systems with Parallel Components

Guan Lei[1] Hao Qing[2] Zhang Lianmin[3]

(1. Management and Economics School of Beijing Institute of Technology, Beijing, 100081;

2. Beidaihe Sanatorium, State Grid JIBEI Electric Power Company, Qinhuangdao, 066199;

3. Management and Engineering School of Nanjing University, Nanjing, 210093)

Abstract: In the market with more fierce competition today, the extended warranty is one of the ways that help enterprises to gain competitive advantages. In this article, we consider a special product with parallel components. We study the optimal decisions on the retail price, the extended warranty price and the number of parallel components under three different modes with the setting of one producer and one retailer. The results show that in the systems with parallel components, the extended warranty price will increase and the number of parallel components will be larger when the sensitivity of the quality of these components increases. Meanwhile, if the relationship between the quality of the components and the warranty cost is larger, the extended warranty price will decrease, but the number of the components will be larger. At last, in a decentralized scenario, the producer will prefer that the retailer provides the extended warranty, since this will bring a larger profit for both the producer and the retailer.

Key words: Extended warranty; Parallel components; Number of components; Pricing decision

专业主编：许明辉

存在误差的层次分析法与银行
国际化中的区位选择[*]

● 刁　莉[1]　邓振兴[2]　胡　娟[3]

(1，2，3　武汉大学经济与管理学院　武汉　430072)

【摘　要】本文主要研究了层次分析法（AHP）对银行国际化经营区位选择的决策的应用。当应用该方法进行区域选择决策时，准则层可包括经济一体化程度、东道国市场机会、东道国进入管制和东道国银行能力等因素。由于银行的决策是集体决策，而且对影响银行国际化因素的相对重要性的判断需要依据客观因素，有多种可能导致出现遗漏重要影响因素和判断矩阵设定存在误差的情况。当层次分析法存在误差时，在某些条件得到满足时，虽然总排序向量会有所差异，但最优决策不受影响。如果这些条件不能满足，则银行将可能不会作出最优决策。但是银行可以通过提高决策能力和应用层次分析法的技巧来减少误差，以使决策趋于最优。

【关键词】层次分析法　误差　银行国际化　目标国

中图分类号：F832.48　　　　文献标识码：A

1. 引言

后危机时代，伴随世界经济的发展，经济金融全球化的大趋势没有改变。这个时期的特点是伴随着国际金融监管改革进一步推进，大型银行在更为严格的要求下继续在全球金融业范围内进行国际化和综合化的重构；打造资产、业务和经营地域网点多元化的国际化银行，仍然是未来全球金融机构发展的主要趋势。在英国《银行家》杂志排行榜上排位靠前的银行多数都成为了全球性银行，更多的银行正在实施国际化战略。包括中国在内的一些新兴资本市场国家目前具备了很多银行国际化的有利因素，尤其是 2008 年以后银行的盈利水平提升，促进了中国及一些新兴资本市场国家银行国际化发展的实施。

大型银行国际化重要的问题之一就是在国际化过程中子银行的区位选择问题。本文尝试利用不同的角度：即通过减少银行管理层决策的失误来提高银行国际化选址的效率问

* 基金项目：国家社科基金"一带一路相关国家贸易竞争与互补关系研究"(16ZDA039)。

通讯作者：刁莉，E-mail：fxyd39@126.com

题。具体与其他研究不同的是，本研究主要借助管理决策中的"层次分析法"来进行研究，提出了"带误差的层次分析法"。

关于银行国际化过程中的区位选择问题，一般都要经历三个阶段：选择目标市场、选择区域、选择具体城市地点；目前有较多的文献涉及这一主题。Brealey and Kaplanis (1996)以涉及37个母国和82个东道国的近2000个银行机构(包括各类分支机构)的数据研究了影响银行国际化区域分布的因素，发现贸易和直接投资以及东道金融发展是显著的影响因素。Dario和Alberto(2005)以OECD国家的260家大银行为对象探讨了影响银行对外投资的因素，发现国际化的区域选择和国家间的经济融合度相关，但东道国的制度和盈利机会的影响更大。Wezel(2004)以德国的银行为例，研究了影响银行国际化区域分布的因素，发现非金融FDI是最重要的影响因素，而东道国人均GDP以及贸易联系的影响也不可忽视。而George和Robert等人(2003)对银行国际化方面的文献进行了梳理，涉及银行国际化的动力(母国和东道国经济联系、东道国的机会、东道国的监管)、银行自身特点、国外银行的行动和对本地银行的影响等问题。近年来，中国这方面的研究包括：冯嗣全和欧阳令南(2004)从地理信息的角度研究了影响区域选择的众多因素，提出因素分等级加权的方法来选择目标区域。赵明铭和宋瑞敏(2009)也探讨了区位选择的影响因素，并对中国的银行国际区域分布情况进行了分析。江珲珲(2009)发现和东道国双边贸易、非金融FDI、自由贸易协定和东道国人均GDP等因素对于中国银行选择目标国有重要影响。类似的，孔庆洋(2010)探讨了东道国经济成长性，利润机会，金融市场状况，信息和制度方对区域选择影响。

然而，关于银行国际化区域选择的问题几乎全是影响因素的探讨，对于银行应如何从众多的备选国中选择最佳的目标国的讨论较少。在目标国选择的过程中，可以采用层次分析法，该方法在银行方面广泛应用，相关研究也较多。Rajshekhar等人(1989)研究了客户运用层次分析法来选择银行服务时，对于银行了解客户需求和偏好有何意义。与之类似，Huu和Kar(2000)运用层次分析法研究了新加坡大学生客户群体在选择银行方面的特点。Ami和Yair(1990)讨论了层次分析法在银行确定战略计划中的应用，并以兼并活动为例进行层次分析模型构建。如叶蓓(2007)和孟庆海(2009)分别研究了层次分析法在银行设立自助网点和营业网点选址中的应用(中文)。Ehsan(2009)以伊朗为例，运用层次分析法比较了四类电子银行业务在发展中国家发展程度情况。Neşe等人(2009)应用层次分析法对土耳其银行业的总体经营表现进行了评价，指出财务表现和非财务表现均应受到重视。类似的，Hung等人(2009)对于多种反映银行表现的指标通过构造层次分析模型来探讨如何根据这些指标对银行给出综合评价。而Czeslaw and Jaroslaw(2005)则介绍了层次分析法在银行领域中的广泛用途。在中国的研究学者中，徐灼(2010)讨论了银行选址中应考虑的因素以及层次分析法的具体应用。田永强(2004)运用该方法分析了银行在贷款流向决策中如何做到最优化。而姜光磊和徐刚(2010)则讨论了金融危机爆发后银行在贷款流向决策的层次分析中准则层因素的新变化及其影响。刘晓欣和任建华(2010)论述了商业银行如何运用模糊层次分析法选择最合适的战略投资者。

目前，研究银行国际化区位选择以及层次分析法在银行业的应用两个主题的文献都较多，但是将两者结合起来，即运用层次分析法来研究银行国际化中应如何实现目标区域选择的最优化的研究还很少。本文将在这方面进行尝试。另外，层次分析法隐含地假设了决策者在了解影响因素和构建判断矩阵时均不会出错。这在纯数理上的研究是可行的，但是在实际的运用中却很难实现。因此，本文提出了带误差的层次分析法，分析了误差产生的原因及其对层次分析的影响，这也是本文重要创新。它不仅可以分析银行国际化区域选择的问题，而且也可以运用到其他各种层次分析法常涉及的问题中。

本文分为五部分，第二部分构建了银行国际化区域选择的层次分析基本模型；第三部分讨论准则层元素选择误差的影响；第四部分讨论了准则层元素相对重要性认定误差以及这些元素对应的判断矩阵设定误差的影响；第五部分为总结。

2. 银行国际化区域选择的层次分析模型

2.1 区域选择的层次结构

层次分析法（Analytic Hierarchy Process，AHP）是一种分析多目标多准则的结合定性和定量分析的决策分析方法，是美国运筹学家 T. L. Saaty 提出的。这一方法对于难以完全定量分析的复杂系统的决策问题具独特优势，被广泛运用到军事、政治、工程和经济等领域以解决冲突求解、政策分析、项目优选、资源分配等问题。[①] 层次分析法在银行业务相关问题的应用主要集中在前文提到的贷款发放中客户的选择问题（贷款的分配）和银行网点的选址问题。当然银行业务中诸多涉及多目标多准则的决策中也可以运用这一方法。

对于银行国际化中的区位选择的层次分析（见图 1），假设判断的准则有 n 个，而备选的目标国有 m 个，则首先确定如下的层次结构：

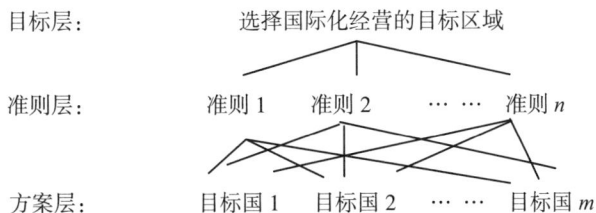

目标层： 选择国际化经营的目标区域

准则层： 准则 1 准则 2 …… 准则 n

方案层： 目标国 1 目标国 2 …… 目标国 m

图 1 银行国际化区位选择层次分析图

2.2 准则层的确定

银行国际化过程中选择其目标区域的准则主要是影响其国际化经营活动的因素，每一

---

① 层次分析法的基本原理可参见 T. L. Saaty 的相关论文，如 *How to make a decision：The analytic hierarchy process*。也可参见由程理民等编著，清华大学出版社出版的《运筹学模型与方法教程》第 246-256 页，或者汪雷和宋向东主编，高等教育出版社出版的《线性代数及其应用》第 175-179 页。

重要因素都可以成为银行选择目标区域的准则之一。这些因素可从以下几个方面考虑：一是母国和东道国之间的经济关系；二是东道国总体经济情况；三是东道国的政策影响；四是东道国的微观影响因素。母国和东道国的经济联系用"经济一体化程度"反映；东道国总体经济情况的优劣决定了国际化银行的机遇，故用"市场机会"表示；东道国的政策影响主要指是否存在对外国银行的管制，如对业务开展、分支机构组织形式以及地区的限制等，这方面用"进入管制"表示；东道国的微观因素主要是外国银行进入后可能面临的当地银行的竞争，以及当地银行体系的发展程度，可用"东道国银行能力"表示。

银行进行国际化经营的最终目标是获取经济利益，如果东道国市场没有发展的潜力，未来盈利的可能性较低的话，银行国际化过程中较少考虑这样的东道国，因此市场机会是影响目标国选择的重要因素。经济一体化程度主要体现在双边贸易和非金融FDI、距离、文化和语言相似性、法律制度的相似性。经济一体化程度高既有客户跟随动机也有因为信息成本低、交易费用低而优先考虑这样的目标国。而且，双边贸易额和非金融FDI额度高也预示着双边对相互的国际金融服务的需求较高，国际银行业务具有一定的市场规模。然而进入管制可能使国际化银行无法有效地进入东道国的市场，即使该市场有良好的机会。因此，银行在进行国际化活动时必须考虑东道国的制度约束。在通常情况下，银行倾向于进入管制小的东道国开展业务，这将不会影响独立的决定，选择分支机构的组织形式以及开办的业务内容。最后，进入他国的市场需要和当地的银行竞争，如果东道国银行实力强劲，银行体系发展较完善，那么国外银行可能无法在竞争中获得优势进入这一的市场可能无法实现预期的目标。反之，进入银行体系发展不完善，进入东道国当地银行实力较弱的市场，国际银行将较容易发挥其比较优势。因此，以这四个方面的因素作为选择国际化经营的目标区域的准则层具有一定的合理性。这也得到了一些国内外研究的支持，除引言中提到的江珲珲（2009）、Wezel（2004），以及Dario和Alberto（2005）的研究外，还有周天芸和王泽高（2009）以多个发展中国家为例研究了这些国家银行在海外设立机构的影响因素，发现东道国市场机会、金融发展水平和与母国相互贸易水平对于银行选择国际化目标国有显著影响。谢罗奇和何叔飞（2010）研究发现中国的银行国际化的影响因素中和东道国的贸易水平以及非金融FDI水平是两个重要因素。Douglas，Kang和Suresh（1986）发现美国在东道国的其他商业活动对美国在该国银行服务有正的影响，同时，东道国的开放程度（反映管制水平）也会影响美国银行国际化时的目标区域选择。Rigby和Young（2003）研究他国银行选择中国作为国际化经营的目标区域时发现文化和距离与亚洲的银行进入中国密切相关。

通过上述分析，设某银行在国家化过程中选择目标的区域时决策的准则层表示如下：C_1 表示经济一体化程度，C_2 表示东道国市场机会，C_3 表示东道国进入管制，C_4 表示东道国银行能力。同时为了表述方便用 D_1，D_2，$\cdots$，D_m 表示方案层的备选目标国。

2.3 判断矩阵与排序结果

设根据准则层四个因素的相对重要性经过一致性检验并调整（下同）而得的目标层的判断矩阵为 O_c，相应的准则层的判断矩阵为 C_{jd}，$j=1$，2，3，4。具体设：

$$O_c = \begin{bmatrix} 1 & c_{12} & c_{13} & c_{14} \\ c_{21} & 1 & c_{23} & c_{24} \\ c_{31} & c_{32} & 1 & c_{34} \\ c_{41} & c_{42} & c_{43} & 1 \end{bmatrix}; \quad C_{1d} = \begin{bmatrix} 1 & d_{12}^1 & \cdots & d_{1m}^1 \\ d_{21}^1 & 1 & \cdots & d_{2m}^1 \\ \vdots & \vdots & & \vdots \\ d_{m1}^1 & d_{m2}^1 & \cdots & 1 \end{bmatrix}; \quad C_{2d} = \begin{bmatrix} 1 & d_{12}^2 & \cdots & d_{1m}^2 \\ d_{21}^2 & 1 & \cdots & d_{2m}^2 \\ \vdots & \vdots & & \vdots \\ d_{m1}^2 & d_{m2}^2 & \cdots & 1 \end{bmatrix}$$

$$C_{3d} = \begin{bmatrix} 1 & d_{12}^3 & \cdots & d_{1m}^3 \\ d_{21}^3 & 1 & \cdots & d_{2m}^3 \\ \vdots & \vdots & & \vdots \\ d_{m1}^3 & d_{m2}^3 & \cdots & 1 \end{bmatrix}; \quad C_{4d} = \begin{bmatrix} 1 & d_{12}^4 & \cdots & d_{1m}^4 \\ d_{21}^4 & 1 & \cdots & d_{2m}^4 \\ \vdots & \vdots & & \vdots \\ d_{m1}^4 & d_{m2}^4 & \cdots & 1 \end{bmatrix}, \quad 其中各元素的取值范围均$$

为(0，9]。

各矩阵设定的基本原则是保证对于经济一体化程度越高的目标国其重要程度的排序越高；对于市场机会越大的目标国其重要程度的排序高；对于进入管制多的目标国重要程度的排序低；对于东道国银行能力弱的目标国重要程度的排序高。

通过对以上判断矩阵求特征向量 W，并经归一化处理，获得单排序权值。设判断矩阵 O_c 的经归一化处理的特征向量 $w_o = (w_{01}, w_{02}, w_{03}, w_{04})^\mathrm{T}$。判断矩阵 C_{id} 的经归一化处理的特征向量分别为：

$$w_{c1} = (w_{d11}, w_{d12}, \cdots, w_{d1m})^\mathrm{T}; \quad w_{c2} = (w_{d21}, w_{d22}, \cdots, w_{d2m})^\mathrm{T};$$
$$w_{c3} = (w_{d31}, w_{d32}, \cdots, w_{d3m})^\mathrm{T}; \quad w_{c4} = (w_{d41}, w_{d42}, \cdots, w_{d4m})^\mathrm{T}。$$

将 C_{id} 的各特征向量按顺序组成新的矩阵 O_s，即有：

$$O_s = (w_{c1}, w_{c2}, w_{c3}, w_{c4}) = \begin{bmatrix} w_{d11} & w_{d21} & w_{d31} & w_{d41} \\ w_{d12} & w_{d22} & w_{d32} & w_{d42} \\ \vdots & \vdots & \vdots & \vdots \\ w_{d1m} & w_{d2m} & w_{d3m} & w_{d4m} \end{bmatrix}。$$

设总排序向量为 w_T，则有

$$w_T = O_s w_o = \begin{bmatrix} w_{d11} & w_{d21} & w_{d31} & w_{d41} \\ w_{d12} & w_{d22} & w_{d32} & w_{d42} \\ \vdots & \vdots & \vdots & \vdots \\ w_{d1m} & w_{d2m} & w_{d3m} & w_{d4m} \end{bmatrix} \begin{bmatrix} w_{01} \\ w_{02} \\ w_{03} \\ w_{04} \end{bmatrix} = (w_{T1}, w_{T2}, \cdots, w_{Tm})^\mathrm{T}$$

其中，$w_{Ti} = \sum_{j=1}^{4} w_{dji} w_{0j}$，$i = 1, 2, \cdots, m$。银行根据总排序向量 w_T 中各元素的值，可选择最大值对应的目标国作为最终的目标区域，也可根据银行的实际情况选择排位靠前的目标国同时作为目标区域，或者对 w_{Ti} 值设一个下限，凡是大于下限值的目标国均可考虑作为国际化经营的目标区域。当然，不同银行的总体实力、经营管理水平、发展战略、国际化经验客观上存在着差异，根据其自身情况对经济一体化程度、东道国市场机会、东道国进入管制、东道国银行能力这几个影响因素的相对重要性的认定不同。对准则层的这四个元素，每个备选国在每一准则下优劣关系认定也可能不同。故即使在准则层元素一样，备选目标国一样的情况下，不同的银行选择的最佳目标国也可能会不一样。

3. 准则层确定误差的影响

从基本模型可以看出在层次分析的纯理论模型中，暗含着决策主体能够准确地确定全部影响因素的假设。进而准则层包括的元素是完备的，只要判断矩阵设定合理，则总排序向量的元素能够准确反映方案层各备选方案的优劣。然而，在实际应用中，某些情况下决策主体可能无法确定全部的影响因素，导致准则层的元素不完备。这将可能影响最后的判断。例如，本文涉及的银行国际地域选择问题，本身影响银行国际化成功的因素就很多，因此，一个银行在进行决策时，可能无法将全部影响其决策的因素考虑到。当然，如果是影响很小的因素，则不会对总排序的情况产出影响，这些因素可以忽略。但如果是某一或者某些重要因素未考虑，导致准则层中遗漏了相对重要的元素，则总排序可能引起决策失误。为说明这一种情况，以前一节的模型为基础，假设银行在层次分析时遗漏某一重要的因素 Y（如风险因素），该因素应被纳入准则层，并设其用 C_5 表示。为简化分析，假设 C_5 并不影响其他准则层元素两两间的相对重要性，而且银行在某一阶段或者某一次决策中仅从备选目标国中选择一个作为实施国际化经营的目标区域（下同）。显然，C_5 不影响其他四个准则对应的判断矩阵。因此，作为对比在引入 C_5 后目标层对应的判断矩阵变为：

$$O_c' = \begin{bmatrix} 1 & c_{12} & c_{13} & c_{14} & c_{15} \\ c_{21} & 1 & c_{23} & c_{24} & c_{25} \\ c_{31} & c_{32} & 1 & c_{34} & c_{35} \\ c_{41} & c_{42} & c_{43} & 1 & c_{45} \\ c_{51} & c_{52} & c_{53} & c_{54} & 1 \end{bmatrix}$$

设矩阵 O_c' 的经归一化处理的特征向量 $w_o' = (w_{01}', w_{02}', w_{03}', w_{04}', w_{05}')^{\mathrm{T}}$。

注意到 O_c' 可以表示成如下的分块矩阵：$\begin{bmatrix} 1 & c_{12} & c_{13} & c_{14} & c_{15} \\ c_{21} & 1 & c_{23} & c_{24} & c_{25} \\ c_{31} & c_{32} & 1 & c_{34} & c_{35} \\ c_{41} & c_{42} & c_{43} & 1 & c_{45} \\ c_{51} & c_{52} & c_{53} & c_{54} & 1 \end{bmatrix}$，分块矩阵中左上角

为矩阵 O_c，对于具有完全一致性的判断矩阵，即 O_c 的特征根为 4 时，可推知 O_c' 特征向量的前四个元素和 O_c 相同。对满足一致性检验指标的判断矩阵，即 O_c 的特征根约等于 4 时，可近似地看做 O_c' 特征向量的前四个元素和 O_c 相同。设这四个元素的和为 K，则在对 O_c 的特征向量进行归一化处理时分母为 K，而对 O_c' 的特征向量进行归一化处理时分母为 $K+V_5$（V_5 为 O_c' 特征向量中第五个元素，即与 C_5 相关的元素）。由此可得 $w_{0j}K = w_{0j}'(K+V_5)$，即 $w_{0j}' = w_{0j}K / (K+V_5)$，$j=1, 2, 3, 4$。$K / (K+V_5)$ 是某小于 1 的常数，设其为 L，即 $L = K / (K+V_5)$，则有：

$$w_o' = (w_{01}', w_{02}', w_{03}', w_{04}', w_{05}')^{\mathrm{T}} = (w_{01}L, w_{02}L, w_{03}L, w_{04}L, 1-L)^{\mathrm{T}}.$$

又设 C_5 对应的判断矩阵为：$C_{5d} = \begin{bmatrix} 1 & d_{12}^5 & \cdots & d_{1m}^5 \\ d_{21}^5 & 1 & \cdots & d_{2m}^5 \\ \vdots & \vdots & & \vdots \\ d_{m1}^5 & d_{m2}^5 & \cdots & 1 \end{bmatrix}$，其经归一化处理的特征向

量为：$w_{c5} = (w_{d51}, w_{d52}, \cdots, w_{d5m})^T$。将包括 C_5 在内的 C_{jd} 的各特征向量按顺序组成新矩阵 O_s' 有：

$$O_s' = (w_{c1}, \quad w_{c2}, \quad w_{c3}, \quad w_{c4}, \quad w_{c5}) = \begin{bmatrix} w_{d11} & w_{d21} & w_{d31} & w_{d41} & w_{d51} \\ w_{d12} & w_{d22} & w_{d32} & w_{d42} & w_{d52} \\ \vdots & \vdots & \vdots & \vdots & \vdots \\ w_{d1m} & w_{d2m} & w_{d3m} & w_{d4m} & w_{d5m} \end{bmatrix}$$

设新的总排序向量为 w_T'，则有：

$$w_T' = Os'w_o' = \begin{bmatrix} w_{d11} & w_{d21} & w_{d31} & w_{d41} & w_{d51} \\ w_{d12} & w_{d22} & w_{d32} & w_{d42} & w_{d52} \\ \vdots & \vdots & \vdots & \vdots & \vdots \\ w_{d1m} & w_{d2m} & w_{d3m} & w_{d4m} & w_{d5m} \end{bmatrix} \begin{bmatrix} w_{01}L \\ w_{02}L \\ w_{03}L \\ w_{04}L \\ 1-L \end{bmatrix} = (w_{T1}', \quad w_{T2}', \quad \cdots, \quad w_{Tm}')^T$$

其中，$w_{Ti}' = \sum_{j=1}^{4} w_{dji}w_{0j}L + w_{d5i}(1-L)$，$i = 1, 2, \cdots, m$。由 $w_{Ti} = \sum_{j=1}^{4} w_{dji}w_{0j}$ 可知：$w_{Ti}' = w_{Ti}L + w_{d5i}(1-L)$。为比较两种情况下总排序向量对应元素值的变化以分析遗漏某重要因素的影响，需讨论 $w_{Ti}' - w_{Ti}$ 的值。将 w_{Ti}' 的表达式代入得：

$$w_{Ti}' - w_{Ti} = w_{Ti}L + w_{d5i}(1-L) - w_{Ti} = (w_{d5i} - w_{Ti})(1-L) \tag{1}$$

由(1)式可知两种情况下总排序向量对于元素值的变化受两个方面的影响：一是变化强度 $1-L$，表示被遗漏因素在准则层的相对重要程度；二是变动方向 $w_{d5i} - w_{Ti}$。

当 $1-L$ 趋近于 0 或者等于 0 时，表明遗漏的因素不重要，正如前文提到的，此时对总排序影响不显著，不会改变各备选目标国的排序。银行在进行决策时不考虑这些因素也不会导致决策失误。如果 $1-L$ 显著异于 0 则将可能导致总排序发生显著变化，此时，若不考虑这些因素(如银行国际化中的各种风险)，则将可能导致选择目标国时出现失误。

当对于所有的 $i = 1, 2, \cdots, m$ 均有 $w_{d5i} = w_{Ti}$ 时，有 $w_{Ti}' = w_{Ti}$，即考虑 C_5 和不考虑 C_5 总排序向量总的元素完全一样。而且此时，在进行层次分析将 $C_1 \sim C_4$ 作为准则层和仅将 C_5 作为准则层的单因素决策其效果完全一致。① 因此，对于总排序而言，无论 $1-L$ 的值如何，C_5 都是和准则层向量 (C_1, C_2, C_3, C_4) 以及 $(C_1, C_2, C_3, C_4, C_5)$ 完全等价。在进行决策时可以只依据某单一因素就可以做出和依据多因素一样有效的决策。在现实的决策中，这种情形出现的概率很小。稍符合实际情况的是在 $i = 1, 2, \cdots, m$ 中至少存在一个 i 使得 w_{d5i} 和 w_{Ti} 不相等，进而某些 w_{Ti}' 和 w_{Ti} 也不相等。此时两种情况下的总排序对应

---

① 当 C_5 作为单因素进行层次分析时，其总排序向量恰好就是 $w_{c5} = (w_{d51}, w_{d52}, \cdots, w_{d5m})^T$。

的元素不是完全相等，而且和 C_5 对应的经处理的特征向量对应的元素也不完全相等。但是，如果两个总排序向量和 C_5 对应的经归一化处理的特征向量对应的元素的排序仍然一致的话，可以认为 C_5 仍然和准则层向量 (C_1, C_2, C_3, C_4) 以及 $(C_1, C_2, C_3, C_4, C_5)$ 等价。虽然排序向量各元素值发生了变化但是排序不变的话，决策的结果通常是一致的。此时，单因素决策仍然有效。当两个总排序向量和 C_5 对应的经处理的特征向量对应的元素均不相等，且排序也不相同，如果此时排序第一对应的备选方案始终是同一方案，则还是可以保证决策结果相同。可以认为 $C5$ 依然和准则层向量 (C_1, C_2, C_3, C_4) 以及 $(C_1, C_2, C_3, C_4, C_5)$ 近似等价。

上述讨论说明了银行在进行国际化目标国选择时，有时采取简单的决策规则——单因素准则，为何能够作出正确的决策，也可以解释更一般的依据单因素决策任何可能获得良好效果的情形。然而，决策主体在事前可能无法判断应该依据哪一个单因素进行决策。这时依据单因素决策并获得成功的是基于概率上的巧合。因此，在实际的决策中，除非明确知道了等价的单因素，或者只有单一因素影响，否则决策主体还是倾向于考虑多因素的决策方式。

当两种情况下因 C_5 而总排序向量各对应元素不是完全相等，且出现了排序的差异，导致两种情况下排位第一的目标国不一样，遗漏的决策因素会影响决策的合理性。此时设在原总排序向量中总排位第一的元素为 w_{Tf}，则在 w_T 中至少存在一个异于 w_{Tf} 的 w_{Ti} 满足：

$$(w_{d5i} - w_{Ti})(1 - L) + w_{Ti} > (w_{d5f} - w_{Tf})(1 - L) + w_{Tf}$$

其中，$w_{Ti} \neq w_{Tf}$ 因 $w_{Tf} > w_{Ti}$，且 $L = K/(K+V_5)$，则不等式可表示为：

$$\frac{(w_{d5i} - w_{d5f})}{(w_{Tf} - w_{Ti})} > \frac{k}{V_5} \tag{2}$$

（2）式表示左边的分子是某个方案在 C_5 判断矩阵的特征向量的对应元素与原最优方案在 C_5 下的判断矩阵的特征向量对应的元素之差，分母是原总排序向量中两方案对应的元素之差。当其比值大于原目标层判断矩阵的特征向量各元素的和与 C_5 在对应的新的目标层特征向量对应元素的值之比时，最终排序的变化会导致最优方案不同。当不存在满足（2）式的 w_{Ti} 时，遗漏因素可能会改变总排序向量某些元素的值，但不会影响排序第一的方案的排序位置。此时的 C_5 是可忽略的因素。

4. 判断矩阵依据客观标准对结果的影响

除可能遗漏重要的影响因素外，在基本模型中没有讨论判断矩阵获得方式的影响。在纯理论分析中，获得判断矩阵主要是决策主体根据自身的判断来确定各因素之间的相对重要性，带有较强的主观因素，尤其是当涉及个人的决策行为时。然而，在实际应用中，完全主观的决定各因素的相对重要性可能不合理，尤其当决策主体不是个人而是组织，如本文讨论到银行的时候。银行在国际化活动的决策中，其组织的决策往往是团队的决策，如银行国际业务部或者银行总部高层管理团队。在决策时，不能仅依靠主观的感觉来确定各因素之间的相对重要性，需同时有客观的数据、信息作为支撑。信息不完全可能导致对于各因素相对重要性认定失误，进而导致决策失误，而选定了非最佳的目标国。在讨论客观因素对判断矩阵的影响时，为简化分析，假设判断矩阵均是满足完全一致性的正互反矩阵。

首先分析目标层对应的判断矩阵。对于 $O_c = \begin{bmatrix} 1 & c_{12} & c_{13} & c_{14} \\ c_{21} & 1 & c_{23} & c_{24} \\ c_{31} & c_{32} & 1 & c_{34} \\ c_{41} & c_{42} & c_{43} & 1 \end{bmatrix}$，因假设其满足完全

一致性，故只要确定该矩阵中任何一行或者一列的元素值，则整个矩阵就可以构造出来。这里以第一行为例进行分析。假设 O_c 是某银行在理想状态下构建的判断矩阵。此处的理想状态是指：银行掌握了全部重要数据和信息并能准确解读其对决策的作用，确定的准则层各因素之间的相互重要程度与这些因素对银行影响力大小间的关系完全一致。也就是 O_c 和该行实际应设立的判断矩阵完全吻合。设其未经归一化处理的特征向量为 $(V_1, V_2, V_3, V_4)^{\mathrm{T}}$。因第一行的后三个元素分别表示的 C_2、C_3 和 C_4 相对于 C_1 的重要性，是一个比值，所以可以设定 C_1 为参照因素，通过和其他因素相对重要性的比值的变化，来表示准则层各因素重要程度的变化情况。而第一行元素的值满足下列等式：$1 = V_1/V_1$，$c_{12} = V_1/V_2$，$c_{13} = V_1/V_3$，$c_{14} = V_1/V_4$。设反映 C_1 重要程度的赋值为 x，则有 $V_1 = x$。可推知：$V_2 = x/c_{12} = xc_{21}$，$V_3 = x/c_{13} = xc_{31}$，$V_4 = x/c_{14} = xc_{41}$。代入特征向量得 $(V_1, V_2, V_3, V_4) = (x, xc_{21}, xc_{31}, xc_{41})^{\mathrm{T}}$，经归一化处理后有：

$$w_o = \left(\frac{1}{1 + c_{21} + c_{31} + c_{41}}, \frac{c_{21}}{1 + c_{21} + c_{31} + c_{41}}, \frac{c_{31}}{1 + c_{21} + c_{31} + c_{41}}, \frac{c_{41}}{1 + c_{21} + c_{31} + c_{41}} \right)^{\mathrm{T}} 。$$

此时，假设准则层对应的判断矩阵也是理想状态下的矩阵，则得到的最终排序矩阵是最准确的反映各备选方案优劣性的排序向量。由基本模型可知总排序向量 $w_T = (w_{T1}, w_{T2}, \cdots, w_{Tm})^{\mathrm{T}}$，其中，$w_{Ti} = \frac{1}{k} \sum_{j=1}^{4} w_{dji} c_{j1}$，$k = 1 + c_{21} + c_{31} + c_{41}$，$c_{11} = 1$。

在实际的决策中，银行不可能完全掌握需要的数据和信息，而且可能对于这些数据和信息的解读存在误差，导致对准则层因素相对重要性认定出现误差，进而得到的判断矩阵也和理想状态下存在差异。假设这使得实际的 O_c 的第一行元素为 $(1, c_{12}+\varepsilon_2, c_{13}+\varepsilon_3, c_{14}+\varepsilon_4)$，$\varepsilon$ 表示误差。对于实际的特征向量此时有：$V_2 = x/c_{12}+\varepsilon_2 = x(c_{21}+\delta_2)$，$V_3 = x/c_{13}+\varepsilon_3 = x(c_{31}+\delta_3)$，$V_4 = x/c_{14}+\varepsilon_4 = x(c_{41}+\delta_4)$，其中 $\delta_h = -\varepsilon_h/c_{1h}(c_{1h}+\varepsilon_h)$，$h = 2, 3, 4$。$\delta$ 为第一列各元素与理想状态的误差。可知 $(V_1, V_2, V_3, V_4) = (x, x(c_{21}+\delta_2), x(c_{31}+\delta_3), x(c_{41}+\delta_4))^{\mathrm{T}}$。经归一化处理后有：

$$w_{or} = \left(\frac{1}{1 + c_{21} + c_{31} + c_{41} + \delta_2 + \delta_3 + \delta_4}, \frac{c_{21}+\delta_2}{1 + c_{21} + c_{31} + c_{41} + \delta_2 + \delta_3 + \delta_4}, \right.$$
$$\left. \frac{c_{31}+\delta_3}{1 + c_{21} + c_{31} + c_{41} + \delta_2 + \delta_3 + \delta_4}, \frac{c_{41}+\delta_4}{1 + c_{21} + c_{31} + c_{41} + \delta_2 + \delta_3 + \delta_4} \right)^{\mathrm{T}} 。$$

实际总排序向量 $w_{Tr} = (w_{Tr1}, w_{Tr2}, \cdots, w_{Trm})^{\mathrm{T}}$，其中，$w_{Tri} = \frac{1}{k_r} \sum_{j=1}^{4} w_{dji}(c_{j1}+\delta_j)$，$i = 1$,

2, $\cdots$, m, $k_r = 1 + c_{21} + c_{31} + c_{41} + \delta_2 + \delta_3 + \delta_4$, $\delta_1 = 0$。则理想状态和实际的总排序向量对应元素之差可表示准则层相对重要性认定误差对最终决策的影响。总排序向量对应元素的差表示为：

$$w_{Ti} - w_{Tri} = \sum_{j=1}^{4} w_{dji}\left(\frac{c_{j1}}{k} - \frac{c_{j1} + \delta_j}{k_r}\right) = \frac{1}{k(k+\eta)} \sum_{j=1}^{4} w_{dji}(c_{j1}\eta - \delta_j k) = \frac{1}{k(k+\eta)} \sum_{j=1}^{4} w_{dji}\left[c_{j1}(\eta - \delta_j) - \delta_j(k - c_{j1})\right]$$

，其中，$\eta = \delta_2 + \delta_3 + \delta_4$。可看出理想状态与实际决策中总排序向量的差异受 δ_2、δ_3 和 δ_4 的影响，只要这三个参数不全为零则两个总排序向量就不一样。考虑到 δ_2、δ_3 和 δ_4 的正负性以及相互间的大小关系，则总排序向量的差异将存在多种情况。对这些情况分别讨论将十分复杂，但对分析实际决策和理想状态的差异意义不大。从对决策产生实质影响的角度来分析将使问题显得相对简单且具有实际意义。因为 m 个备选目标国在总排序向量中对应元素值的变化即使因为 δ_2、δ_3 和 δ_4 的不同而出现多种情形，但只要最优备选目标国前后一致则并不会影响实际决策的有效性。此时仍设在理想状态下总排序向量中排位第一的元素为 w_{Tf}，则在 w_T 中如果至少存在一个异于 w_{Tf} 的 w_{Ti} 满足：

$$w_{Ti} - \frac{1}{k(k+\eta)} \sum_{j=1}^{4} w_{dji}(c_{j1}\eta - \delta_j k) > w_{Tf} - \frac{1}{k(k+\eta)} \sum_{j=1}^{4} w_{djf}(c_{j1}\eta - \delta_j k)$$

则实际选择的目标国和理想状态下选择的不同。该不等式可简化为：

$$\frac{1}{k} \sum_{j=1}^{4} (w_{dji} - w_{djf})\delta_j > w_{Tf} - w_{Ti} > 0（其中，\delta_1 = 0） \tag{3}$$

若不存在满足(3)式的 w_{Ti}，则无论实际总排序向量和理想状态下的总排序向量有多大差异均能作出一样有效的决策，对于准则层各因素相对重要性认定的误差不会对最终决策的结果产生影响。

在讨论准则层各元素相对重要性认定误差时，假设了准则层各元素对应的判断矩阵是理想状态下的完全准确的反映备选目标国之间的相对关系。但在实际的银行决策中，在某一准则下对于备选目标国相对优劣关系（相对重要性）的认定也可能存在误差。除前文提到的数据和信息不完全，以及数据和信息的不正确解读外，还存在以下的原因导致银行在认定目标国行动优劣关系时出现误差。

首先，各备选目标国对于准则层的四个元素均是抽象的，很难量化处理。以 C_1 经济一体化程度为例，母国和备选目标国的经济一体化程度的高低难以量化，因而不同备选目标国相对优劣关系难以确定。其次，每一个准则都由几个子因素构成（如果将这些子因素完全分开并明确地表现在次分析的结构中，则将大量增加准则层的元素或者会增加层次分析的层次数量，但仍不能消除误差。所以本文并没有将这些子因素表现在层次结构中，而是将它们归为四类），而不同的备选目标国可能在这些子因素的构成方面是不同的，因而使得各备选目标国在认定准则层元素的相对优劣性比较时可能存在误差。因为经济一体化程度和双边贸易、距离、非金融 FDI、文化和语言相似性、法律和制度相似性等因素相关，所以在比较某两个备选目标国时需要对这些子因素均作出比较。不同的目标国对银行来讲通常是不相同的，当某个目标国在其中某些子因素占优，而另一目标国在其他子因素占优时要比较两个国家总体上的 C_1 的优劣可能会出现误差。所以在实际的决策中每个准则层元素对应的判断矩阵和理想状态下都可能存在差异。

在前文的基础上，设判断矩阵 C_{jd}，$j=1$，2，3，4，是满足完全一致性的理想状态下的矩阵。因为每个判断矩阵中各元素的误差最终将反映在特征向量的差异上来，因此对于判断矩阵中各元素误差的讨论可以省略，而集中在特征向量差异的讨论。需说明的是，有可能存在某种特殊情况使得判断矩阵的各元素存在误差，但是特征向量的每个元素都不变，可看做误差被相互抵消或者等价于没有误差。假设判断矩阵中元素的误差导致特征向量中至少一个元素值发生变化，则总的排序向量就可能受到影响。具体的，假设实际的经归一化处理的准则层元素对应判断矩阵的特征向量为：$w_{cr1}=(w_{d11}+\delta_{11}，w_{d12}+\delta_{12}，\cdots，w_{d1m}+\delta_{1m})^{\mathrm{T}}$；$w_{cr2}=(w_{d21}+\delta_{21}，w_{d22}+\delta_{22}，\cdots，w_{d2m}+\delta_{2m})^{\mathrm{T}}$；$w_{cr3}=(w_{d31}+\delta_{31}，w_{d32}+\delta_{32}，\cdots，w_{d3m}+\delta_{3m})^{\mathrm{T}}$；$w_{cr4}=(w_{d41}+\delta_{41}，w_{d42}+\delta_{42}，\cdots，w_{d4m}+\delta_{4m})^{\mathrm{T}}$。将实际的 C_{jd} 的各特征向量组成新的矩阵 O_{sr} 有：

$$O_{sr}=(w_{cr1}，w_{cr2}，w_{cr3}，w_{cr4})=\begin{bmatrix} w_{d11}+\delta_{11} & w_{d21}+\delta_{21} & w_{d31}+\delta_{31} & w_{d41}+\delta_{41} \\ w_{d12}+\delta_{12} & w_{d22}+\delta_{22} & w_{d32}+\delta_{32} & w_{d42}+\delta_{42} \\ \vdots & \vdots & \vdots & \vdots \\ w_{d1m}+\delta_{1m} & w_{d2m}+\delta_{2m} & w_{d3m}+\delta_{3m} & w_{d4m}+\delta_{4m} \end{bmatrix}，\ \delta_{ji} 为误差。$$

此时的实际总排序向量为：

$$w_{Tr}=\begin{bmatrix} w_{d11}+\delta_{11} & w_{d21}+\delta_{21} & w_{d31}+\delta_{31} & w_{d41}+\delta_{41} \\ w_{d12}+\delta_{12} & w_{d22}+\delta_{22} & w_{d32}+\delta_{32} & w_{d42}+\delta_{42} \\ \vdots & \vdots & \vdots & \vdots \\ w_{d1m}+\delta_{1m} & w_{d2m}+\delta_{2m} & w_{d3m}+\delta_{3m} & w_{d4m}+\delta_{4m} \end{bmatrix}\begin{bmatrix} 1/k_r \\ (c_{21}+\delta_2)/k_r \\ (c_{31}+\delta_3)/k_r \\ (c_{41}+\delta_4)/k_r \end{bmatrix}=(w_{Tr1}，w_{Tr2}，\cdots，w_{Trm})^{\mathrm{T}}$$

其中，$w_{Tri}=\dfrac{1}{k_r}\sum\limits_{j=1}^{4}(w_{dji}+\delta_{ji})(c_{j1}+\delta_j)$。则理想状态和此种情形下实际的总排序向量对应元素的差可表示准则层相对重要性认定误差同时准则层元素对应的判断矩阵也存在误差时对最终决策的影响。其可以表示为：

$$w_{Ti}-w_{Tri}=\sum_{j=1}^{4}\left[\frac{w_{dji}c_{j1}}{k}-\frac{(w_{dji}+\delta_{ji})(c_{j1}+\delta_j)}{k_r}\right]$$
$$=\frac{1}{k(k+\eta)}\sum_{j=1}^{4}[w_{dji}(c_{j1}\eta-\delta_j k)-k\delta_{ji}(c_{j1}+\delta_j)]$$

可以看出理想状态和实际决策中的总排序向量的差异不仅受 δ_2，δ_3 和 δ_4 的影响，还受 δ_{ji} 的影响，总排序向量的差异将存在更多种情况，对这些情况分别讨论将更加复杂。因此，仍然从对决策产生实质影响的角度来分析。因 m 个备选的目标国在总排序向量中对应元素值的变化即使因为判断矩阵出现误差而出现多种情形，但只要最优备选的目标国前后一致则仍然不会影响实际决策的有效性。沿用前文的方法，设在理想状态下总排序向量中排位第一的元素为 w_{Tf}，则在 w_T 中如果至少存在一个异于 w_{Tf} 的 w_{Ti} 满足：

$$w_{Ti}-\frac{1}{k(k+\eta)}\sum_{j=1}^{4}[w_{dji}(c_{j1}\eta-\delta_j k)-k\delta_{ji}(c_{j1}+\delta_j)]>w_{Tf}-\frac{1}{k(k+\eta)}\sum_{j=1}^{4}[w_{djf}(c_{j1}\eta-$$

$\delta_j k) - k\delta_{jf}(c_{j1} + \delta_j)$] 实际选择的目标国和理想状态下的选择不同。该不等式可简化为：

$$\frac{1}{k}\sum_{j=1}^{4}\left[(w_{dji} - w_{djf})\delta_j + (\delta_{ji} - \delta_{jf})(c_{j1} + \delta_j)\right] > w_{Tf} - w_{Ti} > 0(其中，\delta_1 = 0) \quad (4)$$

当不存在满足(4)式的 w_{Ti}，则即使因为出现误差的判断矩阵增加了，实际总排序向量和理想状态下的总排序向量出现差异的可能性增加了，但这不会对最终决策产生影响。

当然，在通常情况下，出现误差的因素越多，误差越大对于决策有效性的影响越大，因此在实际的决策中要满足(4)式的可能性较小。可能银行实际的决策并不会实现理想状态下的最优。然而，一个理论上的困难是，我们知道每个银行在进行国际化决策时都有最贴合其当时情况的最佳选择(即理想状态下)存在，但是不能确定理想状态具体是什么。虽然有时在不知道理想状态的情况下仍能做出和理想状态一样有效的决策，但是这会降低我们在实施决策前的对其的信任度。当然，银行可以通过获得更多的信息和数据，并提高数据和信息分析能力来避免对判断矩阵设定的误差过大。如果这仍不能使得银行对于其决策满意，则在银行实际的决策中有两种方法来降低和理想状态的误差。一是在进行层次分析时，对备选目标国进行一个初步的筛选，这样即使因为出现误差而没有实现理想的最优决策，也可以保证一个相对正确的决策。二是在决策时对以往的国际化经营时目标区域选择的情况进行评估，总结已有的成功经验作为对新的决策中判断矩阵设定是否合理的参考。

误差层次分析看似对层次分析法的有效性提出了质疑，但在实际的应用中它在不影响层次分析法的优点的情况下反而可以增强层次分析法的有效性。因为当银行按照通常的层次分析法进行决策时，所有的人为因素或者客观因素导致的误差全都隐含在决策所依据的总排序向量中。这些误差在决策时没有被考虑到，但并不表示其不存在。而且正是因为没考虑到，这些误差不会被有意识地避免或者减少，所以导致决策的有效性受到影响。如果了解到层次分析中总会存在某些误差，并按前文所述方式有意识的避免或者减少误差，则存在误差的层次分析法反而使银行更能趋于最优的决策。

5. 总结

本文讨论了层次分析法在银行国际化区域选择决策中的应用。为说明在银行进行层次分析时如何进行，根据现有研究的一些普遍共识以及银行国际化过程中实际影响因素的分析，在本文的基本模型中设定准则层的元素为经济一体化程度、东道国市场机会、东道国进入管制和东道国银行能力。通过基本模型的分析可看出层次分析法有助于银行国际化区域选择中做出正确的决策。然而，在银行实际在进行决策时，可能会出现各种误差。因此，本文提出并分析了存在误差的层次分析法。

误差包括两个方面：一是准则层遗漏重要因素；二是判断矩阵设定误差。在遗漏重要因素方面，如果银行决策时某些重要因素未考虑(如风险因素)，导致准则层遗漏了某些元素，则总排序将会不同。如果遗漏的因素重要程度较低，则将不会影响最优决策：若遗漏因素重要程度较高，则将导致目标国选择的非最优化。当遗漏的因素和已经考虑的因素等价或者近似时，最优决策也不受影响。特别是可能存在某些因素和某几个因素在决策时完全等价的情况，这为银行能依据单因素仍作出正确决策提供了一种解释。若遗漏重要因素导致总排序向量出现差异，则当些条件（本文为条件（2））被满足时会导致最终决策不同，条件不满足时最终决策保持一致。

判断矩阵设定误差方面。因为银行决策主体不是个人而是组织，在决策时，不能仅依靠主观的感觉来确定各因素之间的相对重要性，需要考虑客观因素。客观因素的存在导致银行可能设定和真实情况存在差异的判断矩阵，从而使总排序向量和理想状态存在差异。如果判断矩阵设定的误差导致总排序向量中排位最高的备选目标国和理想状态存在差异，则银行将不能做出最优决策；如果排位最高的备选目标国相同，则误差不会影响最优决策。

在实际决策中，当遗漏重要因素且所有的判断矩阵都可能存在误差时，银行可能不会实现理想状态下的最优。然而，带误差的层次分析法并不会影响银行在进行国际化经营的区域选择中的应用，相反会提高层次分析法的有效性。因为在银行不关注误差的情况下作出的决策，客观存在的误差不会被避免或者减少，决策有效性不高。但是，如果银行知道会存在误差并采取措施尽量避免或者减少误差，则层次分析法的结果将更可靠。从这个意义上讲，存在误差的层次分析法是在应用中对层次分析法的完善。为尽量降低这些误差银行可以通过获得更多的信息和数据，并提高数据和信息分析能力。银行还需要提高决策能力，在进行层次分析时，对备选目标国应先进行初步的筛选，并根据以往国际化经营时目标区域选择的情况进行评估，总结经验，准确认定各因素（备选目标国）的重要性（优劣）。

◎ 参考文献

［1］冯嗣全，欧阳令南．基于地理信息的银行国际化选址问题研究［J］．财经论丛（浙江财经学院学报），2004（1）．

［2］江珲珲．中国商业银行国际化经营区位选择研究［D］．南昌：江西财经大学，2009．

［3］孔庆洋．商业银行国际化研究［D］．上海：华东师范大学，2010．

［4］赵明铭，宋瑞敏．我国商业银行国际化发展的区位选择［J］．对外经贸实务，2009（6）．

［5］赵迎迎．高新技术型企业海外研发中心选址问题研究［J］．中国市场，2016（7）．

［6］Alberto, F. P. Where do banks expand abroad? An empirical analysis［J］．*The Journal of Business*，2005（78）．

［7］Brealey, R. A., Kaplanis, E. C. The determination of foreign banking location［J］．*Journal of International Money and Finance*，1996（15）．

［8］Byeong, S. A. The analytic hierarchy process with interval preference statements［J］．*Omega*，2016（67）．

［9］David, H. P. The Analytic Hierarchy Process in an uncertain environment：A simulation approach［J］．*European Journal of Operational Research*，1996（91）．

［10］Ehsan, R. R. Evaluating electronic banking systems in developing nations through Analytic

Hierarchy Process model: A case study[J]. *International Journal of Electronic Finance*, 2009(3).

[11] Fikri, D. F., Sharfuddin, A. K. Designing an integrated AHP based decision support system for supplier selection in automotive industry[J]. *Expert Systems with Applications*, 2016(62).

[12] Hung, Y. W., Gwo, H. T. A fuzzy MCDM approach for evaluating banking performance based on Balanced Scorecard[J]. *Expert Systems with Applications*, 2009(36).

[13] Huu, P. T., Kar, Y. H. A study of bank selection decision in Singapore using the analytical hierarchy process[J]. *International Journal of Bank Marketing*, 2000(18).

[14] James, S. D. Remarks on the analytic hierarchy process[J]. *Management Science*, 1990 (36).

[15] Kang, R. C., Douglas, N. P. The role of location-related factors in US banking involvement abroad an empirical examination[J]. *Journal of International Business Studies*, 1986(17).

[16] Omkarprasad, S. V., Sushil, K. K. Analytic hierarchy process: An overview of applications[J]. *European Journal of Operational Research*, 2006(169).

[17] Patrick, T. H., Luis, G. V. Reply to "remarks on the analytic hierarchy process" by J. S. Dyer[J]. *Management Science*, 1990(36).

[18] Rajshekhar, G. J., Robert, L. A. Using the analytic hierarchy process for bank management: Analysis of consumer bank selection decisions [J]. *Journal of Business Research*, 1989(19).

[19] Thomas, L. S. A scaling method for priorities in hierarchical structures [J]. *Math. Psychology*, 1977(15).

[20] Thomas, L. S. How to make a decision: The analytic hierarchy process[J]. *European Journal of Operational Research*, 1990(48).

[21] Xiaoxin, L., Jianhua, R. Application of fuzzy analytical hierarchy process in the decision of strategic investors in commercial banks[J]. *Modern Management Science*, 2010(5).

[22] Zhuo, X. On the AHP-based bank location[J]. *The Merchandise and Quality*, 2010(5).

Analytic Hierarchy Process with Error and Foreign Banking Location

Diao Li[1]   Deng Zhenxing[2]   Hu Juan[3]

(1, 2, 3   Economics and Management School of Wuhan University, Wuhan, 430072)

Abstract: This paper studies the application of AHP to the decision-making of internationalization of bank location. When do so, the criteria level can include economic integration, opportunities in the host Country, regulation and bank capacity of the host Country. But the decision of a bank is made by a group of people and the judgment on the relative importance of the factors which affect foreign banking is according to objective factors. Thus there are many possibilities that cause missing important factor and setting a judgment matrix with error. When there is error in AHP, the lowest level of ranking vector will be different but the optimal decision will be the same if some conditions are satisfied. If not, the bank may not make an optimal decision. But the bank can decrease the errors and make the decision close to the optimal by enhance the ability of decision making and the skill of using AHP.

Key words: Analytic hierarchy process; Error; Foreign banking; Location

责任编辑：路小静

新三板挂牌企业股权结构与企业价值*

● 代军勋[1]　丁静静[2]

（1，2　武汉大学经济与管理学院　武汉　430072）

【摘　要】 相较于场内市场，新三板有着不同的制度设计，催生出企业股权结构与其价值的新型关系。基于这一问题，本文从新三板企业股权结构的特质出发，用股权集中度制衡度、管理层持股以及风险投资机构持股三类指标衡量股权结构；运用广义矩估计结合分段回归模型，实证分析了新三板企业的股权结构特质与企业价值的关系。研究发现：股权集中更适于新三板企业发展；制衡度以及管理层持股与企业价值的关系异于场内市场；风险投资机构持股与企业价值呈负相关，但是在不同持股区间二者关系出现差异性。一方面，研究结果对提升新三板企业的价值、股权投资以及新三板制度设计有一定借鉴意义；另一方面，引发对新三板公司治理更为深入的研究。

【关键词】 新三板企业　制度设计　股权结构特质　企业价值

中图分类号：F832.5　　文献标识码：A

1. 引言

截至 2016 年 8 月 31 日，新三板挂牌企业达 8904 家①，已成为中国多层次资本市场体系的重要一环。但新三板有着不同于主板、中小板及创业板的制度设计，在本市场挂牌的企业股权结构特质明显，主要体现在：（1）新三板主要以民营初创型企业为主，股权集中度高，股权制衡形式化、程度低；（2）新三板企业管理层股权激励和员工持股需求普遍存在；（3）新三板投资者准入门槛高，机构投资者对企业的发展影响较大。

而股权结构是公司治理的基础与起点，直接影响企业价值。那么不同的制度设计和企业特质背后，新三板企业的股权结构与企业价值的关系是否有其特殊性？如何基于挂牌企业股权结构改造提升企业价值？如何基于挂牌企业的股权结构特征识别企业的投资价值？

---

* 基金项目：国家自然科学基金项目"资本和流动性双重约束下的银行行为研究：机理与影响评估"（71473181）。

通讯作者：代军勋，E-mail：daijunxun@whu.edu.cn

① 数据来自全国中小企业股份转让系统。

对这些问题的回答成为评价和完善我国新三板制度设计的基础。

国内外文献对股权结构与企业价值的研究较多，主要从以下两个方面展开：（1）股权集中度、制衡度与企业价值的关系。一些研究者认为二者正相关，比如，国外学者 Reyna 等人（2012）发现股权集中通过增强股东的监督力度提升企业价值。在国内，张建波等人（2012）也认为股权集中、股权制衡对中小板企业的价值提升存在积极影响。但张光荣和曾勇（2008）认为股权制衡降低了大股东侵占公司利益的可能性但同时会带来决策效率降低的不利影响。另一些学者则认为股权集中度对企业价值存在非线性影响。国外学者 Morck 等人（1988）首先提出随着持股比例提高董事会股东与公司之间利益趋同效应凸显；而当持股较高时，股东可以便捷地追求个人而不是公司利益最大化，产生壕沟防御效应，两种效应同时存在导致控股股东占股比例与企业绩效之间会出现"倒 U 形"关系。之后，一些学者进行了实证探究，比如，陈德萍和陈永圣（2011）以中小板上市企业为样本，发现股权集中度与公司绩效呈显著的"正 U 形"关系。而魏熙晔和张前程（2014）同样以中小板企业为样本，阮素梅等人（2014）以主板企业为样本，研究表明二者之间呈"倒 U 形"关系。熊风华和黄俊（2016）以沪深两市企业为研究对象，认为利益趋同效应与隧道效应的存在，致使股权集中度与企业绩效呈左低右高的 U 形关系。总体而言，基于不同的理论针对不同的市场，国内外的相关研究得出了股权集中度、制衡度与企业价值之间存在线性、正 U 形、倒 U 形等关系的多种结论。

（2）股权属性与企业价值的关系。一些学者诸如 Megginson and Netter（2001）认为股东类型的不同决定了其行使所有权的方式不同，公司治理的内外部机制发挥作用的效果将不同，从而企业的股权结构对企业绩效会产生差异性影响。李强等人（2015）的研究表明国有股比例与企业绩效间没有显著相关关系，但是法人股和流通股对企业绩效有显著正向影响。法人股中一类特殊的主体，风险投资机构（VC），一直受到学者的广泛关注。李昆和唐英凯（2011）以中小板企业为样本，研究结果显示没有证据表明 VC 的介入能使企业上市后获得更高的估值和更好的发展。但黄福广等人（2013）认为在创业板，VC 的持股比例较高时对企业发展有正向影响，可以提高企业投资速度。后来，王力军和李斌（2016）通过研究 2002—2009 年全部 IPO 公司，发现在我国 VC 已能产生一定的正向效应，但是 VC 提供增值服务的能力仍然有限。其他股东类型中研究较多的为有持股的管理层，对高管激励的探究始自 Jensen and Meckling（1976）提出"激励相容"的观点，从高管激励角度分析了股权结构与公司绩效之间的关系。李斌和郭剑桥（2013），黄嫦娇（2016）运用中国主板企业进行探究，发现高管报酬、持股比例与企业业绩均呈显著正相关关系，并且黄嫦娇（2016）发现相较于非民营企业，二者的关系在民营企业中更为显著。李欣等人（2014）认为主板市场的股权激励有助于提升企业价值，但存在一个适度。近期，徐向艺（2016）基于文献研究，认为在场内市场货币薪酬形式不如非货币薪酬形式，激励设计需系统考虑隐性激励与显性激励安排的协同效应。

由于新三板刚起步，国内外针对新三板企业股权结构与企业价值的研究极少。本文在国内外成熟市场研究范式基础上，基于新三板企业股权结构的特质，从股权集中度和制衡度，内部管理层持股，外部风险投资机构持股三个细分角度分别探究新三板企业股权结构与企业价值的关系，以期揭示二者之间的特殊关系并剖析背后的原因。

2. 研究设计

2.1 新三板与场内市场制度设计差异下的股权结构特质

主板、中小板以及创业板的制度设计类似，却与新三板差异显著。差异主要体现在准入门槛、交易模式、信息披露的要求方面，挂牌新三板的企业的股权结构也相应地呈现如下特质。

从准入门槛可以看出，首先，新三板并没有对企业规模作出硬性要求，对企业存续年限、管理层的稳定性要求低，这可能会导致挂牌企业初创型较多、股权集中度偏高、制衡度会不足。新三板挂牌企业多，资本市场增加关注度也会刺激企业对管理层实施股权激励。此外，对新三板募资的监管要求低可能会增加信息不对称，挤出个人投资者。再加上新三板实施分层管理制度，为争取预期的政策扶持，很多企业进行调整以满足创新层提出的准入标准。其中，标准一、三①都过多地强调投资者的作用，导致众多希望挤进创新层的企业匆促融资，机构投资者在新三板企业中涌现。

另外，新三板尚未施行竞价交易模式，更依赖投资机构进行价格发现。综合准入门槛和交易模式因素可以看出具有一定风险识别能力的风险投资机构成为探究新三板企业的股权结构不可或缺的考察部分。

在信息披露方面，相较于场内市场，新三板企业需披露项目少、披露内容深度低；并且受到的监管程度以及失职惩罚力度低。则在信息严重不对称的环境中，市场无效会使公司治理机制失效，进而股权结构与企业价值间关系不再显著；企业成长更多的是依赖实际控制人或偶发因素。

2.2 新三板股权结构特质统计分析

制度设计的不同决定了进入新三板市场的企业有一些特质，而为了将其股权结构特点进行量化需要进行统计分析。借鉴已有理论研究（McConnell & Servaes，1990；王晓巍、陈逢博，2014），本节从股权集中度和股权属性两个维度对新三板企业的股权特质进行统计分析，主要结果见表1。

（1）从股权集中度角度，由表1可见，场内市场与新三板市场在实际控制人现金流权比例状况方面差异较大。新三板企业实际控制人持股比例平均值为50%，远高于场内市场。这也证实了以中小微企业为主的新三板市场股权高度集中，股权结构中的实际控制人对企业价值的影响至关重要。

---

① 《全国中小企业股份转让系统（俗称新三板）挂牌公司分层管理办法（试行）》中标准一：最近两年连续盈利，且年平均净利润不少于2000万元；最近两年加权平均净资产收益率平均不低于10%。且申请挂牌同时发行股票，融资额不低于1000万元。标准三：最近有成交的60个做市转让日的平均市值不少于6亿元；最近一年年末股东权益不少于5000万元；做市商家数不少于6家；合格投资者不少于50人。

（2）从股权属性角度，一方面，由于新三板不存在股权分置问题，不再比较流通股与非流通股的影响，样本中剔除极少数外资控股企业后按实际控制人的性质分为国有和民营控股企业。由表1可以发现，各所有制类型企业所占的比例在不同市场中差别显著，在主板市场国有性质的控股企业所占的比例较高，达56%；而中小板、创业板和新三板中，此比例较低，分别为15%、5%和8%。因此在探究新三板企业股权结构时，可以忽略所有制性质的影响，不再区分国有性质和民营性质。

另一方面，在高管持股方面，不同市场板块呈现一定差异。主板市场中高管持股比例以及有高管持股的企业占比都低于中小板、创业板以及新三板。也就是说，成长型企业对实施高管持股更为青睐，因此研究新三板市场需要关注高管持股。

再者在风险投资机构持股方面，可以看出风险投资机构更偏好稳健型的主板企业以及成长型的创业板、新三板企业，但其在新三板中持股比例最低。风险投资机构的活跃能否推动企业成长需要进一步论证。

表1 各市场板块股权特质对比状况

板块	企业数量	现金流权比例平均数	国有控股企业		民营控股企业		高管持股		风险投资机构持股		
			企业数量	占比	企业数量	占比	平均数	数量占比	企业数量	数量占比	持股占比
主板	1019	0.2245	564	56%	442	44%	0.0129	16%	671	67%	0.4391
中小板	512	0.2169	78	15%	434	85%	0.0295	35%	111	21%	0.1021
创业板	458	0.2445	25	5%	433	94%	0.0359	34%	257	56%	0.1903
新三板	5055	0.5953	401	8%	4654	92%	0.0387	32%	2242	44%	0.0870

注：高管指董事、监事之外的高层管理者。

综上所述，通过对各市场股权结构进行统计分析可以得到新三板企业的股权结构有别于其他市场的一些特点：（1）新三板企业股权高度集中，实际控制人对企业价值影响显著；（2）新三板多高成长性企业，为笼络和激励管理层，企业倾向推行高管持股；（3）风险投资机构青睐新三板企业，成为企业股权结构中的重要组成部分，但是占股较小。

2.3 研究假设

根据2.1、2.2对新三板企业股权结构特质定性、定量分析的结果并结合股权结构与企业价值的相关理论，本文提出以下研究假设。

就股权集中度、制衡度角度。股权集中度、制衡度通过公司治理的内部（激励、监督）、外部（代理权争夺、并购）机制对企业价值产生影响（张红军，2000）。在股权高度集中的新三板企业，大股东有动力和信息去强化对经理层的监督，从而提高企业价值；但外部治理机制难以发挥效果。不过由于"堑壕效应"[①]的存在以及个人决策的局限性，股权集中度应该有一个合适的边界，超出则会对企业价值产生不利影响；股权制衡有助于改善公司绩效(陈德萍、陈永圣，2011)。基于以上分析，本文提出以下假设：

H1a：新三板企业的企业价值与股权集中度呈非线性正向关系

H1b：股权制衡有助于提升新三板企业的企业价值

就管理层持股角度。统计结果显示新三板企业中推行管理层持股的比重较大，由于管理层与企业所有者利益函数不同，有可能会为了自身利益利用信息优势侵蚀股东的利益，Singh and Davidson(2003)认为对管理层的股权激励可以降低代理成本。故本文又提出以下假设：

H2：新三板企业的管理层持股比例与企业价值呈正相关关系

就外部风险投资机构持股角度。相对于分散的个人投资者，机构投资者不仅可为企业带来资金更能提供市场认证、渠道资源以及监督管理等(Rock，1986；杨合力等人，2012)。另外对于流动性缺乏的新三板，成长期的企业尤其依赖风险投资机构的各种资源支持。故本文还提出以下假设：

H3：新三板企业的企业价值与风险投资机构持股比例呈正相关关系

2.4 样本确定及数据来源

新三板设立时间短且股权变动较其他市场更频繁，故本文使用半年度数据。由于企业挂牌只需披露两年零一期数据，考虑数据可得性，本文以2013年1月1日至2015年12月31日为样本区间。截至2015年12月31日，共有5129家挂牌企业。剔除被实施ST企业28家；106家股权结构和企业价值度量标准不同于实体经济的金融业企业；以及存在数据缺失的3562家企业[②]。本文最终可获得的净样本量为1433家。

本文净样本涵盖了新三板市场除金融业、房地产业和综合业的16个行业。数据来源于同花顺数据库和全国中小企业股份转让系统各公司公告资料。新三板企业数据极值差异巨大，为避免异常值对回归的影响，参照Hadlock and Pierce(2010)进行处理，对主要连续变量按照上下1%进行缩尾处理。

2.5 变量设计

2.5.1 被解释变量

企业价值的替代变量为被解释变量，衡量企业价值常有3类指标：财务绩效指标、托宾Q值和经济增加值。由于新三板多初创期企业，不适于用单一指标度量其价值，同时，

---

① "堑壕效应"：当在较低的持股水平上，第一大股东侵占中小股东利益的动机随着持股比例的提高而增大，从而对中小股东的侵占程度也随之提高。

② 被加注ST是由于以下三种情况：年报被出具否定意见、无法表示意见的；年报中净资产为负的；其他重大违规行为。这些都会影响信息质量或者比率指标的计算，故剔除。由于挂牌时企业"两年一期"中的"一期"财报并非必需，而且2016年全国股转系统才强制披露半年报，导致2014年下半年以及2015年挂牌的企业中，很多存在研究所需财务指标和股权结构数据严重缺失的情况，故剔除此类企业。

也为避免盈利能力类指标易于被操纵问题，本文借鉴王晓巍、陈逢博（2014）和徐丽萍、辛宇、陈工孟（2006）的研究，选取盈利能力、偿债能力、成长性、资产状况、收益质量五个方面的 19 项指标，再根据新三板企业共有特点选取其中的 15 项指标，应用主成分分析法得出企业价值综合值，将其作为被解释变量。

（1）财务指标选取。

盈利能力指标主要包括净资产收益率、总资产报酬率、每股收益、市盈率四个维度（李灿，2008；胡梦娜，2016），由于新三板市场不活跃，不再选用市盈率指标；偿债能力由短期偿债能力、长期偿债能力和结合现金流量的偿债能力三个方面来衡量（王富强，马燕，2005），本文具体采用流动比率、速动比率现金比率、现金总资产比率和资产负债率；成长性指标参考王晓巍等人（2014）选取营业收入增长率、总资产增长率、净利润增长率；资产状况指标参考王晓巍等人（2014），由于新三板企业存货周转率指标缺失严重，不予选用，最终保留应收账款周转率和总资产周转率。收益质量包括可持续性、现金充足性、结构性三类指标，由于可持续性指标数据缺失，选取其他两类指标，即净利润现金差异率和经营活动净收益/利润总额（崔光淑，2004）。

（2）主成分分析的效度检验。

本文采用 KMO-Barlett 球形方法来检验企业价值综合值主成分分析的效度。取样足够度的 Kaiser-Meyer- Olkin 度量为 0.698，大于 0.5；Bartlett 的球形度检验的近似卡方值为 53363.852，P 值为 0.00。各项数据检验均通过，指标变量间的相关性较高，说明本文适合运用主成分分析。

（3）企业价值综合值的计算。

本文使用 SPSS19.0 得出企业价值综合值的成分矩阵，见表 2。

表 2　　　　　　　　　　　　主成分方差贡献率

成分	初始特征根			提取因子的平方和载入		
	特征根	方差贡献率(%)	累计方差贡献率(%)	特征根	方差贡献率(%)	累计方差贡献率(%)
1	3.644	25.295	25.295	3.644	25.295	25.295
2	1.969	13.124	38.419	1.969	13.124	38.419
3	1.606	11.708	50.127	1.606	11.708	50.127
4	1.223	8.152	58.279	1.223	8.152	58.279
5	1.146	7.640	65.919	1.146	7.640	65.919
6	1.104	7.459	73.378	1.104	7.459	73.378
7	0.845	5.736	79.114			
8	0.719	4.796	83.910			

成分	初始特征根			提取因子的平方和载入		
	特征根	方差贡献率(%)	累计方差贡献率(%)	特征根	方差贡献率(%)	累计方差贡献率(%)
9	0.695	4.465	88.375			
10	0.649	4.406	92.781			
11	0.547	2.935	95.716			
12	0.372	2.249	97.965			
13	0.169	0.926	98.891			
14	0.146	0.876	99.767			
15	0.065	0.233	100.000			

选取特征值大于 1 的 6 个主成分,并以其方差贡献率作为权重求加权平均值,得到企业价值 Y,具体表示为下式:

$$Y = 0.3408 \times Y_1 + 0.1841 \times Y_2 + 0.1502 \times Y_3 + 0.1144 \times Y_4 + 0.1072 \times Y_5 + 0.1032 \times Y_6$$

2.5.2 解释变量

(1)股权集中度。

现有研究普遍采用第一大股东持股比例来度量企业的股权集中度,本文遵循这一惯例。

(2)股权制衡度。

现有研究中普遍采用第二至第五大股东对第一大股东持股的制衡力度来度量股权制衡度。由于新三板存在较多家族企业,本文除了遵循这一惯例,还用外部投资机构对第一大股东制衡力度来度量股权制衡度,变量测度见变量定义表 3 中的 Inter、Out。

(3)管理层持股。

由于新三板企业实际控制人以及相当一部分董事都担任公司高管,为真正度量管理层股权激励通过降低代理成本对企业价值产生的影响,同时避免与股权集中度指标重叠,本文选取除董事长、董事、监事以外的高管人员的持股比例来衡量管理层持股。

(4)外部风险投资机构持股。

用财报报出的前十大股东中风险投资机构持股比例的总和度量。

2.5.3 控制变量

借鉴相关研究成果,本文设定的控制变量包括:(1)企业规模,用于控制可能存在的规模效应(徐丽萍等人,2006);(2)当年度是否挂牌虚拟变量,用以控制可能存在的挂牌效应(闫庆友和陶杰,2014);(3)半年后是否进行定向增发虚拟变量,用于控制可能存在的为提升定向增发估值而进行的财务操纵(Durnev & Kim,2005);(4)行业虚拟变量,用以控制行业因素(阮素梅等人,2014)。具体变量定义见表 3。

表 3

变量类型	变量名称		变量描述
因变量	Value		企业价值
自变量	Own_1		第一大股东持股比例
	Own_{12}		第一大股东持股比例二次方
	Own_{13}		第一大股东持股比例三次方
	Inter		第二至第五大股东持股比例/第一大股东持股比例
	Out		外部投资机构持股比例/第一大股东持股比例
	Ms		管理层持股比例
	Vcs		外部风险投资机构持股比例
控制变量	Size		企业规模，等于总资产的自然对数
	List		虚拟变量，t 期是否挂牌，是则取值为 1，否为 0
	F		虚拟变量，t 期之后半年内是否发布定向增发预案，是则取值为 1，否为 0
	Ind		根据全国中小企业股份转让系统发布的新三板公司行业分类标准，剔除金融业、房地产业、综合业共有 16 个行业，定义 16 个行业虚拟变量
分段回归自变量	T_1	$T_1 = Vcs$	Vcs<30%
		$T_1 = 30\%$	30% ≤ Vcs
	T_2	$T_2 = 0$	Vcs< 30%
		$T_2 = Vcs-30\%$	30% ≤ Vcs<60%
		$T_2 = 30\%$	60% ≤ Vcs
	T_3	$T_3 = 0$	Vcs< 60%
		$T_3 = Vcs-60\%$	60% ≤ Vcs

2.6 变量描述性统计

2.6.1 总体统计

表 4

		Value	Own_1	Inter	Out	Ms	Vcs
N	有效	8598	8598	8598	8598	8598	8598
	遗漏	0	0	0	0	0	0
平均数		0.0001	0.5102	0.9362	0.4416	0.0358	0.0870

	Value	Own₁	Inter	Out	Ms	Vcs
中位数	−0.0300	0.5000	0.7718	0.1647	0.0000	0.0000
众数	0.1200	0.5100	0.2500	0.0000	0.0000	0.0000
标准偏差	0.7428	0.1978	0.7021	0.5918	0.0872	0.1575
最小值	−2.9900	0.0000	0.0000	0.0000	0.0000	0.0000
最大值	4.2400	0.9998	4.0013	4.1827	0.9490	0.9996

表4统计结果表明，新三板企业价值波动较大；第一大股东平均持股比例为51%，众数为51%，持股比例大，波动小；管理层和外部投资者平均持股比例均不超10%，持股比例波动大，表明新三板企业得到外部投资以及授予管理层股份较少且两极分化明显。

2.6.2 具体变量统计

根据总体描述性统计结果，本文重点细化分析风险投资机构持股比例与企业价值关系，见表5。

表5　　　　　　　　　　　　外部风险投资机构持股比例与企业价值

企业价值平均值	第一大股东持股比例	占样本比例
0.0278	0	56%
0.0133	0~5%	8%
0.0047	5%~10%	7%
−0.0365	10%~20%	13%
−0.0731	20%~30%	7%
−0.0410	30%~40%	3%
−0.0418	40%~50%	2%
0.1644	50%~60%	1%
−0.0689	60%~100%	3%

由表5可知，风险投资机构持股比例与企业价值间不是线性关系，呈现先减后增再减的曲线关系，H3并不成立。二者之间可能存在门槛效应（Hansen，1999），但是Caner and Hansen（2004）提出的模型只能拓展至带有内生变量和一个外生门限变量的面板门限模型。而股权结构是外生变量还是内生变量一直存在争议，所以本文在后面的实证部分首先检验新三板挂牌企业的股权结构是否是内生的。如果股权结构变量为外生变量，则以股权结构变量作为门槛变量；否则将借鉴Morck等人（1988）分段回归方法进一步探究。表中显示，企业价值与风险投资机构持股比例的转折点位于30%左右和60%左右，故可将VC持股比例分为3段，即低于30%，30%~60%和高于60%，对每段分别进行回归分析。引入变量

T，包括 T_1、T_2、T_3，具体变量定义见表3。

2.7 建立模型

本文借鉴曹廷求等人(2007)的经验，引入股权结构的平方项，建立以下基本模型：

2.7.1 含平方项模型：模型1，用于验证H1a

$$Value = \beta_0 + \beta_1 * Own_1 + \beta_2 * Own_1^{*2} + \beta_3 * Size + \beta_4 * List + \beta_5 * F + \sum_{i=1}^{16} \beta_{i+5} * Ind + \varepsilon$$

2.7.2 不含平方项模型：模型2、3、4、5、6、7，用于验证H1b、H2、H3

$$Value = \beta_0 + \sum_{i=1}^{7} \beta_i * X + \beta_8 * Size + \beta_9 * List + \beta_{10} * F + \sum_{i=1}^{16} \beta_{i+10} * Ind + \varepsilon$$

2.7.3 分段回归模型：模型8，用于拓展H3

$$Value = \beta_0 + \sum_{i=1}^{3} \beta_i * T + \beta_4 * Size + \beta_5 * List + \beta_6 * F + \sum_{i=1}^{16} \beta_{i+6} * Ind + \varepsilon$$

其中，Value代表企业价值；X代表主要解释变量，具体包括 Own_1、Inter、Out、Ms、Vcs；T代表分段回归的主要解释变量；Size、List、F、Ind代表控制变量。

3. 实证结果与分析

首先进行相关性分析，结果显示核心解释变量与被解释变量之间存在显著相关性。然后考虑到股权结构与企业价值之间可能存在反向因果关系，采用Hausman(1978)提出的内生性检验方法进行检验。结果表明新三板企业的股权结构存在内生性问题，则本文采用工具变量回归方法，以股权结构的二阶滞后变量为工具变量，并使用GMM估计方法，放松被解释变量异方差的假设(Reyna et al., 2012)。实证结果见表6。

3.1 股权集中度与企业价值的关系

模型1实证结果显示 Own_1 一次项系数显著为正，二次项显著为负，三次项显著为正，表明企业价值与第一大股东持股比例存在"倒U形"关系。也就是说，本文H1a得到验证。

新三板企业挂牌只需要存续满两年，多为初创型企业。其创始人持股比例大，对企业在细分行业发展战略更了解，主导企业的发展。因此对于新三板企业股权集中度高促使激励机制发挥作用更有利于企业价值提升。而且在新三板制度尚不完善的环境中，股权集中也是弥补股东保护缺失的安排。

3.2 股权制衡度与企业价值的关系

模型2和模型3实证结果在1%水平上显著为负表明提高股权制衡度反而会导致企业价值下降。也就是说，与采用场内市场为样本的研究结论不同，本文H1b未通过验证。

新三板企业为满足公司治理结构健全的挂牌要求而组建股东大会、董事会和监事会，但两会决策多流于形式，对大股东掏空行为的约束力有限，公司治理的内部监督机制效果欠佳。而且外部大股东与实际控制人争夺控制权反而影响经营效率与决策，致使企业价值下降。从另一个角度来看，股权制衡度过高会降低大股东勤勉尽职积极性，不利于推动企业发展。

3.3 管理层持股比例与企业价值的关系

考虑内生性问题，模型 4 实证结果显示 Ms 系数为正，但不显著。

（1）管理层持股与企业价值关系不明显，主要源于企业尚未形成完善的激励—约束分配机制。新三板企业高管的财富多处于原始积累阶段，相较于股权激励短期报酬对他们更重要，且风险小，因而有更大的吸引力。再加上除去董事后的管理层持股比例很低，且交易受制度和市场活跃度的制约，而新三板市场流动性缺失、股价波动性大，致使员工持股计划的长期激励效应有限。（2）而且新三板企业多是在企业绩效较好前提下推行管理层持股，反而是企业价值对管理层持股解释力度更大。

3.4 外部风险投资机构持股比例与企业价值的关系

3.4.1 模型 5 结果显示 Vcs 系数在 5% 水平上显著为负，说明风险投资机构持股比例与企业价值存在显著的负相关关系，H3 未通过

这源于转板机制未推出，致使近七成投资机构倾向于小额度投资，且多选择价值显现较明朗的企业，以便通过再度定增等方式快速退出，忽视投后管理与资源供给，故其对被投资企业的价值提升并没有太多正向作用；加上新三板流动性不足，企业信息披露欠缺，使对赌、回购等条款普遍化，扰乱了被投资企业的发展规划。

3.4.2 外部风险投资机构持股比例与企业价值分段回归

用分段回归模型 6 进一步探究 H3，结果显示在 1% 水平上，T_1 的系数显著为负，T_2 的系数显著为正。表明在 0~30% 区间，投资机构持股比例提高会导致企业价值降低；在 30%~60% 区间，企业价值随投资机构持股比例提高而提高。

投资机构占股较少时投资方式以提供资金和挂牌规范指导为主，大部分不会为企业带来其他资源，不利于提升处于成长初期的企业价值。提高投资机构持股比例和专业水平对新三板企业价值提升意义重大。

表6　　　　　　　　　　　　　实 证 结 果

	模型 1	模型 2	模型 3	模型 4	模型 5	模型 6
Own_1	4.0412 ***					
	(0.9815)					
Own_{12}	−6.5738 ***					
	(1.9530)					
Own_{13}	3.4821 **					
	(1.1884)					

	模型 1	模型 2	模型 3	模型 4	模型 5	模型 6
Inter		-0.0548^{***}				
		(-0.0149)				
Vc			-0.1224^{***}			
			(-0.0231)			
Ms				0.3266		
				(1.0818)		
Vcs					-0.2291^{**}	
					(0.0913)	
T_1						-0.6983^{***}
						(0.0911)
T_2						0.7468^{***}
						(0.2157)
T_3						-0.4177
						(0.3632)
Size	0.0966^{***}	0.0831^{***}	0.1005^{***}	0.0847^{***}	0.0934^{***}	0.0878^{***}
	(0.0089)	(0.0089)	(0.0095)	(0.0113)	(0.0090)	(0.0092)
List	控制	控制	控制	控制	控制	控制
F	控制	控制	控制	控制	控制	控制
Ind	控制	控制	控制	控制	控制	控制
_Cons	-2.6692^{***}	-1.5955^{***}	-1.8917^{***}	-1.4978^{***}	-1.6965^{***}	-1.7987^{***}
	(0.2366)	(0.1756)	(0.1826)	(0.2240)	(0.1781)	(0.1771)

注：***、**和 *分别表示 1%、5%和 10%的显著性水平，括号内为稳健标准误。

4. 稳健性检验

本文选取其他文献中常采用的总资产报酬率（ROA）作为企业价值的替代变量，进行稳健性检验。检验结果见表 7，所有结论均保持较好的一致性，说明本研究得出的结论具有较高的稳健性。

表7　　　　　　　　　　　　　　　　　　稳健性检验结果

	模型1	模型2	模型3	模型4	模型5
Own_1	0.5282***				
	(0.1542)				
Own_{12}	−0.7285**				
	(0.3059)				
Own_{13}	0.3487*				
	(0.1869)				
Inter		−0.0132***			
		(0.0041)			
Vc			−0.0210***		
			(0.0029)		
Ms				−0.0273	
				(0.1665)	
Vcs					−0.0423**
					(0.0157)
Size	0.0178***	0.0142***	0.0142***	0.0129***	0.0149***
	(0.0020)	(0.0009)	(0.0012)	(0.0016)	(0.0014)
list	控制	控制	控制	控制	控制
F	控制	控制	控制	控制	控制
Ind	控制	控制	控制	控制	控制
_Cons	−0.3807***	−0.2176***	−0.2733***	−0.1734***	−0.2326***
	(0.0354)	(0.0275)	(0.0506)	(0.0318)	(0.0289)

注：***、**和 *分别表示1%、5%和10%的显著性水平，括号内为稳健标准误。

5. 结论与建议

在新三板制度背景下，基于新三板企业的股权结构特质，本文通过构建非线性回归模型和分段回归模型，对挂牌企业的股权结构与企业价值的关系进行了实证分析，得到以下结论：(1)新三板企业第一大股东持股比例与企业价值呈"倒U形"关系；提高股权制衡度反而会导致企业价值下降，这与针对场内市场所做研究的结论不同。(2)管理层持股比例与企业价值之间不存在显著相关关系，股权激励效果弱于场内市场。(3)外部风险投资机构持股比例与企业价值之间存在显著的负相关关系，而主板、创业板市场VC对企业价值提升多有正向影响。

　　基于本研究的实证结论，为了更好培育和发展新三板市场，需要我们在制度建设上作相应的改进：(1)首要任务是严格新三板企业信息披露机制，用制度实现股东保护，从而可在允许企业保持较高股权集中度的同时降低小股东利益损失，也更易吸引股权投资；(2)给予政策支持时应区别对待绩效型公司和公众公司，对绩效型公司放宽股权结构方面的要求；(3)推出转板机制，以吸引长期性投资，激励 VC 带动被投资企业发展。

　　同时，基于本文的实证结论，为了提升新三板企业的自身价值，需要着眼于以下股权结构的改造，具体包括：(1)非公众公司可保持较高的股权集中度以提高运营效率；(2)落实管理层持股计划，以发挥内部制衡相对于外部制衡的优势，同时允许员工向外部人转让股权以提高流动性，并且结合显性激励以发挥协同效应；(3)慎重引入占股很低的投资机构。唯有良性的股权结构与市场制度协调，才能真正展示新三板企业的价值。

◎ 参考文献

[1]陈德萍，陈永圣．股权集中度、股权制衡度与公司绩效关系研究——2007—2009 年中小企业板块的实证检验[J]．会计研究，2011(1)．

[2]崔光淑．评价上市公司收益质量的主要指标[J]．金融会计，2004(6)．

[3]曹廷求，杨秀丽，孙宇光．股权结构与公司绩效：度量方法和内生性[J]．经济研究，2007(10)．

[4]黄嫦娇．企业高管持股比例与企业的绩效实证研究——基于我国民营上市公司与其他上市公司的对比分析[J]．财会研究，2016(9)．

[5]胡梦娜．上市公司盈利能力衡量指标的选取[J]．合作经济与科技，2016(21)．

[6]黄福广，彭涛，田利辉．风险资本对创业企业投资行为的影响[J]．金融研究，2013(8)．

[7]李斌，郭剑桥．高管薪酬与公司绩效关系的实证研究[J]．财经问题研究，2013(11)．

[8]李灿．上市公司盈利能力指标决策价值的局限性分析[J]．财会通讯(理财版)，2008(12)．

[9]李昆，唐英凯．风险投资能增加上市企业的价值吗？——基于中小板上市公司的研究[J]．经济体制改革，2011(1)．

[10]李强，许雄奇，孙金花．股权结构与公司绩效关系研究——基于新材料概念股的经验数据[J]．财会通讯，2015(18)．

[11]李欣，朱学义，李娜．管理层激励与企业价值相关性实证研究[J]．统计与决策，2014(16)．

[12]阮素梅，丁忠明，刘银国，等．股权制衡与公司价值创造能力"倒 U 形"假说检验——基于面板数据模型的实证[J]．中国管理科学，2014，22(2)．

[13]王富强，马燕．上市公司偿债能力分析[J]．中国管理信息化(综合版)，2005(6)．

[14]王力军，李斌．风险投资提供了增值服务吗？——基于 1996—2012 年 IPO 公司的实证研究[J]．证券市场导报，2016(5)．

[15] 王晓巍，陈逢博．创业板上市公司股权结构与企业价值[J]．管理科学，2014(6)．

[16] 魏熙晔，张前程．最优股权结构与公司价值——理论模型与来自中国的经验证据[J]．当代经济科学，2014(3)．

[17] 熊风华，黄俊．股权集中度、大股东制衡与公司绩效[J]．财经问题研究，2016(5)．

[18] 徐丽萍，辛宇，陈工孟．股权集中度和股权制衡及其对公司经营绩效的影响[J]．经济研究，2006(1)．

[19] 徐向艺，陆淑婧，方政．高管显性激励与代理成本关系研究述评与未来展望[J]．外国经济与管理，2016，38(1)．

[20] 闫庆友，陶杰．"新三板"挂牌企业绩效评价研究[J]．财会月刊，2014(4)．

[21] 杨合力，周立，王博．公司治理、机构投资者与企业绩效——来自中国上市公司的经验证据[J]．财政研究，2012(8)．

[22] 张光荣，曾勇．股权制衡可以改善公司治理吗——基于公平与效率视角的实证检验[J]．系统工程，2008，26(8)．

[23] 张红军．中国上市公司股权结构与公司绩效的理论及实证分析[J]．经济学，2000(4)．

[24] 张建波，樊敏，于潮．中小板上市公司股权结构与公司价值的实证研究[J]．山东社会科学，2012(12)．

[25] Caner, M., Hansen, B. E. Instrumental variable estimation of a threshold model[J]. *Journal of Finance*, 2004, 20(5).

[26] Durnev, A., Kim, E. To steal or not to steal：Firm attributes, legal environment and valuation[J]. *Journal of Finance*, 2005, 60 (3).

[27] Hadlock, C. J., Pierce, J. R. New evidence on measuring financial constrains：Moving beyond the KZ index[J]. *Review of Financial Studies*, 2010, 23(5).

[28] Hansen, B. E. Threshold effects in non-dynamic panels：Estimation, testing, and inference[J]. *Journal of Econometrics*, 1999, 93(2).

[29] Hausman, J. A. Specification tests in econometrics [J]. *Econometrica*, 1978, 46(185).

[30] Megginson, W., Netter, J. From state to market：A survey of empirical studies on privatization[J]. *Journal of Economic Literature*, 2001, 39(2).

[31] McConnell, J., Servaes, H. Additional evidence on equity ownership and corporate value [J]. *Journal of Financial Economics*, 1990, 27(2).

[32] Morck, R., Shleifer, A., Vishny, R. W. Management ownership and market valuation：An empirical analysis [J]. *Journal of Financial Economics*, 1988, 20(88).

[33] Jensen, M., Meckling, W. Theory of the firm：Managerial behavior, agency costs and ownership structure[J]. *Journal of Financial Economics*, 1976, 3(4).

[34] Reyna, J. M. S. M, Vzquez, R. D., Valdés, A. L. Corporate governance, ownership structure and performance in Mexico [J]. *International Business Research*, 2012, 5(11).

[35] Rock K. Why new issues are under-priced [J]. *The Journal of Finance*, 1986, 15(2).

[36] Singh, M., Davidson, W. N. Agency costs, ownership structure and corporate governance

mechanisms[J]. *Journal of Banking & Finance*, 2003, 27(5).

Ownership Structure and Firm Value of the NEEQ Listed Firms

Dai Junxun[1]   Ding Jingjing[2]

(1, 2   Economics and Management School of Wuhan University, Wuhan, 430072)

Abstract: Compared to the exchange market, the NEEQ has a different design of the system, inducing new relationships between ownership structure and its value. In order to study this topic, this paper focuses on the relationship between the firm value and the ownership structure. Based on the characteristics of the ownership structure of the NEEQ listed firms, ownership structure is measured by ownership concentration, the degree of equity control, managerial ownership and external venture investment institutions ownership. This study applies GMM in empirical Analysis, combining segmented regression analysis method. The results show that equity concentration is more suitable for the development of firms; increasing of shareholders' balance is not conducive to enhance firm value; there is no significant correlation between managerial ownership and firm value; the relationship between external strategic investment institutions ownership and firm value is curvilinear. The findings have certain reference significance for the enhance of the NEEQ listed firm's value and promote more detailed study about the new market.

Key words: Firms in the NEEQ; System Design; Ownership structure characteristics; Firm value

责任编辑：路小静